中国法学会研究会支持计划

# 保险法前沿

[第三辑] 3

主编：尹 田　执行主编：任自力　中国保险法学研究会 主办

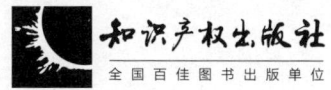

全国百佳图书出版单位

图书在版编目（CIP）数据

保险法前沿. 第3辑 / 尹田主编. —北京：知识产权出版社，2015.11
ISBN 978-7-5130-3888-1

Ⅰ.①保… Ⅱ.①尹… Ⅲ.①保险法—中国—文集
Ⅳ.①D922.284.4-53

中国版本图书馆CIP数据核字（2015）第265841号

责任编辑：彭小华　　　　　　　　　责任校对：董志英
封面设计：Sun工作室　　　　　　　　责任出版：刘译文

### 保险法前沿（第3辑）

主　　编　尹　田
执行主编　任自力

| | |
|---|---|
| 出版发行：知识产权出版社有限责任公司 | 网　　址：http://www.ipph.cn |
| 社　　址：北京市海淀区马甸南村1号（邮编：100088） | 天猫旗舰店：http://zscqcbs.tmall.com |
| 责编电话：010-82000860转8115 | 责编邮箱：pengxiaohua@cnipr.com |
| 发行电话：010-82000860转8101/8102 | 发行传真：010-82005070/82000893 |
| 印　　刷：北京科信印刷有限公司 | 经　　销：各大网上书店、新华书店及相关专业书店 |
| 开　　本：720mm×1000mm　1/16 | 印　　张：18 |
| 版　　次：2015年11月第一版 | 印　　次：2015年11月第一次印刷 |
| 字　　数：375千字 | 定　　价：58.00元 |
| ISBN 978-7-5130-3888-1 | |

**出版权专有　侵权必究**
如有印装质量问题，本社负责调换。

# 编委会

主 任：
　　江　平
委 员：
　　陈　欣　　陈华彬　　樊启荣　　管晓峰
　　贾林青　　韩长印　　施天涛　　宋晓明
　　王志超　　温世扬　　杨华柏　　邹海林

**顾　问：**（按姓氏拼音顺序）

**江朝国**

台湾著名保险法专家、台北大学法律系教授

**覃有土**

中南财经政法大学教授、原副校长

**施文森**

台湾著名保险法专家、台湾"司法院"大法官

**王保树**

清华大学法学院教授、中国商法学研究会会长

**王利明**

中国人民大学教授、副校长，中国民法学研究会会长

**张新宝**

《中国法学》总编辑、中国人民大学法学院教授

# 序

在既有的法律体系中，保险法历来被划入"商法"的范围，与公司法、证券法、票据法、海商法以及破产法并列作为支撑商法体系最为基本的六个特别法之一，很少有人想过这种安排是不是真的合适？其实，现代意义上的保险制度，早就越出商人之间的交易关系范围，成为与社会公众日常生活最为密切相关的一种法律交往，无论商业保险抑或社会保险，越来越具有社会生活必需品的性质，由于保险合同而发生的民事纠纷，也越来越成为民事审判必须着力应对的司法实务。但在我国庞大的民商法理论体系中，保险法理论似乎始终被放逐于研究领域的边缘：就研究民法的学者而言，保险法整体上被置于商法的领域，保险契约在立法上也被合同立法所当然排斥，所以，研究合同法的学者通常不去考虑保险契约的特别规则，甚至不屑于将保险契约中的那些脱离既定"常规"的古怪现象作为合同规则中的例外来加以深究，有关意思自治和利益平衡的一般原理，也很少被导入保险契约关系中加以评判和衡量。即便是有关侵权责任的理论，也多半人云亦云地惊呼几句"责任保险的兴起导致侵权责任法的衰落"就算完事，至于侵权责任的法理究竟应当怎样在责任保险的规则中得到正确的运用和贯彻，却是没有人愿意再向前走半步的；就研究商法的学者而言，商法一般原理的构建，基本上是对建立在公司及其相关制度基础之上的商法一般特征的分析，而鲜有考虑过现代保险法的指导思想与基本原则，亦很难说清保险法的有关事体。事实上，作为商业保险主干的财险和寿险契约，更象是一个纯粹民法的问题，而社会保险当然应属社会保障法的对象，至于保险业监管制度，则无疑应划归行政法去关照。由此，保险法虽然是公认的传统商法学科的基本组成部分，但其在国内商法世界中长期以来似乎并未得到足够的重视。在具有影响力的商法学者群之中，也很难以找出几个愿意在自己的脑门上贴上"保险法专家"字样的人来。于是，保险法便渐渐成了众多民法和商法学者共同"遗忘"的领域。

保险法为法学界"遗忘"，原因很复杂，除了法学学科之间的森严壁垒、保险法的综合性、技术性和应用性使相关的研究难以成就理论名家或者教授职称的追求、保险法在法律本科教学中非独立必修课程以及中国保险业的发展一度相对滞后等等内外交织的因素之外，保险法学本身的特性，也是阻碍其理论研究得以充分展开的重要因素。沿着一条相对独立的道路，保险法很多制度逐渐发展并形成了其特有的规则系统和适用方法，这些规则和方法首先是由聪明的商人们自己而非由法学家或者立法者所发明的，即便它们在后来被整理成为固定的法律规范，但其商品行却使这些为各国保险业所遵循的规则具有特别强大的针对性、实用性和灵活性。由此，在民法学者那里，保险契约法很象是一个不大守规矩的另类顽童，如不拒之门外，很可能毁坏民法家庭摆放有序的贵重家具和教条严谨的生活秩序；而在商法学者那里，这个顽童的商法血统似乎远不如公司法来得纯正，并无加以特别宠爱和培育的价值，即使继续收留家中，也只能任随其自娱自乐、自生自灭。尽管人人都说混血儿最漂亮、最聪慧，但对于保险法这个眼睛有点发蓝、头发有点偏黄的法学学科，很少有知名的或者自认为知名的学者表现出真正的热爱和欣赏。

　　法制建设30多年来，经中国法学会和司法部等批准陆续设立的五十多个法学专业研究会中，保险法学会是在2011年最后一个成立起来的全国性学术研究机构，这似乎可以用来作为证明我国保险法理论研究相对落后的证据之一（尽管能获批成立本身已能说明其研究已成熟到一定程度）。但令我惊讶不已的是，在保险法学会已经举办的几次学术研讨会上，我不仅见到了好多默默耕耘、沉稳低调的中老年学者，而且见到了一大群朝气蓬勃、才华出众的年轻学者、法官、律师和保险业界的法务精英，听到了很多高水平的专业报告和争先恐后的讨论。感慨之余，我不得不开始重新审视此前对于中国保险法理论研究状况的评估，同时发自内心地深信，在已经积蓄充分的学术力量和实务经验的推动之下，富有生命力的保险法学理论研究将很快会迎来它生机勃勃的春天。

　　是为序。

尹　田<br>2012年11月4日

# 目　录

## 保险市场法制报告

3　2014年中国保险市场法制报告／姚大锋　张浩然

## 专　论

33　保险法上对价平衡原则初探／刘学生
41　论保单贴现的法律构造／闫　海　宋　欣

## 专题研究

53　保险资金另类投资的法律规范与实践研究／康乐
60　我国保险资金境外投资监管制度研究／吴民许
73　比较法视野下保险资金不动产投资的法律监管及其启示／冯　辉
87　保险资金非标产品投资有关法律风险研究／关恒业　张　坤
95　人身险中被保险人、受益人的法律地位及权利保障／刘清元
106　论医疗保险中的损失补偿原则
　　　　——源自实务实践的思考／聂　勇
117　论我国保险营销员管理模式的改革与制度发展／贾林青　孙惠珍
126　论我国银行保险销售适当性制度的完善／骆　杰
137　德国医疗保险法律制度研究／孙东雅
147　日本渔船保险制度研究／张长利
159　论意外伤害保险中意外之认定及其与疾病、近因的关系／王雁冰
170　补偿型医疗保险代位求偿权诸理论问题探究／史卫进　付　昕
179　台湾问题保险公司强制退场个案与法制之研究
　　　　——以立即纠正措施为论述核心／卓俊雄

## 审判前沿聚焦

199　保险人惩罚性赔偿责任之课加可能性
　　　　——评台湾地区"高等法院台中分院"103年保险上字第9号判决／张冠群

213 论投保欺诈背景下的保险人合同撤销权
——以两起投保人故意欺诈案件的判决为线索 / 任以顺

## 域外保险法
229 英国2015年保险法 / 王瀚培　任自力　译

## 研究综述
249 中国保险法学研究会2014年年会综述 / 任自力
255 2014年中国保险法学研究综述 / 耿胜先

## 保险法人物
273 覃有土教授
274 陈欣教授
275 稿　约

保险市场法制报告

# 2014年中国保险市场法制报告

姚大锋　张浩然[*]

## 目　录

一、2014年中国保险市场法制建设概述

二、"新国十条"正式颁布，由保险大国向保险强国转型

三、完善保险市场准入退出机制，保险集团监管迈出新步伐

四、改革稳步推进，万能保险、商业车险费率改革即将落地

五、完善人身保险业务，进一步规范银保销售行为

六、司法解释出台，规范工伤保险行政案件审理

七、保险资金运用改革不断深化，保险资金配置多元化格局形成

八、强化顶层制度设计，保护消费者合法权益

九、加强中介机构监管，严格规范非保险金融产品销售

十、加强保险稽查工作，维护保险市场秩序

2014年，我国在保险市场法制建设方面取得了骄人的成绩。在法律、行政法规、部门规章、规范性文件和司法解释方面，各有关部门都加强了制度建设，加大了制度执行力度，并取得了丰硕的成果。

## 一、2014年中国保险市场法制建设概述

2014年，全国人大常委会完成了对《保险法》的两点修改，一是与2013年《公司法》的全面修改相适应，将第82条中的"有《中华人民共和国公司法》第147条规定的情形"修改为"有《中华人民共和国公司法》第146条规定的情形"；二是考虑到保险监督管理机构可以通过制定相关准则、实施精算报告制度对精算专业人员实施监督，对违法行为依据有关规定追究法律责任，而删除了第85条"保险公司应当聘用经国务院保险监督管理机构认可的精算专业人员"的

---

[*] 姚大锋：安邦保险集团股份有限公司副董事长。张浩然：北京航空航天大学法学院民商法硕士研究生。

规定，统一规定为"保险公司应当聘用专业人员，建立精算报告制度和合规报告制度"。

自2009年《保险法》修订以来，保险业的面貌已然发生较大变化，市场主体不断扩容、投资渠道次第开放、政策藩篱逐步放开，现行《保险法》中一些规定已不能适应行业发展现状，亟需对其中涉及经营规则、监督管理、法律责任等方面的规定作进一步修改。

2014年，保险行政法规并没有大的变动，但行政法规修订的准备工作却并未止步。为了保护存款人的合法权益，及时防范和化解金融危机，《存款保险条例》拟在2015年颁布。2014年11月，央行、国务院法制办就《存款保险条例（草案）》正式公开向社会征求意见，酝酿超过20年，即将深刻影响中国金融格局的存款保险制度将出台。在规范性文件层面，国务院发布了《关于发展现代保险服务业的若干意见》、《关于加快发展商业健康保险的若干意见》、《关于建立统一的城乡居民基本养老保险制度的意见》，为保险行业进一步深化改革和加快发展、建立统一的城乡养老保险制度明确了顶层设计和具体措施。

继续加强监管制度建设，2014年保监会修订了《保险公司股权管理办法》、《保险资金运用管理暂行办法》、《中国保险监督管理委员会行政许可实施办法》、《保险公司董事、监事和高级管理人员任职资格管理规定》4部规章；进一步清理规范性文件，废止规范性文件4 798件，规范性文件减少近80%；针对保险市场需求，颁布了《保险公司所属非保险子公司管理办法》、《关于加强和改进保险资金运用比例监管的通知》、《保险公司收购合并管理办法》、《中国保监会关于加强保险消费者权益保护工作的意见》等在内的110个规范性文件，进一步完善保险市场监管制度。

在司法解释层面，《最高人民法院关于海上保险合同的保险人行使代位请求赔偿权利的诉讼时效期间起算日的批复》对海上保险合同的保险人行使代位请求赔偿权的诉讼时效起算日予以明确。

## 二、"新国十条"正式颁布，由保险大国向保险强国转型

2006年，国务院出台了《关于保险业改革发展的若干意见》❶（下称"国十条"），对我国保险业改革发展的各个领域作出了明确的指引。至今，我国的保险市场规模不断扩大，保费收入从5 641.4亿元增加到2013年的1.7万亿元，年均增长17.3%，成为全球第四大保险市场。市场体系迅速发育，保险机构数量大幅增加。2006年我国保险机构只有107家，至今已发展到178家。服务能力稳步增

---

❶ 国发〔2006〕23号。

强。截至目前，我国农业保险规模已经居亚洲第一、全球第二，保险资金从2007年开始投资基础设施，2013年投资额达到了6 789亿元。另外，2013年出口信用保险承保金额达到3 970亿美元，是2006年的13.4倍。❶

但发展至今，"国十条"指导我国保险业的改革发展已显乏力，我国保险业也凸显出了三方面的问题：一是保险业整体实力不强。无论是保费收入占国内生产总值的比重还是人均保费，与世界平均水平相比还是有较大差距。二是服务水平不高。在发达国家，保险业在金融业乃至整个经济中占有重要地位，保险渗透到人民生产生活的方方面面。在我国，保险的服务领域有限，行业技术手段、管理水平、创新能力和人才队伍建设都相对滞后，服务水平相对较低，消费者对保险业的信任度也不高。三是保险作用发挥还不充分。发达国家普遍将保险作为市场化的社会管理机制，但是在这方面，我们无论是在认识上还是在政策支持上都还不够，社会保险意识总体淡薄，各方面运用保险机制的主动性也不够强。❷为了把保险业发展融入国家全面深化改革的总布局，促进我国从保险大国向保险强国转型，2014年8月13日，国务院发布了《关于加快发展现代保险服务业的若干意见》❸（下称"新国十条"），以顶层设计的形式进一步明确了保险行业在经济社会中的地位和发展方向。

"新国十条"主要确立了五方面的重要内容：一是提升了保险业的行业定位。推动保险业加快发展，已经从行业意愿上升到国家战略，成为我国经济社会发展总体布局中的重要一环。二是设定了保险业的战略目标。提出到2020年，保险深度要达到5%，保险密度要达到3 500元/人，使保险成为政府、企业、居民风险管理和财富管理的基本手段，成为政府改进公共服务、加强社会管理的有效政策工具。三是拓宽了保险业的服务领域。巨灾保险制度、"三农"保险、与公众利益关系密切的环境污染、食品安全、医疗责任等领域作为责任保险等将成为保险业拓展的新方向。四是丰富了保险业的政策体系。"新国十条"根据行业发展需要提出了一系列新的政策措施，包括税收政策、财政政策、用地保障政策、监管协调政策等，并对鼓励政府购买保险服务提出明确要求。五是深化了保险业的改革开放。"新国十条"明确了保险业制度改革的主攻方向，要求加快建立现代保险企业制度，全面深化寿险和商业车险费率市场化改革，完善保险市场准入退

---

❶ 李朴民："改革创新加快发展现代保险服务业"，载《中国经济导报》，2014年8月21日。

❷ 李松涛："解析八年间两个保险'国十条'"，载《中国青年报》，2014年8月21日。

❸ 国发〔2014〕29号。

出机制，完善保险市场体系。提出了对外开放的主要任务，鼓励中资保险公司"走出去"，为我国海外企业提供风险保障，通过国际资本市场筹集资金，努力扩大保险服务业出口。❶

"新国十条"吹响了我国从保险大国向保险强国转型的号角，不仅有利于弥补我国产业结构的短板，培育新的消费热点，更从改革创新的角度对现代保险服务业重新定位，有利于释放保险服务业促进经济提质增效升级、完善社会治理结构、助力政府职能转变的积极作用，对于稳增长、促改革、调结构、惠民生、防风险都具有十分重要的意义。❷

### 三、完善保险市场准入退出机制，保险集团监管迈出新步伐

2014年，在保险机构监管层面，保监会从保险市场准入退出机制和保险集团监管两方面入手，先后颁布了《保险公司收购合并管理办法》、《保险公司所属非保险子公司管理暂行办法》、《保险集团并表监管指引》等规范性文件，对保险公司的收购合并行为作出明确规范，强化了对保险集团内部非保险子公司的监管，完善保险集团并表监管，切实防范风险传递。

#### （一）规范保险公司收购合并

兼并重组是保险企业加强资源整合、实现快速发展的有效措施，也是调整优化产业结构、提高发展质量效益的重要途径。对此，国务院出台专门意见，明确了进一步优化企业兼并重组市场环境的主要目标、基本原则和具体措施。❸近年来，随着我国保险业加快向国内外资本开放，保险公司数量持续增加，经营管理状况开始分化，不同动机、不同形式、不同规模的保险公司收购合并日益活跃。为了促进和规范保险公司的收购合并活动，2014年4月4日，保监会颁布了《保险公司收购合并管理办法》❹（以下简称《办法》），《办法》针对近年来中国保险业并购的实际情况，按照"一要促进、二要规范"的总体思路，坚持市场化、法治化原则，在注重保护保险消费者权益、维护保险市场公平秩序的基本前提

---

❶ 项俊波："深入贯彻《国务院关于加快发展保险服务业的若干意见》，开创保险业改革发展新局面"，载《保险研究》2014年第8期。

❷ 卓志、孙正成："现代保险服务业：地位、功能与定位"，载《保险研究》2014年第11期。

❸ 参见《国务院关于进一步优化企业兼并重组市场环境的意见》（国发〔2014〕14号）。

❹ 保监发〔2014〕26号。

下，对保险公司的收购合并行为作出规制。❶

《办法》对保险公司并购的规制主要包括以下方面：

一是适用对象。《办法》主要规范目标公司为境内保险公司的并购行为，不包括保险公司对非保险公司的股权投资，也不包括保险公司对境外保险机构的股权投资。

二是消费者权益保护。《办法》将消费者权益保护作为重要目的，涵盖了通过缔结保险合同享有保险消费和服务的包括投保人、被保险人、受益人在内的各类保险消费者，规定了保险公司的全程信息披露义务，并将保险消费者权益保护列为保险公司收购的审核重点。

三是对于保险公司收购的认定。考虑到我国多数保险公司的股权结构相对均衡、单一股东持股一般不超过20%的实际情况，《办法》将收购界定为"收购人一次或累计取得保险公司三分之一以上（不含三分之一）股权，且成为该保险公司第一大股东的行为；或者收购人一次或累计取得保险公司股权虽不足三分之一，但成为该保险公司第一大股东，且对保险公司实现控制的行为"。按照追溯最终资本来源、对收购行为进行整体审查的原则，将收购人范围确定为"投资人及其关联方、一致行动人"。

四是公司并购的审核重点。《办法》对保险公司并购的审核重点包括3个方面：对存续保险公司或新设保险公司经营持续性的影响，包括偿付能力状况、财务状况、管理能力等；对保险行业的影响，包括保险市场公平竞争、保险行业竞争能力、保险公司风险处置等；对保险消费者合法权益、国家金融安全和社会公共利益的影响。

五是保险公司并购的监管措施。《办法》充分尊重商业自愿和引导市场自律，以保险公司并购的基本流程为主线，强化了保险公司并购各方的信息披露义务，对收购过渡期内保险公司董事会改选等重大事项进行了必要限定，规定收购人应书面承诺3年内不得转让相关股权或股份，明确了保监会与有关部门的沟通协调机制，并针对虚假陈述、股权代持等违规行为，规定了责令改正、行业禁入等惩戒机制，对保险公司并购行为作出了全面规制。

（二）加强保险公司所属非保险子公司管理

金融危机以来，对于金融集团内不受监管实体的监管一直是各国金融监管机构和国际监管组织关注的难点。近年来，我国一些保险公司通过直接或间接方式投资其他行业，控制了大量不受保监会监管的非保险子公司。这类公司数量众

---

❶ "保监会出台办法，规范保险公司收购合并"，载《中国法律》2014年第2期。

多、分布行业广泛、法律关系复杂、内部交易频繁，一旦出现经营危机，将对保险公司的财务状况和声誉造成严重响。2014年保监会颁布了《保险公司所属非保险子公司管理暂行办法》❶（以下简称《办法》），对保险公司所属非保险子公司的风险进行全面监测。

《办法》所称的保险公司所属非保险子公司，是指保险公司对其实施直接或间接控制的不属于保险类企业的境内外公司。其主要可分为四类：一是银行、证券和信托等其他金融机构；二是承担保险公司部分职能的共享服务类公司；三是投资保险业上下游产业链形成的关联产业公司；四是其他无业务相关性的公司。

《办法》采取了间接监管的模式，对保险公司投资和管理非保险子公司的五类行为作出了重点规范：一是投资设立非保险子公司；二是对非保险子公司的管控；三是与非保险子公司之间的内部交易；四是向非保险子公司的外包；五是与非保险子公司的防火墙建设。同时，《办法》还要求保险公司逐步完善自身和非保险子公司的信息披露体系。在监管方面，《办法》按照非保险子公司与保险业务的紧密程度以及金融监管的覆盖状况，对保险公司投资管理各类非保险子公司的行为分别采取审核、备案、报告等不同等级的监管规则，努力实现对保险公司总体风险的无缝监测。通过金融监管协调机制等，积极开展与保险公司所属非保险子公司对应的行业监管机构的信息交流，加强监管协调与合作，全面掌握非保险子公司的风险状况。

（三）保险集团并表监管指引

随着金融业由分业经营向综合经营演变，越来越多的金融企业选择走集团化和多元化经营道路，集团化经营风险也随之显现。近年来，我国保险公司集团化发展步伐加快，目前已有10家保险集团公司，业务规模和总资产占行业近70%，在行业中占据主导地位，金融业一般意义上的监管套利、监管空白、风险传递等问题开始出现，保险集团监管的重要性进一步凸现。以风险防范和控制为核心的审慎监管，要求集中考虑特定金融机构整体上的风险和清偿能力，集中考虑集团层面的整体风险状况。鉴于此，2014年保监会发布了《保险集团并表监管指引》❷（以下简称《指引》），从全集团角度监测风险，切实防范金融风险传递。

《指引》所称并表监管，是在单一法人监管的基础上，对保险集团的资本、财务以及风险进行全面和持续的监管，识别、计量、监控和评估保险集团的总体风险状况。其实质是对于集团内各成员的合并监管，是对以股权关系为基础的集

---

❶ 保监发〔2014〕87号。
❷ 保监发〔2014〕96号。

团体系的统一监管和风险评估。根据控制关系和风险相关性，并表范围涉及两个层面：一是保险集团公司能够实际控制的成员公司；二是根据风险相关性，其他应被纳入并表监管范围的被投资机构。

从并表监管的内容和重点来看，《指引》立足于有效防范保险集团风险，在支持保险公司集团化经营，发挥协同作用、规模效应的同时，通过明晰集团结构、监测内部交易，健全全面风险管理体系和风险隔离机制，完善公司治理和信息披露机制，实现对保险集团风险的全面监测。《指引》明确了包括集团结构、公司治理、风险管理、内部交易、偿付能力、资产负债管理、流动性风险等七个方面的并表监管内容。

从监管方式来看，《指引》坚持多样化、全面化的原则，以定量监管和定性监管为基础，综合运用识别、分析、评价、监控等手段来保证并表监管的效果。保监会将通过非现场监测与分析和现场检查相结合的方式，全面掌握保险集团公司治理情况、风险管理情况等，评估全集团面临的重大风险。同时，通过金融监管协调部际联席会议、双边监管备忘录等方式，积极进行监管信息交流，加强监管协调与合作，防范金融风险跨行业、跨领域传递。

**四、市场化改革稳步推进，万能保险、车险费率改革即将落地**

保险费率市场化，是指让价格发挥市场调节作用，利用保险费率的杠杆作用调控保险供求关系，调整保险产品结构比例，提高保险交易的效率，鼓励对保险产品的不断创新。❶目前我国严格管制的保险费率机制带来了一系列弊端，推进保险费率市场化已成大势所趋。2013年保监会出台了《关于普通型人身保险费率政策改革有关事项的通知》❷，迈出了我国保险费率形成机制改革的标志性一步。2014年，保监会进一步在人身保险和财产保险领域深化费率形成机制改革，万能保险费率市场化改革和商业车险条款费率管理制度改革即将落地生根。

（一）万能保险费率市场化改革

我国人身保险产品定价政策是在不断发展变化的。1997年以前，在监管上对保险产品定价没有限制，保险产品价格完全由保险公司自行确定，预定利率主要参照银行利率水平确定。在当时的高利率环境下，人身保险产品的预定利率也非常高，曾经达到8.8%，一些地方性产品的预定利率甚至超过10%。随着国家连续8次下调银行存款利率，高预定利率保险产品的风险逐渐暴露出来。由于当时保

---

❶ 陈飞："我国保险业改革的关键：保险费率市场化"，载《财会月刊》2006年第29期。

❷ 保监发〔2013〕62号。

险资金的运用渠道主要是银行存款，低投资收益和高预定利率之间的差额，使保险公司遭受了严重亏损，也就是利差损。1997年以来，当时的保险监管机构中国人民银行开始对人身保险产品预定利率水平进行限制，1997年11月规定预定利率上限为6.5%，1998年9月又下调为5%。1999年6月，为进一步规范产品定价、防范利差损风险，保监会对人身保险产品费率实行严格管制政策，规定了2.5%的预定利率上限。在当时的市场环境下，对人身保险产品预定利率进行管制，在引导公司理性经营、促进市场规范竞争、防范化解保险风险等方面发挥了积极作用。但随着保险市场的发展变化，费率管制政策的问题和弊端逐步显现，亟须进行改革和完善。❶

经过20多年的快速发展，我国寿险业已经并基本具备推进费率改革的基础和条件。在认真研究和广泛论证的基础上，保监会制定了"三步走"的分步实施方案：第一步是先放开普通型人身险预定利率；第二步是放开分红险和万能险的保证利率；第三步是完全的费率市场化。继2013年放开普通型人身险后，万能险费改成为2014年寿险市场关注的焦点之一。放开万能型人身保险的最低保证利率是路线图中的第二步，2014年6月，保监会向各人身险公司下发《万能保险精算规定（征求意见稿）》，有望在2015年实现以下三方面的改革：一是取消万能保险不超过2.5%的最低保证利率限制。最低保证利率由保险公司根据产品特性、风险程度自主确定；二是集中强化准备金、偿付能力等监管，产品最低保证利率越高，需要计提的准备金越高，偿付能力要求就越高；三是提高风险保障责任要求，最低风险保额与保单账户价值的比例提高3倍，体现回归保障的监管导向，保护消费者权益。

（二）商业车险条款费率管理制度改革

长久以来，车险一直在财产保险行业占有举足轻重的地位，建立健全车险条款费率管理制度一直是财产保险的核心内容之一。20多年来，我国的车险费率条款管理制度经历了一个从收紧到放开又收紧的螺旋式发展过程：1995年《保险法》第106条规定："商业保险的主要险种的基本保险条款和保险费率，由金融监督管理部门制定。"据此，1995年到2002年，由相关金融监管部门统颁商业车险条款费率，各保险公司遵照施行；2001年，保监会在广东省开展机动车辆保险费率改革试点，2002年以后，根据广东（含深圳）车险费率改革试点的经验，保监会从条款、费率、监制单证、精算和监管等五个方面改革原有的车险条款费率管理办法，将保险监管部门统颁车险条款费率改由各保险公司制定车险条款费

---

❶ 袁序成："人身保险费率形成机制改革"，载《中国金融》2104年第9期。

率，报监管部门审批后执行；2006年交强险出台之后，由中国保险行业协会制定商业车险A、B、C条款费率，由各保险公司选择其一并向保监会报批适用，2009年《保险法》修订实施以来，对部分内容进行了适法性修改，但各保险公司的商业车险条款费率除细微差别外，基本是全行业统一。❶

高度集中的车险费率管理制度在我国保险市场不发达、消费者保险意识不强的情况下，对保护消费者合法权益、维护市场正常经营秩序起到重要作用。但同时却带来了保险监管机构、保险行业协会和保险公司之间定位不清，保险公司主动提升经营管理水平内在动力不足，车险条款费率的合理调整机制缺失等问题。❷2012年，以解决"高保低赔""无责不赔"等社会关心的热点问题为契机，保监会正式展开商业车险费率制度改革的筹备工作。经过数年筹备，商业车险改革时机已基本成熟，示范性条款修订、费率测算和新旧产品转换等准备工作已基本就绪。2014年，商业车险费率改革步入正式实质性操作阶段，在广泛征求意见的基础上，保监会及中国保险行业协会分别发布《关于深化商业车险条款费率管理制度改革的指导意见(征求意见稿)》、《中国保险行业协会机动车综合商业保险示范条款（征求意见稿）》，有力推动了改革进程。

经过2014年广泛探索、讨论，商业车险条款费率管理制度改革思路已基本确定：一是坚持市场化方向；二是保护保险消费者合法权益；三是积极稳妥推进改革，把条款费率的制定权交给公司，选择权交给市场。有望在2015年实现以下突破：在条款方面，进一步完善现行的商业车险行业示范条款，支持保险公司开发创新型产品，形成以行业示范条款为主体、以创新型条款为补充的商业车险条款体系；在费率方面，行业测算纯保费将作为商业车险定价的基础，并根据市场运行情况，赋予保险公司一定的定价自主权，逐步形成市场决定费率的机制；在监管方面，将建立科学有效的商业车险条款费率形成、论证、审批、执行、回溯、调整等全过程的监管制度。

**五、完善人身保险业务，进一步规范银保销售行为**

（一）加快发展商业健康保险

为了使"新国十条"在人身险领域的相关部署得到充分实施，以及进一步落实《中共中央国务院关于深化医药卫生体制改革的意见》、《国务院关于促进健康服务业发展的若干意见》，2014年10月27日，国务院办公厅发布了《关于加快

---

❶ 陈文辉："稳步推进车险市场化改革"，载《中国金融》2014年15期。

❷ 车辉、高洪亮："车险费率市场化改革进程分析"，载《知识经济》2014年第23期。

发展商业健康保险的若干意见》❶，以充分发挥商业健康保险在深化医药卫生体制改革、发展健康服务业、促进经济提质增效升级中的推动作用。

该意见提出，到2020年，基本建立市场体系完备、产品形态丰富、经营诚信规范的现代健康保险服务业。针对这一目标，该意见从三个方面提出了加快发展健康保险的具体举措：一是丰富商业健康保险产品。大力发展与基本医疗保险有机衔接的商业健康保险，积极开发与健康管理服务相关的健康保险产品，开展长期护理保险制度试点，积极开发面向老年人、残疾人等人群的健康保险产品，加快发展医疗执业保险，支持健康产业科技创新。二是推动完善医疗保障服务体系。全面推进并规范商业保险机构承办城乡居民大病保险，加大政府购买力度，鼓励商业保险机构参与各类医疗保险经办服务。鼓励商业保险机构与医疗卫生机构合作，强化商业保险机构对定点医疗机构医疗费用的监督控制和评价。三是提升管理和服务水平。加强管理制度建设，加强健康保险人才队伍建设，努力提供异地转诊、就医结算等优质服务。提升信息化建设水平，支持商业健康保险信息系统与基本医疗保险、医疗机构信息系统进行必要的信息共享。

（二）建立统一的城乡养老保险制度

当前，中国养老保险制度存在"碎片化"的现象，养老保险制度人群分立，并存在较大的差异。随着工业化和城镇化的不断推进，建立统筹城乡、覆盖全体居民的养老保险体系是养老保险制度改革的重要目标。❷2012年7月1日以来，随着新型农村社会养老保险和城镇居民社会养老保险制度的全面展开，社会养老保险基本覆盖了所有的城乡人群。2014年，国务院出台了《关于建立统一的城乡居民基本养老保险制度的意见》❸，提出到"十二五"末，在全国基本实现新农保和城居保制度合并实施，并与职工基本养老保险制度相衔接；2020年前，全面建成公平、统一、规范的城乡居民养老保险制度。这标志着我国正式迈出了建立城乡统一养老保险制度的第一步。

该意见规定，年满16周岁（不含在校学生），非国家机关和事业单位工作人员及不属于职工基本养老保险制度覆盖范围的城乡居民，都可以在户籍地参加城乡居民养老保险。城乡居民养老保险实行个人缴费、集体补助、政府补贴相结合的筹资方式，国家为每个参保人员建立终身记录的养老保险个人账户，个人缴费、地方人民政府对参保人的缴费补贴、集体补助及其他社会经济组织、公益慈

---

❶ 国办发〔2014〕50号。

❷ 薛惠元、张微娜："建立统一的城乡养老保险制度"，载《税务与经济》2014年第3期。

❸ 国发〔2014〕8号。

善组织、个人对参保人的缴费资助，个人账户都累计记录参保人权益。参加城乡居民养老保险的人员，在缴费期间户籍迁移，可跨地区转移城乡居民养老保险关系，一次性转移个人账户全部储存额，继续参保缴费的，缴费年限累计计算。此外，该意见还指出，要将新农保基金和城居保基金合并为城乡居民养老保险基金，各地在整合城乡居民养老保险制度的基础上，逐步推进城乡居民养老保险基金省级管理，整合形成省级集中的城乡居民养老保险信息管理系统。

建立统一的城乡居民基本养老保险制度，合并实施新型农村社会养老保险和城居保险，形成制度名称、政策标准、管理服务、信息系统"四个统一"，使全体人民公平地享有基本养老保障，既有利于促进人口纵向流动、提升社会安全感，也有利于使群众对民生改善有稳定的预期，对于拉动消费、鼓励创新创业，具有重要意义。

（三）开展老年人住房反向抵押养老保险试点

住房反向抵押养老保险，是指达到一定年龄的老年人，以其拥有产权的住房作为抵押，向银行、保险公司等金融机构借款消费，同时老年人仍保留房屋居住权直至死亡或永久迁出。承办金融机构，对借款人的年龄、预期寿命、房屋现值、未来的增值折损情况及借款人死亡时房产价值进行综合评估后，按其房屋的价值化整为零，分摊到预期寿命的年限中，按月(年)支付现金给借款人。❶开展老年人住房反向抵押养老保险，可以将社会存量资产转化为养老资源，有利于丰富养老保障方式，增加老年人的养老选择；也有利于保险业发挥在风险管理、资金管理等方面的优势，更好地参与养老服务业发展。但老年人住房反向抵押养老保险在我国尚属新生事物。2013年9月，《国务院关于加快发展养老服务业的若干意见》提出开展老年人住房反向抵押养老保险试点，并由保监会作为此项工作的牵头部门。2014年6月23日，保监会发布了《关于开展老年人住房方向抵押养老保险的指导意见》），以北京、上海、广州、武汉4个城市作为试点，推动该项业务在我国的健康发展。

保险公司开展老年人住房反向抵押养老保险，将面临较为突出的利率风险、房价波动风险、长寿风险、现金流风险等业务风险，容易受到房地产政策、税收政策以及法律环境的影响，❷此类业务在我国也尚不成熟。因此，开展此类业务必须符合特定的资质要求。该指导意见规定：申请试点资格的保险公司应开业满5年，注册资本不少于20亿元；满足保险公司偿付能力管理规定，申请试点时

---

❶ 王伟："住房反向抵押养老保险的发展与借鉴——以美国反向抵押贷款市场为例"，载《保险研究》2014年第7期。

❷ 王小平："住房反向抵押养老保险监管"，载《中国金融》2014年第12期。

上一年度末及最近季度末的偿付能力充足率不低于120%；具备开展反向抵押养老保险所必须的专业技术、管理能力和各类专业人员等。同时，老年人住房反向抵押养老保险牵涉房地产估值、抵押、年金发放等多个环节，法律关系和业务内容较为复杂，且客户群体为老年人，老年消费者的权益保护是顺利推进试点的关键。该指导意见从业务宣传、销售人员管理、销售过程管理、信息披露等方面对老年消费者权益作出了保障。

（四）规范高现金价值产品

高现金价值产品是指第二保单年度末保单现金价值与累计生存保险金之和超过累计所缴保费，且预期该产品60%以上的保单存续时间不满3年的产品，投资连结保险产品、变额年金保险产品除外。发展这类高现金价值产品能够快速提升公司的保费规模，获得大量现金流，然而由于这类产品保障程度较低，并且容易带来集中退保和给付高峰风险，因而亟须加强风险防范。❶据统计，2013年我国保险业高现金价值短期业务规模已高达2 800亿元。❷鉴于此，2014年保监会发布了《关于规范高现金价值产品有关事项的通知》），从偿付能力充足率、销售费用上限、年度保费收入与资本金匹配等维度对目前高现金价值产品泛滥的局面进行了规范。

该通知规定，预期存续时间应由保险公司总精算师基于公司经验分析、产品设计目的、销售渠道特点、服务质量等因素综合审慎评估。万能保险第二保单年度末的现金价值应由公司总精算师基于结算利率策略、最低保证利率与利益演示等因素综合审慎预估。保险公司销售高现金价值产品的，应保持偿付能力充足率不低于150%。保险公司偿付能力充足率低于150%时，应立即停止销售高现金价值产品。保险公司销售高现金价值产品支付的佣金或手续费超过产品定价时的附加费用率或初始费用的，应经公司董事会审议通过，并形成书面决议。

此外，保监会还明确要求保险公司合理控制高现金价值产品的保费规模，年度保费收入应与保险公司的资本实力相匹配。自2014年1月1日起，保险公司高现金价值产品年度保费收入应控制在公司资本金的2倍以内；超过的部分，其最低资本要求将予以提高。对2013年度高现金价值产品保费收入高于当年末资本金2倍的保险公司，自2014年1月1日起，给予公司5年的过渡期。过渡期内，高现金价值产品年度保费收入在基准额以内的部分，不施加额外的最低资本要求；超过基准额的部分，其最低资本要求将予以提高。

---

❶ 周正红："短期高现金价值产品热销的原因、风险隐患与控制对策"，载《中国保险》2013年第9期。

❷ 项俊波："全面深化保险改革业创新"，载《中国金融》2014年第3期。

## （五）进一步规范商业银行代理保险业务销售行为

近年来，由于商业银行网点代理销售保险产品业务发展迅速，银保渠道逐渐成为寿险公司重要的业务增长点和销售支柱，促进了人身保险业保费规模、资产规模的快速增长，但同时也成为监管重点。2010年1月，银监会、保监会联合下发了《关于加强银行代理寿险业务结构调整，促进银行代理寿险业务健康发展的通知》❶，对银保业务提出相关要求；2010年11月，银监会发布了《关于进一步加强商业银行代理保险业务合规销售与风险管理的通知》❷，对商业银行代理保险业务作出严格限制；2011年3月，银监会、保监会再次联合下发《商业银行代理保险业务监管指引》❸，全面规范银保业务。

上述文件对保护金融保险消费者权益，促进商业银行代理保险业务健康发展起到了一定的积极作用，但截至目前，银保业务发展方式较为粗放，业务结构不合理的局面并未从根本上改变，销售误导、违规经营、退保金大幅上升等问题仍然存在。特别是社会各方面对该渠道销售行为中的一系列问题反映较为集中，包括"存单变保单"、产品适销不对路、产品介绍不全面、客户信息不真实等。为了集中有效地解决上述问题，2014年，银监会、保监会再次联合发布了《关于进一步规范商业银行代理保险业务销售行为的通知》❹），将保护消费者的利益放在首位，推动保险公司和商业银行依法合规地开展代理保险业务，进一步提高商业银行代理保险业务的销售适应性和管理水平。

该通知从以下方面对银保销售行为进行规范：一是将核实的产品销售给有需求和承受能力的客户。要求建立投保人需求与风险承受能力评估制度，根据评估结果推荐保险产品，对城乡低收入居民和老年人权益等也作出了特别保护。二是推动业务结构调整。为充分发挥保险核心功能，要求商业银行销售意外伤害保险、健康保险、定期寿险、终身寿险、保险期间不短于10年的年金保险、保险期间不短于10年的两全保险、财产保险（不包括财产保险公司投资型保险）、保证保险、信用保险的保费收入之和不得低于代理保险业务总保费收入的20%。对业务占比达不到上述要求的机构，监管机构有权采取限期整改等监管措施。三是对代理销售全过程作出规范。在销售过程前段，保险公司要做好产品及保单材料的准备工作；在销售过程中段，确保投保过程要充分反映消费者的意思表示；在销

---

❶ 保监发〔2010〕4号。
❷ 银监发〔2010〕90号。
❸ 保监发〔2011〕10号。
❹ 保监发〔2014〕3号。

售过程后段，保险公司要对销售情况进行全面检测。四是增强保监系统与银监系统的合力。一方面，保险公司每季度要向保监系统上报合作银行代理销售的相关情况，商业银行每季度向银监系统上报代理各险种保费收入占比情况；另一方面，保监系统与银监系统要建立信息共享制度，依法对存在问题的保险公司、商业银行及时采取监管措施。

### 六、司法解释出台，规范工伤保险行政案件审理

近年来，我国不断加大工伤保险法律制度建设，2004年1月1日《工伤保险条例》的施行，为保护工伤职工的合法权益提供了有力的法律依据。2010年10月28日，全国人大常委会审议通过了《中华人民共和国社会保险法》，对工伤保险制度作出了一些新的规定。随后，国务院对《工伤保险条例》进行了修订，并于2011年1月1日起实施。

随着新修订《工伤保险条例》的实施，工伤保险参保范围进一步扩大，参保人数不断增加，工伤保险行政案件数量呈进一步上升的趋势。据统计，近年来工伤保险行政案件数量位居各类行政案件前4位。[1]工伤保险行政案件涉及职工的切身利益，直接影响社会稳定。相关行政案件审判过程中新情况新问题不断出现，纠纷解决的难度日益增大。为了妥善处理工伤保险行政纠纷，统一司法尺度，最高人民法院于2007年开始就审理工伤保险行政案件的法律适用问题进行调研，在认真总结审判实践经验的基础上，经过反复论证和征求意见，最高人民法院于2014年4月21日出台了《最高人民法院关于审理工伤保险行政案件若干问题的规定》[2]，该规定共10个条文，主要包括三个方面内容：

（一）明确了特殊情况下承担工伤保险责任的用人单位

随着社会的发展，劳动关系形态日益复杂，经常出现与职工存在用人关系的单位有两个或者两个以上的情形，具体由哪个单位承担工伤保险责任容易产生争议。为此，该规定专门对双重劳动关系、派遣、指派、转包和挂靠关系等五类比较特殊的工伤保险责任主体作了规定：（1）职工与两个或两个以上单位建立劳动关系，工伤事故发生时，职工为之工作的单位为承担工伤保险责任的单位；（2）劳务派遣单位派遣的职工在用工单位工作期间因工伤亡的，派遣单位为承担工伤保险责任的单位；（3）单位指派到其他单位工作的职工因工伤亡的，指

---

[1] 马永欣、李涛、杨科雄："《最高人民法院关于审理工伤保险行政案件若干问题的规定》的理解与适用"，载《人民司法》2014年第23期。

[2] 法释〔2014〕9号。

派单位为承担工伤保险责任的单位；（4）用工单位违反法律、法规规定将承包业务转包给不具备用工主体资格的组织或者自然人，该组织或者自然人聘用的职工从事承包业务时因工伤亡的，用工单位为承担工伤保险责任的单位；（5）个人挂靠其他单位对外经营，其聘用的人员因工伤亡的，被挂靠单位为承担工伤保险责任的单位。

（二）细化了工伤认定中的"工作原因、工作时间和工作场所"、"因工外出期间"以及"上下班途中"等问题

1.关于工作原因、工作时间和工作场所的认定

该规定确定了三个思路：一是对"工作原因"的认定应当考虑是否履行工作职责、是否受用人单位指派、是否与工作职责有关、是否基于用人单位的正当利益等因素；二是对"工作时间"的认定应当考虑是否属于因工作所需的时间；三是对"工作场所"的认定则应当考虑是否属于因工作涉及的区域以及自然延伸的合理区域。在此基础上，该规定明确了应当认定为工伤的几种情形：一是职工在工作时间和工作场所内受到伤害，没有证据证明是非工作原因导致的；二是职工参加由用人单位组织或者指派参加其他单位的活动受到伤害的；三是在工作时间内，职工来往于多个与其工作职责相关的工作场所之间的合理区域因工受到伤害的；四是其他与履行工作职责相关，在工作时间及合理区域内受到伤害的。该规定不仅列举了实践中常见但又容易产生争议的几种工伤认定情形，还从列举情形中揭示了"三工"的基本要素。

2.关于"因公外出期间"、"上下班途中"的认定

一是关于"因工外出期间"的工伤认定。"因工外出期间"属于工作时间的一种特殊情形，应当从职工外出是否因工作或者为用人单位的正当利益等方面综合考虑。该规定明确，"因公外出期间"包括：职工受用人单位指派或者因工作需要在工作场所以外从事与工作职责有关的活动期间，职工受用人单位指派外出学习或者开会期间以及职工因工作需要的其他外出活动期间。为了更好地保护职工合法权益，该规定进一步指出，只要不属于职工从事与工作或者受用人单位指派外出学习、开会无关的个人活动受到伤害的，原则上应当认定为工伤。二是关于"上下班途中"的认定。该规定明确，"上下班途中"情形包括：在合理时间内往返于工作地与住所地、经常居住地、单位宿舍的合理路线的上下班途中；在合理时间内往返于工作地与配偶、父母、子女居住地的合理路线的上下班途中；从事属于日常工作生活所需要的活动，且在合理时间和合理路线的上下班途中；在合理时间内其他合理路线的上下班途中。

（三）明确了由于第三人的原因造成工伤的三种处理方式

根据《社会保险法》规定，❶由第三人原因造成工伤的职工按照《侵权责任法》要求损害赔偿或依据《社会保险法》要求享受工伤待遇。按照这一立法精神，该规定明确了三种处理方式：（1）职工因第三人的原因受到伤害，社会保险行政部门以职工或者其近亲属已经对第三人提起民事诉讼或者获得民事赔偿为由，作出不予受理工伤认定申请或者不予认定工伤决定的，人民法院不予支持；（2）职工因第三人的原因受到伤害，社会保险行政部门已经作出工伤认定，职工或者其近亲属未对第三人提起民事诉讼或尚未获得民事赔偿，起诉要求社会保险经办机构支付工伤保险待遇的，人民法院应予支持；（3）职工因第三人的原因导致工伤，社会保险经办机构以职工或者其近亲属已经对第三人提起民事诉讼为由，拒绝支付工伤保险待遇的，人民法院不予支持，但第三人已经支付的医疗费用除外。❷

## 七、保险资金运用改革不断深化，保险资金配置多元化格局形成

截至2014年底，我国保险业总资产达10.2万亿元，资金运用余额约为9.3万亿元，当年投资收益5 358亿元。❸保险资金运用已经成为保险业的重要业务，对保险业做大做强、持续健康发展至关重要。在保险资金运用规模不断扩大、收益日益提高的同时，也必须意识到近年来我国保险资金运用也发生过损失严重、负面影响较大的风险事件，保险资金运用风险监管不容忽视。2009年《保险法》修订以来，我国目前已形成了以《保险法》为核心，以《保险资金运用管理暂行办法》、《保险资产管理公司管理暂行规定》等部门规章为框架，以保监会颁布的一系列规范性文件为补充的保险资金运用风险监管法规制度体系。为了既能严格防范资金运用风险又能充分发挥保险资金促进国民经济发展和地方经济建设的作用，2014年保监会颁布了《关于规范保险资金银行存款业务的通知》、《关于保险资金投资创业板上市公司股票等有关问题的通知》、《关于保险资金投资创业

---

❶ 《社会保险法》第42条规定："由于第三人的原因造成工伤，第三人不支付工伤医疗费用或者无法确定第三人的，由工伤保险基金先行支付。工伤保险基金先行支付后，有权向第三人追偿"。

❷ 《最高人民法院关于审理工伤保险行政案件若干问题的规定》新闻发布稿，来源：人民网 http://legal.people.com.cn/GB/51654/363283/387910/，访问时间：2015年4月27日10:09:34。

❸ 中国保监会：《2014年保险统计数据报告》，来源：中国保险监督管理委员会官方网站，http://www.circ.gov.cn/web/site0/tab5257/info3948914.htm，访问时间：2015年7月12日15:57:38。

投资基金有关事项的通知》等一系列规范性文件，从不同层面和环节对保险资金运用作出了严密的规制。

（一）对各种资金运用形式作出进一步规范

1. 规范保险资金银行存款业务

银行存款是保险资产配置的基础性资产，占比接近1/3。加强保险资金银行存款业务管理，是维护保险资金的整体安全和稳健运行的重要方面。2014年3月12日，保监会发布了《关于规范保险资金银行存款业务的通知》❶，该通知从制度和具体措施两个层面，对部分保险公司在银行存款业务中存在的操作不透明、约束机制不健全、风险管理薄弱以及被他人挪用等风险隐患和问题作出了规范。

该通知内容主要包括：一是强化交易对手资质，规范业务操作流程，防范信用风险和操作风险；二是建立银行存款托管机制，防范资金挪用风险；三是规范存单质押行为，明确以银行存款为自身质押融资的管理要求，禁止向他人提供质押融资、担保、委托贷款或为他人谋取利益；四是加强监督管理，强化银行存款业务的信息报告要求。该通知还要求建立行业自律管理机制，加强交易对手风险监测。该通知的发布实施，有利于保险业更加适应利率市场化改革带来的风险管理挑战，有利于加强保险资金运用风险管理，维护投保人合法权益，促进保险行业的健康稳定发展。

2. 开放保险资金对创业板上市公司股票投资

2014年，中国资金运用余额为93 314.43亿元，用于股票和证券投资基金为10 325.58亿元，在资金运用余额中的占比从2013的10.23%升至11.06%，由此可以看出，股市对保险资金的吸引力正在逐步增强。❷2014年1月7日，中国保监会发布了《关于保险资金投资创业板上市公司股票等有关问题的通知》，正式允许保险资金投资创业板上市公司股票。

该通知明确，保险资金可以投资创业板上市公司股票。保险集团（控股）公司、保险公司直接投资创业板上市公司股票，应当具备股票投资能力；不具备股票投资能力的公司，应当委托符合条件的专业管理机构进行投资。该通知还指出，保险集团（控股）公司、保险公司投资的创业板上市公司股票，不得存在以下情形：上市公司已披露正在接受监管部门调查或者最近一年度内受到监管部门

---

❶ 保监发〔2014〕18号。

❷ 中国保监会：《2014年保险统计数据报告》，来源：中国保险监督管理委员会官方网站，http://www.circ.gov.cn/web/site0/tab5257/info3948914.htm，访问时间：2015年7月12日15:57:38。

处罚的；最近一年度内被交易所公开谴责的；上市公司最近一年度内财务报表被会计师事务所出具保留意见、否定意见或无法表示意见的；存在被人为操纵嫌疑的以及保监会规定的其他情形。

3. 开放保险资金投资创业投资基金

为了进一步贯彻《国务院关于加快发展现代保险服务业的若干意见》，支持创业企业和小微企业健康发展，规范保险资金投资创业投资基金行为，防范投资风险，2014年，中国保监会印发了《关于保险资金投资创业投资基金有关事项的通知》❶。

该通知以基金管理机构为监管着力点，坚持分散投资原则，对投资创业投资基金的基本要求、行为规范、风险管控、监督管理方面等进行了具体规定。一是合理界定创业投资基金和创业企业的范围。明确创业投资基金主要投资创业企业普通股、优先股、可转换债券等权益，创业企业应处于初创期至成长初期，或者所处产业已进入成长初期但尚不具备成熟发展模式。二是明确基金管理机构和基金的标准。该通知深入研究比较相关数据，充分吸收市场意见，对基金管理机构的历史业绩、管理规模、管理团队、运行机制，以及对基金投资方向、募集规模、分散程度等提出明确标准和要求，确保保险资金投资市场公认的优质基金，控制总体投资风险。三是强化分散投资原则。考虑到创业投资基金所投创业企业的风险特征，该通知要求保险公司在遵守现有权益投资监管比例基础上，投资创业投资基金余额不超过上季末总资产的2%，投资单只基金余额不超过基金发行规模的20%，同时规定单只基金投资单一创业企业的余额不超过基金发行规模的10%，层层分散以化解单个创业企业投资失败的风险。四是做好投资政策衔接。考虑到除创业投资基金外，通过其他股权基金适度投资创业企业，以及通过母基金投资创业投资基金是市场常见做法，❷该通知从实际出发，支持保险资金以上述两种方式开展投资。五是完善事中事后监管。该通知坚持"放开前端、管住后端"原则，明确了投资报告、信息披露和登记等要求，并引入"负面清单"管理安排，建立以事中事后监管为核心的持续监管机制。

4. 保险资金投资优先股制度明确

2014年10月17日，保监会公布《关于保险资金投资优先股有关事项的通知》❸，规定了保险资金投资优先股的资产分类、信用评估要求、市场化原则、监管等相关内容，对投资中的估值、风险防范等相关要求作出明确。

---

❶ 保监发〔2014〕101号。

❷ 蒋建湘："我国创业投资基金监管的法律思考"，载《政治与法律》2011年第8期。

❸ 保监发〔2014〕80号。

该通知结合中国当前市场优先股的风险特征，明确了保险资金投资优先股的各项内容，主要包括：一是明确优先股的资产分类。要求保险机构按照发行方对优先股权益融资工具或债务融资工具的分类，分别确认为权益类或固定收益类资产，充分反映当前拟发行优先股的权益属性。二是提出信用评估要求。借鉴发达国家和地区做法，要求保险资金投资的优先股，应当具有A级或者相当于A级的长期信用等级，并逐步建立企业和行业内部的优先股信用评估机制。三是坚持市场化原则。不再新增保险资金投资优先股的有关要求，具备相应投资管理能力的保险机构都可以投资符合条件的优先股。四是加强事中和事后监管。通过确定和调整资产认可标准、强化非现场监测等手段，加强风险监管，防范投资风险。五是明确影响投资的相关事项。如根据行业要求，明确优先股资产的估值问题，在市场交易不活跃且其公允价值无法可靠计量的情况下，可以按照投资成本估值。

5. 集合资金信托计划

自保监会2012年10月放开保险资金可投资集合信托计划以来，保险资金投资信托计划的规模开始猛增。保监会数据显示，截至2013年末，短短一年的时间里，这一规模已经飙升到了1 442.9亿元，占保险资金总投资资产1.9%，占集合信托计划总规模5%左右，共有42家保险投资机构认购。其中，信托计划投资于房地产和基础设施的占比更是达到了64%。2014年以来，保险资金对信托投资快速增长，外部信用评级结果难以反映信托真实风险状况，潜在投资风险不断聚集。❶ 为进一步防范资金运用风险，2014年5月7日，保监会发布了《关于保险资金投资集合资金信托计划有关事项的通知》❷，正式对保险资金投资信托产品进行规范。

该通知规定，保险投资不得投资单一信托计划，不得投资基础资产属于国家明令禁止行业或产业的信托计划；保险资金投资的集合资金信托计划，基础资产限于融资类资产和风险可控的非上市权益类资产，集合资金信托计划的受托人也应当符合特定的资产、信用要求。针对保险公司本身而言，保险机构投资集合资金信托计划，应当按照监管规定和内控要求，完善决策程序和授权机制，并配备独立的信托投资专业责任人，比照专业责任人纳入风险责任人体系进行监管。保险机构还应当加强投后管理，制定后续管理制度和兑付风险处理预案；定期监测融资主体和项目的经营等情况；定期开展压力测试和情景分析；形成内部定期报

---

❶ 张兰："保监会'频频出手'狙击信托保险投资风险"，载《金融时报》2014年9月30日。

❷ 保监发〔2014〕38号。

告机制，全程跟踪、防范信托投资风险。

（二）保险资金第三方托管和监督

保险资金运用进行第三方托管，实际是引入了资产保管与资金运作分离的第三方监督机制，对信息及时准确披露及防止资金被挪用、占用、违规运用有明显作用。❶《保险资金运用管理暂行办法》第19条规定了保险资金运用第三方托管制度。❷但目前，具体规范保险资产托管的规定只有2005年颁布的《保险公司股票资产托管指引（试行）》，以及散见于其他投资品种政策的相关条款，法律指引规范缺乏。2014年，保监会、银监会联合发布了《关于规范保险资产托管业务的通知》，对保险资产托管业务作出了详细的规定。

该通知提出，保险集团（控股）公司、保险公司应当建立和完善保险资产托管机制，选择符合规定条件的商业银行等专业机构，将保险资金运用形成的各项投资资产全部实行第三方托管和监督。保险机构应当确保保险资金运用的收支活动（除费用类支出外）主要通过托管资金账户进行；托管机构应当严格按照保险机构或专业投资管理机构的有效指令，办理资金收支，并确保托管保险资产的收支活动（除费用类支出外）主要通过托管资金账户进行。

同时，托管机构应当切实履行托管保险资产的投资监督职能，根据保险资金运用相关规定及时更新投资监督规则和流程，对托管合同生效后所托管保险资产的投资范围、投资品种、投资比例、投资限制和禁止行为等进行合规监督。保险机构应当配合托管机构履行投资监督职责，及时、准确、完整地向托管机构提供与投资监督相关的数据和信息。

（三）保险资金运用信息披露

在保险资金运用信息披露方面，2014年，保监会下发了《保险公司资金运用信息披露准则第1号：关联交易》，明确要求保险公司投资关联方的股权、不动产及其他资产要披露。

该准则所称关联方，是指按照《保险公司关联交易管理暂行办法》确定的关联企业和关联自然人。该准则中明确了4种适用于该准则的保险公司与关联方之间开展保险资金运用的行为，分别为在关联方办理银行存款（活期存款除外）业务；投资关联方的股权、不动产及其他资产；投资关联方发行的金融产品，

---

❶ 韦生琼、陈晓燕、娄珂："我国保险资金管理的第三方托管初探"，载《保险研究》2007年第2期。

❷ 《保险资金运用管理暂行办法》第19条规定："保险集团（控股）公司、保险公司应当选择符合条件的商业银行等专业机构，实施保险资金运用第三方托管和监督，具体办法由中国保监会制定。"

或投资基础资产包含关联方资产的金融产品;中国保监会认定的其他关联交易行为。

该准则规定,当保险公司与关联方开展上述关联交易时,应当按照相关格式要求编制信息披露公告,披露信息则包括交易概述及交易标的的基本情况、交易各方的关联关系和关联方基本情况、交易的定价政策及定价依据、交易协议的主要内容、交易决策及审议情况等。此外,保险公司与关联方之间开展关联交易,应当于签订交易协议后10个工作日内(无交易协议的,自事项发生之日起10个工作日内),按照规定在保险公司网站和中国保险行业协会网站发布信息披露公告。

(四)保险资金运用监管

1. 加强资金运用比例监管

深化金融体制改革的大环境下,保险资金运用体制改革的基本思路就是坚持市场化改革导向,把投资权和风险责任更多地交给市场主体,增强市场活力。现行比例监管政策在约束机构投资行为、防范投资风险等方面发挥了积极作用。但由于相关政策出台时间跨度大,涉及范围广,实际执行中存在一些问题,制约着保险资金运用效率:一是监管比例"散、多、杂",缺少系统性整合,造成监管导向不够明确。二是列举式的监管比例不适应市场形势。新增投资品种需制定新的投资比例,监管比例日趋复杂。同时,比例监管政策制定往往滞后于市场发展。三是部分监管比例可操作性不强,与市场实际脱节,部分比例限制涉及交易对手方,信息获取难度大、成本高、作用弱。❶2014年,保监会兼顾监管需要与市场实际,系统整合现行监管比例规定,发布了《关于加强和改进保险资金运用比例监管的通知》,建立了以保险资产分类为基础、多层次比例监管为手段、差异化监管为补充、动态调整机制为保障的比例监管体系。

该通知根据资产风险收益特征,将保险资金各种运用形式整合为流动性资产、固定收益类资产、权益类资产、不动产类资产和其他金融资产等五个大类资产。针对五类资产,该通知规定了三类比例,不同比例实行差异化监管。一是监管比例,投资权益类资产、不动产类资产、其他金融资产、境外投资的账面余额占保险公司上季末总资产的监管比例分别不高于30%、30%、25%、15%,投资流动性资产、固定收益类资产无监管比例限制。投资单一上述资产的监管比例均不高于保险公司上季末总资产的5%,投资单一法人主体余额的监管比例不高于保险公司上季末总资产的20%。突破规定比例的,责令限期改正。二是监测比

---

❶ 沈毅刚:"借保险资金运用市场改革东风推保险机构融资助实体经济发展",载《时代金融》2014年第20期。

例，针对流动性状况、融资规模和各类别资产等制定风险预警比例。达到或超出监测比例的，应当规定履行相关报告或披露义务。违反相关规定的，将被保监会列入重点监管对象。三是内控比例，保险公司应当制定投资内部风险控制比例，经董事会或董事会授权机构审定后向保监会报告，以检测和防范投资风险。

2. 保险资金运用内控与合规计分监管

为提高保险资金运用合规与内控监管的有效性，推进量化监管和分类监管、防范投资风险，2014年6月27日，中国保监会专门制定了《保险资金运用内控与合规计分监管规则》。

保险资金运用内控与合规计分是指保监会在现场检查和非现场监管工作基础上，通过整理、汇总、分析保险机构的资金运用内控与合规运作的记录、信息和数据，按照计分标准对保险机构进行评分并开展持续监管的过程。该监管规则规定，计分评价每年进行两次，评价期分别为每年的1月1日至6月30日和7月1日至12月31日，每一评价期的基准分为100分。保监会在基准分基础上，根据保险机构的内控运作情况、持续合规情况和违规事项进行加分或者扣分，并汇总确定其最终得分划分成A、B、C、D四类。保险资金运用内控与合规评价的结果将作为保险机构进行投资管理能力备案的审慎性条件，尤其是评价等级为C类和D类的保险机构，将被列为重点监管对象，中国保监会可以加大现场检查和非现场检查频率，采取限制资金运用渠道、范围或比例等监管措施。

3. 保险资产五级分类指引

随着保险资产投资渠道的逐步放开，新增基础设施债权计划、股权及不动产计划以及信托等非标类金融产品，缺乏统一的风险衡量标准及减值准备计提措施，难以客观反映保险投资资产质量和真实利润水平。2014年10月17日，保监会发布了《保险资产风险五级分类指引》，首次针对保险投资资产进行风险分类管理。

该指引明确了五级分类风险的核心定义，聚焦于保险机构投资的除以公允价值计量且其变动计入当期损益或所有者权益之外的资产，以信用风险为基础，按照风险程度将其划分为正常类、关注类、次级类、可疑类和损失类五类。该指引还确定了固定收益类资产、权益类资产风险及不动产风险分类标准。在权益类资产风险中，该指引区分了直接股权投资与购买股权投资金融产品的间接股权投资两类，直接股权投资主要衡量投资成本与公允市场价格的高低；间接股权投资主要采用穿透法，重点对企业质量和风险状况进行评估，同时考虑股权投资管理机构的资信状况、投资管理能力、风险控制措施、投资权益保护机制、股权退出机制安排等因素，综合确定该类产品的风险分类。

作为保险监管改革"放开前段，管住后端"的重要手段，保险资产风险五级分类指引充分考虑行业特点和现实情况，通过审慎分类和细致分析，有利于揭示保险资产的实际价值和风险程度，全面、真实、动态地反映资产质量，可以及时发现保险资金使用和管理中存在的问题，能够为判断保险机构计提的资产减值准备是否充足提供可靠参考。

**八、强化顶层制度设计，保护消费者合法权益**

金融危机爆发之后，全球范围内的金融消费者权益保护工作日渐兴起，2011年10月，中国保监会保险消费者权益保护局正式成立，消费者权益保护被提上保险监管的重要日程。❶近年来，保监会从处理消费者反映的突出问题和完善制度机制两方面入手，取得了一定成效。2014年，保监会扎实开展保险消费者权益保护工作，着力解决消费者最关心的利益问题。进一步治理车险理赔难和寿险销售误导，清理财产保险积压未决赔案735万件，车险万元以下赔案从客户报案至赔款支付完成的平均时间由2012年的90.4天缩短至2014年的21.2天，严格落实人身险客户真实性管理制度，清理人身保险失效2年以内保单578万件。妥善解决保险消费争议，各保监局开展局长接待日合计290次，全年共处理各类保险消费投诉2.8万件，在全国139个设区的市建立了"诉调对接"机制。❷

但消费者权益保护在制度建设层面仍然有待完善，顶层设计不足制约了保险消保工作的有效开展。"新国十条"明确提出要推动完善保险消费者合法权益保护法律法规和规章制度，监督保险机构全面履行对保险消费者的各项义务。❸据此，保监会在2014年制定了《中国保监会关于加强保险消费者权益保护工作的意见》，明确了我国保险消保工作的顶层制度设计安排，提出了加强保险消费者保护的主要任务和具体措施。

（一）强化保险公司主体责任

保险公司是直接与消费者进行交易的保险业务经营者，也是维护消费者合法权益的第一责任人，必须强化保险公司的主体责任。该意见从经营理念、产品费率设定、规范销售行为、做好理赔给付、提升服务质量和保障消费者信息安全等六个方面专章规定了保险公司的责任，针对侵害消费者权利的突出领域对保险公司做出了明确要求：一是公平合理设定合同权利义务和厘定保险费率，依法制定

---

❶ 郑伟："保险消费者权益保护：机制框架、国际经验与政策建议"，载《保险研究》2013年第3期。

❷ 项俊波："2014年保险监管改革创新取得显著突破"，载《中国保险报》2015年1月27日。

❸ 《关于加快发展保险服务业的若干意见》（国发〔2014〕29号）。

保险合同条款，确保双方权利义务公平合理，完善保险产品定价模型，合理确定产品费率；二是规范销售行为，根据产品特点和消费者风险承受能力建立区分销售制度，杜绝保险销售误导行为；三是及时公允理赔给付，接到消费者报案后，要充分告知理赔给付程序、时限等相关信息，建立公正透明高效的理赔给付处理和争议解决程序，及时公道的开展赔付；四是建立消费者信息保护制度，依法采集、使用和保存消费者信息，防止消费者信息泄露，不得利用非法获取的消费者信息开展经营活动和获取不当利益，保障消费者信息安全。

（二）强化信息披露

透明度监管是国际金融保险监管核心原则。对于保险消保工作，透明度监管是重要方法，也是有效手段。该意见一方面要求保险公司充分披露与消费者有关的各种信息；另一方面，要求保险监管机关建立健全消费者权益保护方面的信息披露制度，定期公布保险公司投诉情况和损害消费者合法权益的典型案例，开展保险公司服务质量评价和消费者满意度测评并将评价和测评结果向社会公布，每年编写并发布中国保险消费者权益保护白皮书，为消费者提供充分信息。

（三）严厉查处侵害消费者合法权益的行为

该意见提出保监会有关部门、保监局要加大执法力度，加强对重点领域和薄弱环节的专项检查，依法严肃查处各类损害消费者合法权益的行为。加强市场跟踪，开展对损害消费者合法权益行为的监测。保监会有关部门、保监局要建立健全对各类损害消费者合法权益行为的问责制度，强化保险公司管理人员的管控责任。保险公司要制定内部责任追究制度，除追究违法违规行为人直接责任外，还要追究对违法违规行为的发生负有责任的部门负责人、高级管理人员的间接责任；对造成重大群体性事件等严重后果的损害行为，同时追究行为人所在机构主要负责人的责任。

（四）完善消费者维权机制

近年来，保监会采取了很多措施，不断完善消费者的维权机制。2012年，保监会在金融监管部门中率先开通了消费者投诉维权热线"12378"，建立各地保监局长接待日制度，努力搭建"信、访、电、网""四位一体"的保险消费投诉渠道，确保消费者投诉渠道便捷畅通，大力推动保险纠纷调处机制建设。2014年，各保监局辖区全部建立纠纷调处机制，全国设立了300余个调解机构，在诉讼途径之外，为消费者提供了一条解决与保险公司之间矛盾纠纷的及时、便捷、高效、低成本的新途径。与最高人民法院大力推动建立保险纠纷"诉调对接"机制，提高了调解工作质量和效果，提升了公信力。该意见提出了健全投诉处理机制、完善纠纷调处机制、推进保险纠纷"诉调对接"、"仲调对接"机制建设的具体措施，在固化已有经验做法的基础上，进一步细化各项内容，目的是建立起包括调解、仲裁、诉讼等在内的多元化纠纷解决机制,为消费者维权提供支持和保障。

(五)强化相关部门和社会组织的协调作用

维护保险消费者权益是一项系统性工程,不仅需要保险监管机关、保险行业组织和保险机构各尽其责,也需要社会各界的通力配合。该意见提出要建立与司法机关、工商公安审计和其他金融监管机构等部门以及保险行业协会、消费者组织等团体的联动协调机制,在信息互通、案件移交等方面加强合作;充分发挥社会公众和新闻媒体的监督作用,重视发挥好社会监督员作用,充分吸收社会监督员的意见建议,支持并主动借助新闻媒体曝光损害消费者合法权益的行为及典型案件,发挥其监督作用。同时,要求保险公司主动加强与新闻媒体和社会公众的沟通联络,正确对待负面舆论报道,认真听取社会和消费者的意见,不断改进服务。

### 九、加强中介机构监管,严格规范非保险金融产品销售

2009年保险法修订后,保监会颁布了三个保险专业中介机构监管规定,❶同时,保监会进一步发布了《保险公司中介业务违法行为处罚办法》,规定保险公司开展中介业务应当遵循的各项要求以及违法规定应当承担的法律责任。上述四个规章共同形成了保险中介业务监管的重要框架。之后,保监会在中介机构管理的各个具体方面,分别颁布了《关于严格规范保险专业中介机构激励行为的通知》、《保险代理、经纪公司互联网保险业务监管办法(试行)》、《保险中介服务集团公司监管办法(试行)》、《关于进一步规范保险专业中介机构激励行为的通知》、《关于暂停区域性保险代理机构和部分保险兼业代理机构市场准入许可工作的通知》、《关于进一步发挥保险经纪公司促进保险创新作用的意见》等一系列规范性文件,从各方面规范中介业务。

尽管保监会设计了比较完备的中介机构监管规范体系,但近年来,一些保险公司、保险专业中介机构及其保险销售(经纪)从业人员向客户直接推介销售包括第三方理财产品在内的非保险金融产品,或者以介绍客户等方式间接从事相关销售活动,其中也出现了销售行为不规范,甚至构成金融诈骗和非法集资的行为。因此,2014年,中国保监会发布了《关于严格规范非保险金融产品销售的通知》❷,严格规范非保险金融产品销售。

---

❶ 分别为《保险公估机构监管规定》、《保险专业代理机构监管规定》和《保险行纪机构监管规定》。

❷ 保监发〔2014〕90号。

该通知规定，保险公司、保险专业中介机构不得销售未经相关金融监管部门批准的非保险金融产品，未获得资质要求的不得销售相关非保险金融产品；对分支机构销售非保险金融产品进行统一授权和集中管理，禁止分支机构擅自销售非保险金融产品。保险公司、保险专业中介机构销售非保险金融产品，应当向客户进行充分的信息披露和风险提示，不得采取违背客户意愿搭售产品的方式销售非保险金融产品，不得向客户销售超出其需求和风险承受能力的非保险金融产品。

该通知要求，保险公司、保险专业中介机构要对销售的非保险金融产品进行全面排查，对排查出的非保险金融产品分类规范和处置；符合该通知要求的，可以依法合规销售；涉嫌非法集资的，要立即停止销售，及时报告，有效处置风险；不符合该通知要求、暂未发现风险隐患的，要停止销售，处理好善后事宜，充分消除潜在风险危机。

### 十、加强保险稽查工作，维护保险市场秩序

当前，我国保险业正处在"经济大调整、社会大变革、技术大创新和市场的竞争"的时代，非法集资案、保险欺诈案、新业务领域风险在增长，保险案件防控任务更加繁重；一些保险公司股东道德风险正在成为影响行业形象和发展的主要因素，法人机构风险治理更加艰巨，亟需加强保险稽查工作，以维护保险市场的正常运营秩序。2014年保监会及其派出机构以农业保险、大病保险等业务为重点，在全国范围内开展了专项检查。

2014年，保监会重点对四个领域实施大检查：

一是公司治理现场检查。2014年，保监会选取了16家公司开展公司治理现场审查，针对公司治理及内控、业务经营、资金运用、财务管理及偿付能力管理等方面存在的问题与风险重点展开，从而摸清保险机构内部管理存在的突出问题和风险隐患，对违法违规者依法查处，建立针对性地长效机制，以防范化解风险，确保保险业不发生区域性系统性风险的底线。

二是开展农业保险专项检查。2014年4月到6月两个月的时间，保监会联合财政部开展农业保险专项检查，设立4个联合检查组，分别负责河北、吉林、黑龙江、河南4省的农业保险检查，覆盖11家产险机构的166家分支机构，[1]严厉查处了弄虚作假骗取财政保费补贴、强制农户投保、不足额提取大灾风险准备金、协议或平均赔付、拖赔少赔、无理拒赔等违规行为。检查结果表明，部分地区不同

---

[1] 项俊波："2014年保险监管改革创新取得显著突破"，载《中国保险报》2015年1月27日。

程度存在着虚假承保、虚假理赔、内部管控薄弱和服务能力不足等问题，个别地方还采取各种方式消极应对检查。

三是对大病保险合规性进行检查。自2012年8月大病保险制度正式启动以来，全国绝大多数省区市都已出台大病保险配套方案，截至2014年3季度，共有13家保险公司在全国27个省373个统筹地区开展大病保险，覆盖城乡居民6.5亿人。❶但在实际经办过程中，也暴露出了一系列问题，有的地方相关部门设置了较为苛刻的承保条件，使大病保险缺乏可持续性；有的地方出现保费资金划拨不及时，医保信息对接不畅等。2014年，保监会在全国范围内对大病保险合规性展开了地毯式现场检查，共检查了121个大病保险项目，并针对检查中存在的问题及时堵塞制度漏洞，严格查处了违规的承办人和责任人。

四是对开展保险中介市场清理整顿工作。保险中介机构的误导销售、违规套现、欺诈理赔等乱象长期困扰着行业发展。2014年，保监会及其派出机构开展保险中介市场清理整顿工作，对500多家保险公司和保险中介机构进行了检查，按照摸清底数、整顿秩序、深化改革、建章立制的步骤，对中介市场开展全面清理整顿，有效地遏制了保险中介机构财务不规范、信息不透明、虚假业务、非法集资等违法违规乱象。

此外，2014年，保监会稳步推进"反欺诈、反洗钱、反非法集资"工作。2014年全年，保监会向有关部门移送保险欺诈线索共计5 599条。针对保险洗钱，保监会开展了专项检查，对保险洗钱手段调研摸底。为了构建符合保险业的洗钱风险指标体系和方法，增强保险业洗钱风险评估和客户分类管理的可操作性，保监会还研究起草了《保险机构洗钱和恐怖融资风险评估及客户分类管理指引（征求意见稿）》并向各保险机构征求意见，正式文件有望在2015年公布实施；在反非法集资方面，保监会严格开展非法集资案件排查工作，2014年共完成151起案件督办问责，问责403人，有力地维护了保险市场的正常经营秩序。

---

❶ "保监会将对大病保险业务开展地毯式现场检查"，载《上海证券报》2014年12月9日。

专论

# 保险法上对价平衡原则初探[*]

## 刘学生[**]

> **内容提要**：投保人交付的保险费与保险人承担的风险之间是一种对价关系，应具有精算上的平衡，此即对价平衡。对价平衡原则源于保险制度的技术性规则，为维持保险机制运转所必须，因而具有价值中立的特点。保险法上保险合同解除与保险费扣除、危险程度变化与保险费调整、如实告知义务的限定与不可抗辩规则等等，都体现了对价平衡的原则和精神。在现阶段，尊重和强调对价平衡原则，有助于正确理解保险机制及其法律规则，有助于正确理解保护被保险人利益与尊重保险行为特点的关系。
>
> **关键词**：对价平衡　给付与对待给付均等
> 　　　　　保险机制　法律规则

保险法所调整的保险行为属于特别民商事行为，其规则制度颇有另类之处。探求保险法或保险合同行为的特殊性，有时需要从保险机制的原理入手。保险法律规则背后往往有着隐而不彰的基础支撑，而这些基础元素也并非如最大诚信一般有着显著的价值评价色彩，毋宁是客观的、技术的、可量化的。笔者看来，对价平衡原则或可称为这类基础元素的典型代表。本文即从对价平衡的含义及其规则体现，以及强调对价平衡的现实意义三个方面对此原则进行初步探讨。

---

[*] 本文为教育部2010年度人文社科青年基金项目"新保险法实施中若干重大疑难问题研究"（10YJC820089）与国家社会科学基金2011年一般项目"保险法的理念与制度实施研究"（11BFX032）的阶段性成果。

[**] 中国保监会广东监管局副局长，曾任中国保监会法规部副主任，中国保险法学研究会常务理事。

## 一、对价平衡的含义

保险合同为双务合同,保险人的主要义务为承担保险责任,投保人的主要义务为交付保险费。保险费与保险责任之间具有一种对价关系,即投保人交付的保险费是保险人风险承担及实际保险赔偿的对价。为求保险制度的合理运作,保险费之支出与收取必须合理,且保险人承担之风险与投保人交付的保险费之间,应维持必要的平衡,此即保险法上所称"对价平衡原则"。[1]具体而言,对价平衡,是指保险人所承担之风险,与投保人所交付之保险费具有所谓保险"对价",须具有精算上的平衡。换言之,保险人所收取之保险费,必须对应被保险人之风险程度,并能反映保险人所承担之风险。[2]

保险法上的对价平衡原则,源于保险学上的"给付与对待给付均等原则"。"给付与对待给付均等原则",日本学者又称之为"个别的收支相等原则",为德国学者Wilhelm Lexis提出。Lexis在其1909年的著作中指出:保险人所为保险金给付并不具有救济性质,投保人所缴纳的保险费亦非慈善捐款,众投保人之间必须存在着一种"给付与对待给付相等原则",并以数学算式表示保险费与风险保障及保险事故发生概率之间的关系,每个保险加入者所应缴纳保险费的多少,是按照保险人对该保险加入者之危险所负的责任来计算,危险发生概率越高者,所应负担的保险费越高,彼此之间相当。[3]因此,保险加入者所支付保险费乃危险之正当对价,无论加入者之间,还是保险人对加入者之间,都不存在救济或慈善关系。此一对待给付是建立在严格计算基础上的,这是现代保险制度与其他类似制度最大的不同之处。[4]

由此可见,给付与对待给付均等原则,建立在保险核心技术之上,为保险制度之基础。但就现实而言,此原则无法完全贯彻,危险评估、核保技术等多种因素限制,导致特定保险关系中的给付与对待给付只能尽量均等,而不可能完全均等;危险共同体即所有保险加入者之间,亦不可能避免"内部补助"。[5]因此,

---

[1] 参见欧千慈:《保险法上对价平衡原则之研究》,台湾中正大学2007年硕士论文,第7页。

[2] 郑子薇:"论保险法上告知义务之改革——以对价平衡原则与消费者保护为中心",台湾政治大学2013年硕士论文,第9页。

[3] 参见欧千慈:"保险法上对价平衡原则之研究",台湾中正大学2007年硕士论文,第7页。

[4] 同上书,第8页。

[5] 同上书,第9页。

无论是作为保险技术的给付与对待给付均等原则，还是作为保险合同原则的对价平衡，很大程度上为理想或应然状态，对个案而言，其实很难完全实现，所谓平衡有其局限所在，保险个案或者具体保险关系只能实现相对意义上的平衡。

对价平衡，是从个案或特定保险合同法律关系而言。从广义上说，作为分散风险的保险机制，保险人所承担的实际风险与所有转移同类风险者即危险共同体支付的保险费总额尚有总体上的对价平衡。此广义上的对价平衡，与保险学上的收支相等原则有关。收支相等原则，是指保险人收取的总体保险费（纯保费）之总额，必须等于保险金支出之总额。此意义上的收支相等，是从危险共同体角度，运用保险大数法则的数理统计方法计算而来。换言之，保险人对保险加入者所支付的保险金额总和，须由保险加入者全体负担之。❶从技术角度讲，收支相等是保险制度成立之基础，是从总体保险团体之角度所导出之原则。而从个别保险交易角度，则可得出对价平衡原则。❷

综上可见，保险法上对价平衡原则源于保险制度的技术性规则，其功能在保证于具体保险关系中投保人或被保险人与保险人之间，风险移转与风险承担的成本对价的合理均衡，从而维系保险机制的正常运转。因此，对价平衡乃一种客观中性之原则，并不包含价值判断因素。相对于"最大诚信"、"消费者保护"等具有道德判断之法理，基于对价平衡所设计出的法律规则和内容，纯以保险费与危险负担之间关系而定，而不带有全面剥夺一方权利的惩罚性效果。为维持保险制度之健全与稳定，对价平衡必须作为保险法制度设计的最后一道防线，否则，保险机制赖以存续的基础将不复存在。❸

## 二、对价平衡的规则体现

对价平衡原则，是保险技术规则在具体保险关系中的反映和要求。也许正因这一技术性渊源的特点，我国保险法学说对此很少涉及。❹事实上，作为规范调整保险这一特殊民商事关系的保险法，其许多规则都贯彻了对价平衡原则和精神，隐而不彰。保险法上一些特定权利义务关系的理解，以对价平衡进行解释可能更为准确。考察我国保险法，举其要者，以下具体规则可谓是对价平衡原则的

---

❶ 参见欧千慈：《保险法上对价平衡原则之研究》，台湾中正大学2007年硕士论文，第10页。

❷ 同上书，第22页。

❸ 同上书，第9页。

❹ 总体看，对价平衡原则在德国、日本保险法学说中较受重视，我国台湾地区的为数不多的论述也主要参考德日学者的阐释。

体现和落实：

（一）保险合同解除时的保险费扣除

保险合同订立后，除保险法另有规定或合同另有约定外，投保人可以解除合同，保险人不得解除合同。❶可以说，投保人享有一种自由合同解除权，即实务中的"退保"行为。与一般合同解除不同，保险合同解除一般不溯及既往，其重要特点是保险人有权收取保险合同有效存续期间的保险费。如依据《保险法》第54条，保险责任开始后，投保人要求解除保险合同的，保险人应当将已收取的保险费，按照约定扣除自保险责任开始之日起至合同解除之日止应收的部分后，退还投保人。再如，依据《保险法》第58条，保险标的发生部分损失，该次保险赔偿完成后，投保人和被保险人都可以解除合同。合同解除的，保险人应当将保险标的未受损失部分的保险费，按照约定扣除自保险责任开始之日起至合同解除之日止应收部分后，退还投保人。上述规定明显为对价平衡的要求。保险责任开始到保险合同解除，即使并未发生保险事故，但保险人一直在履行风险承担义务，作为风险承担的对价，相应的保险费应当进行扣除。❷保险期间内，即使没有保险事故发生但保险保障也一直存在，有保险则有对价，对价平衡的内在基础正在于此。

（二）危险程度增加或减少时的通知义务及保险费调整

对价平衡原则要求，保险人承担的风险与投保人交付的保险费之间应具有精算上的平衡，因而投保人应交付的保险费多少与其所转移的风险大小、发生概率等影响风险程度的因素直接相关。保险合同存续期间，如果保险标的危险程度增加或减少，或者其他影响保险费率的情况发生变化，保险费应当进行相应的调整，增加或者减少。如《保险法》第53条规定，当据以确定保险费率的有关情况发生变化，保险标的危险程度明显减少的，或者保险标的的保险价值明显减少的，保险人应当降低保险费，并按日计算向投保人退还相应的保险费。再如，依据《保险法》第52条，保险期间内保险标的危险显著增加的，被保险人应当及时通知保险人，保险人有权要求增加保险费或者解除合同，解除合同的，保险人返还保险费时有权扣除已承担保险责任期间的应收部分。如被保险人未履行此通知义务，因危险程度增加导致的保险事故，保险人不承担保险赔偿责任。

（三）超额保险与重复保险时的保险费返还

超额保险是指保险金额超过保险价值的保险合同。禁止超额保险是保险法的一个基本规则，也是损失补偿原则的要求。保险费率确定的情形下，具体保险合

---

❶ 参见《保险法》第15条。

❷ 此时的保险费应当限缩解释，指与风险承担直接相关的风险保费或纯保费。

同关系中，保险费数额取决于合同约定的保险金额。依据《保险法》第55条第3款，保险金额超过的保险价值的，超过部分无效。这意味着，虽然保险人基于超过保险价值的保险金额收取了保险费，但对超出部分的保险责任将不会承担，因而其多收取的保险费明显欠缺危险承担的对价关系，依法应当退还给投保人。

重复保险是指投保人就同一保险标的、同一保险利益、同一保险事故分别与两个以上保险人订立保险合同，且保险金额总和超过保险价值的保险。依据《保险法》第56条，重复保险的各保险人赔偿保险金总和不得超过保险价值，作为一般原则，各保险人按照其保险金额与保险金额总和的比例承担保险赔偿责任。基于上述对价平衡同样的道理，重复保险的投保人可以就保险金额总和超过保险价值的部分，请求各保险人按比例返还保险费。

（四）投保人如实告知义务的限定和减轻

投保人如实告知义务，为最大诚信原则之主要体现，此为学说共识。除此之外，告知义务的另一目的为，借此如实告知义务要求投保人提供保险人评估危险所必要的保险标的或被保险人的信息和状况，以求风险移转与承担的对价平衡。因此，如实告知义务立法原则应为诚实信用与对价平衡并立。❶以下三点，可帮助我们理解对价平衡在如实告知义务制度中之表现：

其一，投保人告知的范围限定为"重要事实"。对价平衡原则要求，保险人需要在对承保风险充分评估后，根据危险程度核定保险费。因此，保险人为核定保险费询问投保人之内容，应当限于对保险费或者保险合同条件有所影响的情况，如此才能使得对投保人设定如实告知义务具有法理上的正当性。❷此重要事实的认定，是实务上的难题，但一般标准则有共识。我国《保险法》第16条第2款规定的"足以影响保险人决定是否同意承保或者提高保险费率"的判断原则，正好契合了对价平衡的内涵，即投保人应当告知的事实情况，应当与保险人危险承担意愿有关，与危险承担的对价有关，以此追求保险关系中危险承担与风险对价真实准确的对等平衡。如果仅以诚实信用原则解释，则非属重要事实的那些情况和信息，投保人也不应回避、隐瞒或误告，毕竟，诚信的外延更为宽泛，何况保险有史以来还要求投保人应遵循"最大诚信"。

其二，未告知事实与保险事故的发生应具有因果关系。投保人未履行如实告

---

❶ 参见江朝国：《保险法论文集（三）》，瑞兴图书股份有限公司2002年版，第181页。其实，在具体规则中，最大诚信抑或对价平衡，分析角度不同而已，相辅相成，并非泾渭分明。

❷ 见郑子薇：《保险法上对价平衡原则之研究》，台湾中正大学2007年硕士论文，第10页。

知义务，即使保险事故发生，保险人也可以解除合同并免于赔偿责任。但保险人行使此权利有一条件，即投保人未如实告知的事实与保险事故发生具有因果关系。此为告知义务制度在现代保险法中的发展和改进，具体立法例上则有细微区别。我国保险法依据投保人违反告知义务的过错程度而区别对待：投保人因重大过失未履行告知义务，若"对保险事故的发生有严重影响"，则保险人对已经发生的保险事故不承担保险责任；如投保人故意不履行告知义务，则保险人的免责无需此条件。❶投保人只要未尽到告知义务，不管是否影响具体保险事故发生，即已违反诚信原则。因此，用诚信原则解释此因果关系的法理基础是不够的。投保人告知义务之违反，若与已发生的保险事故并无关联，投保人告知的整体情况与保险人危险承担的对价关系仍然成立，至少对该保险事故而言，对价平衡并未遭到破坏，保险人不应享有免除保险赔偿责任的权利。可见，对如实告知义务制度中的这个"因果关系"的规则设计，以对价平衡原则来解释，逻辑上更通，说服力更强。❷

其三，保险人解除权2年的除斥期间。投保人违反告知义务，保险人享有合同解除权，对发生的保险事故原则上免于承担赔偿责任。合同解除权为形成权，法理上应有除斥期间。源于英美法，保险法上产生不可抗辩条款制度，即因投保人违反缔约时的告知义务，保险人享有的解除权或撤销权，经过一段合理时间不行使则归于消灭，针对被保险人的索赔主张，保险人不得基于告知义务违反进行合同解除或无效等抗辩，保险合同视为不可抗辩。《保险法》第16条第3款规定了保险人解除权2年的除斥期间，确立我国保险法上的不可抗辩规则。解除权的除斥期间或者不可抗辩规则，其目的一方面在于督促权利行使，维持法律关系稳定，另一方面也在于保护信赖利益，防止保险人的权利滥用。从对价平衡原则看，更重要的理由还在于：投保人违反告知义务的状态，若能持续相当长一段时间没有改变（如保险事故未发生），实际上对保险人风险评估应已无妨碍，即保险人订约时原本应有的风险评估与投保人违反告知义务所导致的风险评估之间存在误差，但一段时间经过，若保险事故仍未发生，应足以表明该风险评估的误差已经不至于影响本来的对价平衡要求，为顾及危险共同体之公平性与风险共担特点，则允许被保险人继续保有其危险共同体成员之地位，从而限制保险人合同解

---

❶ 参见《保险法》第16条第4、5款。不同者如台湾地区保险法则将此因果关系作为保险人解除权的一般条件，并不区分投保人违反告知义务的过错程度。

❷ 也有学者在肯定此规则理念的同时，指出其会带来一定道德风险，可能诱使投保人心存侥幸，尽量隐瞒应告知事项以获取保险费等方面的便宜，而事故发生，仍然可能获得保险赔偿。参见江朝国：《保险法逐条释义（第二卷）》，元照出版公司2013年版，第586页。

除权的行使。❶

## 三、强调对价平衡的现实意义

对价平衡原则，蕴含着保险机制的运作原理，也是保险法诸多规则制度的解释基础。鉴于我国保险发展及保险法治实践的实际状况，认真研究和强调对价平衡原则，至少在以下两方面有重要现实意义：

（一）有助于正确理解保险制度及其法律规则的特殊性

我国保险业自20世纪80年代初恢复发展，30多年来，虽取得不俗成就，但总体来说，仍处于初级阶段。其表现之一即是社会公众保险意识不强，虽然这与保险公司经营不善、行业形象不佳有关，但民众保险常识的缺乏也是重要因素。比如，很多人认为，如果保险期间不发生保险事故，那么保险就是没有意义的，投保人所交的保险费就被保险公司白得；只要投保人交过保险费，那么无论发生什么事故，保险公司就必须承担赔偿责任。甚至一些理论观点也不够严谨，如通说将保险视为射幸行为，因为保险事故的发生是不确定的，但其实从危险共同体的整体保险机制看，承保风险是必然会发生的，此角度上保险无所谓射幸特征；再如，对于保险责任的认识上，往往强调保险事故发生时的保险赔偿或给付义务，而忽视保险合同存续期间的风险保障或者危险承担责任。凡此种种，都是对于保险行为的误解所致。

对价平衡可以作为一个理解保险制度和保险合同特点的基础工具，有助于澄清偏见误会，普及保险理念和知识。对保险从业者亦是如此，如人身保险业务中普遍存在的先收取保险费后核保出单的惯例，保险公司对决定承保前发生的保险事故是否应承担保险赔偿责任，引发无穷争议。如果以对价平衡观点看，既然不承担保险责任，在承保前收取危险的对价即欠缺充分理由，因此，保险实务乃至法律规则往往对此设定特殊规则，即保险人对承保前发生的保险事故，应当承担全部或部分保险赔偿或给付责任。无他，正是对价平衡之要求。最高人民法院2013年颁布的关于保险法的司法解释（二）即对此设定特别规则：保险人接受了保险费，尚未作出是否承保的意思表示，发生保险事故，被保险人或受益人请求保险人承担保险赔付责任，符合承保条件的，法院应予支持。❷可谓贯彻对价平

---

❶ 参见江朝国：《保险法论文集（三）》，瑞兴图书股份有限公司2002年版，第188页。基于此说，《保险法》第16条第3款规定的2年除斥期间经过，保险人不得解除合同，应当作目的性限缩解释，以2年内未发生保险事故为条件。

❷ 参见《最高人民法院关于适用〈中华人民共和国保险法〉若干问题的解释（二）》第4条。

衡的创举。

（二）有助于正确理解保护被保险人利益与尊重保险合同特点的冲突与协调

现代保险法，普遍重视投保人、被保险人和受益人的权益保护，立法和司法实践也有意追求此目标。这一方面是消费者权益保护运动的社会影响，另一方面也是保险关系在现代社会实际状况的必然结果。保险经营的规模化、产业化，保险格式条款的普遍运用，保险缔约模式的附和性，专业谈判能力的不对等，这些因素都导致保险法应当对保险关系中处于弱势地位的投保人、被保险人尤其是个人保险消费者给予更充分的保护，这体现在立法理念和规则设计的价值取向调整。概括说，保险法经历了从早期对投保人、被保险人设定更多诚信义务以维护保险机制正常运转，到逐渐加大对被保险人一方利益保护以追求保险合同关系实质公正的过程。加强对被保险人利益的保护，其合理性是不言而喻的。

但仍然需要指出，被保险人利益保护并非是个机械教条，它同样有适用的条件和要素构成，尤其是在司法实践中，不能完全不顾具体情形，凡有争议，即认定当然由保险人承担不利后果。很重要的一点，就是同时也要充分尊重保险的对价平衡原则。对价平衡，既是保险要素之一，也是实现保险机制的保险技术，体现在保险法上，就是合同当事人之间权利义务的对等均衡。如果一味片面强调消费者权益保护，过于矫枉过正，不光造成具体保险关系上的另一种失衡，保险机制的正常运转也会受到影响，损害对危险共同体的利益。保险产品必须限定风险范围，保险合同必然包含除外责任或责任免除条款，保险金额是保险赔付的最高限额且不得超过保险价值，免赔额、免赔率等风险自负数额的约定，保险费的实际交付约定为保险责任承担的条件，等等，这些保险法上的规则制度和保险实务中的做法，形式上都体现了保险责任的限定，其实皆为保险机制特点使然，并非想当然即构成对被保险人利益的损害。因此，充分了解对价平衡原则的保险技术性基础，及贯穿其中的种种具体法律的和实务操作的规则，可以帮助我们更准确地把握被保险人利益保护的精神和必要边界，辨析尊重保险合同法理和技术上的特殊性，从而实现社会利益、契约公正和行业合理诉求的协调统一。

# 论保单贴现的法律构造

闫海[*] 宋欣[**]

> **内容提要**：保单贴现始于20世纪80年代的美国，在我国的可持续发展仰赖于良好的法律构造。保单贴现运营已经从比较简单、低效的直接模式，发展为各种复杂、高效的间接模式，间接模式又包括保单贴现公司直接转让给投资人和资产证券化两种。保单贴现交易存在多方主体，应当加强对保单贴现人、保单贴现公司和特殊目的主体及保险公司等主体的规制。保单贴现的涉及面广、过程复杂，应当针对不同阶段建立分段监管框架，即保单持有人对寿险保单予以贴现阶段由保监会监管；保单贴现公司进行资产证券化与保险金收益分配阶段由保监会与证监会联合监管，并加强部门之间的合作与沟通，避免推诿监管和越位监管。
>
> **关键词**：保单贴现 保单贴现人 资产证券化 保险监管 证券监管

  保单贴现（Viatical Settlements）始于20世纪80年代的美国，当时，AIDS横扫美国，由于医疗费用极其庞大、有效药物匮乏，患者的生命预期十分短暂，而美国人缺乏储蓄观念，虽然大多持有各种保单，但是被保险人死亡后才能得到保险金的理赔，金钱上缓不济急，同时AIDS患者面临失业、收入减少的困境，无法按时足额缴纳保险费，保单面临失效。一些保险中介机构发现商机，以介于保单的现金价值和保单期满保险金之间的价格购买患者手中的保单并出卖给投资人。保单贴现因此得以盛行，但是至20世纪90年代中期，进步的医疗科技研发出对抗HIV病毒的新药，延长AIDS患者的寿命，致使这些患者的生命预期无法准

---

[*] 辽宁大学法学院教授。
[**] 沈阳铁路运输法院法官助理。

确预估，保单贴现面临挑战。❶保单贴现亟待开辟其他市场，业务逐步扩展至艾滋病以外的癌症、心脏血管疾病、帕金森病等重绝症患者。美国有关判例指出，保单贴现是罹患艾滋病或重症的被保险人与买受保单的人之间买卖保单的交易，艾滋病患者或末期疾病患者为求得经济困境的缓解或完成心愿而出售其保单给他人以取得一笔现款，保单购买人则于该艾滋病患者或末期疾病患者死亡后，依据此保单向保险公司请求给付保险金。随着医疗科技的进步，部分重绝症患者的生命预期得以延长，保单贴现便向寿险拓展，渐渐成为一些健康状况低于平均值的老年人的新型理财工具。目前，在广东等地区，已出现香港保险人士操作保单贴现雏形，上海也提出建立保单贴现市场，但是保单贴现的可持续发展依赖良好的制度保障，尤其是关于保单贴现的运营模式、主体规制及监管框架的法律规范。

## 一、保单贴现的直接运营模式

直接交易是保单贴现最初的运营模式，指保单持有人直接与投资人按照保单贴现合同的约定，将其所持有的人寿保单合同折现转让给投资人，而于被保险人死亡时，由保险人直接将保险金支付给保险合同上所载明的受益人。直接交易运营模式中又可按是否有保单贴现中间人居中撮合交易，区分为无第三人撮合的保单贴现直接交易与第三者居中撮合的保单贴现直接交易。之所以被称为"直接"，是因为运营模式中不存在任何可屏蔽道德或经济上风险的第三方，即使是第三者居中撮合的保单贴现直接交易经由经纪人等中介机构进行，这些中介机构也不具有屏蔽风险的功能。

保单贴现直接运营模式中的主体包括：（1）保单贴现人（Viator），即提供贴现寿险保单的人，为保单贴现交易的卖方。保单贴现人通常是保单持有人，即享有寿险保单所赋予权利的人。我国保险法尚无寿险保单持有人的规定，但是可根据保险合同约定确定投保人、被保险人或受益人为保单持有人。保单贴现人因重大疾病、生活所需或财务管理等原因急需现金而自愿承受部分保险金的损失将寿险保单予以贴现。（2）保单贴现投资人（Life Settlement Provider），即提供保单贴现金的一方，是保单贴现交易的买方。在美国，保单贴现直接运营模式之中的投资人一般为个人投资人，投资人为保单贴现人提供贴现金，取得寿险保单受益权。（3）保单贴现经纪人（Life Settlements Brokers），是基于保单贴现人的委托，将保单贴现人的寿险保单介绍给寿险保单投资人，促成保单贴现交易而获取服务费用、佣金或其他代价的人。保单贴现经纪人向保单贴现人收取费用、佣金或其他代价，服务于保单贴现人的利益，主要工作是向保单贴现人提供有关

---

❶ 参见陈斌："保单贴现业务的发展与思考"，载《保险研究》2009年第12期。

保单贴现的各种服务，寻找合适的保单贴现投资人，代表保单贴现人的利益与保单贴现投资人进行协商、交涉，达成出售保单的公正价格。在保单贴现的直接运营模式中，保单贴现人为了保障自己的利益和防控道德风险，选任保单贴现经纪人时赋予其较多信任，而保单贴现经纪人自身也担负着严格的责任。

保单贴现合同是保单贴现的基础，主要包括：（1）保单的贴现价格，即折价后保单贴现人可以获得的金额。为防止投资人利用贴现人的窘迫进行压榨，美国保单贴现立法明确最低贴现价格，要求保单贴现投资人应依据被保险人寿命预期时间的长短分别给付保单保险金额的50%~80%作为贴现价格。❶这一幅度受到保单缴费期的长短、是否已申请保单贷款、保险公司的信用状况、保单的现金价值、社会经济环境及被保险人的预期寿命等因素的影响，其中最为关键的是被保险人的预期寿命。预期寿命越长，被保险人可获得的贴现价格越低；预期寿命越短，被保险人可获得的价格越高。（2）保险受益人的指定或变更。受益权是投资支付贴现金的对价，保单贴现合同中一般约定投资人将保单贴现价金支付给保单持有人之际，保单持有人指定或变更保险受益人为保单贴现投资人，被保险人死亡后，保险人直接将保险金的全部或部分给付保险合同上所记载的受益人即投资人。同时，这一受益人指定或变更应是不可撤销的，否则，处分可逆，投资人的期待必然落空，保单贴现的交易基础将完全丧失。（3）续缴保费。保单贴现后，可以由投保人继续承担缴纳保费的义务，也可以由保单贴现合同约定改由投资人按期足额缴纳保费。

在保单贴现的直接运营模式中，因保单贴现人与保单贴现投资人进行直接的接触，保单贴现投资人可方便地获得贴现保单中被保险人的个人信息，而被保险人的生存年限极大影响保单投资人所获收益的状况，为取得更高额的收益，某些心术不正的保单贴现投资人可能会加害贴现保单的被保险人，这便是保单贴现中的道德风险。因为保单贴现直接运营模式中隐藏着大量的道德风险，所以逐渐被间接运营模式取代。

## 二、保单贴现的间接运营模式

保单贴现的间接运营模式是指保单持有人先与保单贴现公司订立保单贴现合同，由保单贴现公司向保单贴现人支付保单贴现金并成为此保单的受益人，然后再将保险受益权的一部分或者全部转让出去。因保单贴现公司的受益权转让方式不同，又形成两种不同的间接运营模式。

---

❶ Anna D.Halechko, Viatial Settlements: the Need for Regulation to Preserve the Benefits While Protecting the Ill and the Elderly from Fraud..42Duq.Law Review.2004.

(一)保单贴现公司直接将保险受益权转让给投资人

此模式中,保单贴现人亲自或通过保单贴现经纪人向保单贴现公司提出贴现申请。保单贴现公司接到贴现申请后,须询问被保险人的身体健康状况、保单的类型及保单是否已经超过可抗辩期等,初步判断保单的状况是否符合需求。一旦符合,保单贴现公司将与保单贴现人签订个人相关信息调查授权书,以审核贴现申请。在确认保单贴现申请人的保单为有效保单,并属于保单贴现公司愿意接受的标的类型,在保单贴现申请人具备充分的法律能力情况下,保单贴现公司将向保单贴现人提供报价书。在保单贴现人同意接受保单贴现公司所提出的报价书后,保单贴现公司要求保单贴现人填写相应的单证,签署变更受益人的授权书,并将所有相关文件寄给承保该保单的保险公司以供审核保单转让事宜,收到保险公司的确认并寄回书面通知后,保单贴现公司最终与保单贴现人签署保单贴现合同,变更受益人。之后,保单贴现公司再将所取得的贴现保单受益权转让给投资人。保单贴现公司必须继续维持该保单有效性,并持续追踪贴现保单的状况,保险事故发生后,须尽快向保险公司请求保险金的给付,并将该保险金给付于该保单的受益人。

与保单贴现的直接运营模式相较,此模式主要增加保单贴现公司。保单贴现公司是撮合潜在保单贴现投资人与保单贴现人的中间人,一方面协助保单贴现人出售保单,另一方面为个人投资者出资购买保单提供咨询,并于交易完成之后,转让保单受益权给保单贴现投资人。通过保单贴现公司这个交易平台,使保单贴现中利益极端对立的被保险人和投资者得到某种程度的隔绝,从而起到简单的风险阻断作用,避免了道德危险。但是,此模式仍然存在较多问题:第一,保单贴现公司转让受益权是针对某一特定保单而为之,因此在其对被保险人的个人信息管控不力的时候,投资者仍可获知保单的被保险人身份,使被保险人可能处于风险之中,这与直接运营模式下的道德危险并无本质差异;第二,由于受益权从保单贴现人经由保单贴现公司转让给投资人,增加了参与的主体,利益关系进一步复杂,欺诈的可能性增大且对投资人的最终收益无任何担保可言;第三,相比间接运营模式二而言,操作较为机械和单一,没有对各种不同保单进行优化组合和统合分配,还增加流通环节的风险和成本,不具有足够的效率。

(二)通过资产证券化方式进行保单贴现交易

此模式与模式一的流程前部分相同,即单贴现人通过保单贴现合同将保单的受益权转让给保单贴现公司,由保单贴现公司将保单贴现金给付保单贴现人。此模式流程的后部分则由保单贴现公司作为发起人设立一个独立的特殊目的机构(Special Purpose Vehicle,SPV),保单贴现公司与SPV机构订立一份受益权转让合同,约定SPV从作为发起人的保单贴现公司处批量受让保单受益权,然后

SPV以所受让的保单受益权为担保作为发行人发行证券，再将所募集的资金提供给保单贴现公司，被保险人死亡后将保险公司支付的保险金收益分配给投资人。

此模式的实质是保险受益权的证券化（Securization）。"证券化"从广义上是"凡以发行证券之方式直接向资本市场筹措资金者"，❶可以分为：（1）融资证券化，是指资金需求者使用商业票据、企业债券和股票等金融工具在金融市场上直接融通资金的过程，又称初级证券化；（2）资产证券化，则称为次级证券化，是指将缺乏流动性但能够产生稳定、可预测现金流的资产，通过结构安排，转变为金融市场上可销售、流通的金融产品的过程，为狭义上的证券化。Bryan指出，"正如晶体管取代电子管、集成电路又取代晶体管给电子产业带来的巨大的革命一样，资产证券化正给金融业带来一场深刻的革命"。❷

保单贴现的运营模式二是美国较为成熟的交易方式，应为我国保单贴现制度构建所借鉴。

### 三、保单贴现的主体规制

保单贴现交易存在多方主体，应充分借鉴美国立法经验，结合我国相关法律法规，通过对寿险保单的专门立法，规范保单贴现的行为，控制保单贴现交易的风险，以保障保单贴现的可持续发展。

（一）对保单贴现人的规制

保单贴现人义务的设定是保证保单贴现市场稳定、健康发展的基本手段。保单贴现专门立法应当明确保单贴现人以下义务：（1）诚实说明寿险保单真实情况的义务。保单贴现人对寿险保单情况的说明是保单贴现公司对贴现保单情况认识的最直接来源，诚实说明义务包括对寿险保单的投保人、被保险人、保险公司、投保期限等真实情况的说明。（2）积极配合医疗评估机构评估的义务。在保单贴现中存在保单贴现人欺诈保单贴现公司的情况，即保单贴现人将保单贴现给贴现公司时，被保险人通常表现出比实际状况更为虚弱的健康状况欺骗医疗评估机构，以被评估更少的预期寿命以获得更高的保单贴现给付。（3）配合保单贴现公司进行保险单转让手续办理的义务。保单贴现交易中的核心问题是保单受益权的转让，保单贴现人配合保单贴现公司进行保险单转让手续办理的义务是保障寿险保单交易顺利进行的重要环节。

---

❶ 王文宇、黄金泽、邱荣辉：《金融资产证券化理论与实务》，中国人民大学出版社2006年版，第31页。

❷ 尹恒：《银行功能重构与银行业转型》，中国经济出版社2006年版，第232页。

## （二）保单贴现公司的规制

在保单贴现的间接运营模式中，保单贴现公司发挥举足轻重的作用。我国保单贴现的专门立法应着重规制保单贴现公司的组织与行为。

保单贴现公司的组织法主要规制：第一，保单贴现公司必须有本公司的章程、明确的经营范围、组建相应的机构、具有一定数量的从业人员等基本条件；第二，保单贴现公司必须具备经营资格，取得相关的营业执照后才能营业；第三，法律、法规应规定相应的监管机构对保单贴现公司的经营行为做定期或不定期的检查以及要求其上交年度报告。

保单贴现公司的行为法主要规范其对保单投资人和保单贴现人的欺诈行为：其一，对保单投资人的欺诈，即保单贴现公司通过高报酬、低风险及快速获利等虚假宣传，欺骗投资人，投资人因为信息的不对等而产生错误认知购买保单贴现公司推荐的贴现保单以致遭受损失，因此法律、法规应对保单贴现公司向投资人说明真实投资风险、提供相关资料的义务予以规制；其二，对保单贴现人的欺诈，即保单贴现公司利用保单贴现人通常为老年人或者罹患疾病急需用钱的人，以及对保单贴现行情的模糊认识、专业知识的匮乏等劣势，以不准确的信息欺诈贴现人，以不公正的低价购买贴现人的保单，损害保单贴现人的利益，因此法律、法规应对保单贴现公司的最低贴现金额予以规制。对保单贴现公司的欺诈行为的规制，应当包括经济制裁与非经济制裁：经济制裁是对保单贴现公司违反法定义务而引起的保单投资人、保单贴现人在物质利益上的损失予以弥补、赔偿，或者对保单贴现公司在物质利益上的惩戒、处罚；非经济制裁应当包括行为责任、信誉责任、资格减免责任。

## （三）SPV的规制

SPV是模式二中的一个核心主体，美国《保单贴现示范法》给SPV下的定义为：一个直接或间接为金融实体或取得营业执照的保单贴现公司提供进入资本市场机会的的合伙、信托、有限责任公司、股份有限公司等其他类似实体。由此可见，SPV设立的目的仅在于为保单贴现公司所受让的大量寿险保单受益权进入资本市场提供方便，使投资人将面临的投资风险与其他风险隔离开来，实现资产风险的真实化。作为保单贴现市场的中介，SPV受让了保单贴现公司的寿险保单受益权资产，并以较低的规模化经营成本通过证券化的方式实现了资产的市场交换。我国保单贴现中SPV的运作应主要包括：第一，SPV权利义务不能与保单贴现公司的权利义务作实质合并。第二，特定资产需为真实买卖（True Sale）❶，即保单贴现公司对SPV转让的寿险保单须是保单的真实交易，无任何欺诈行为，且特定资产的转移应为绝对转移。第三，在保单贴现资产证券化中，作为发行保单贴现证券的SPV必须远离破产风险，因倘若SPV破产，支持保单贴现证券发行的资产被列入SPV的破产财产，购买该保单证券的投资人的利益就会受到损害。

### （四）保险公司的规制

对保险公司的规制：第一，保险公司有向保单贴现公司说明寿险保单真实状况的义务。保单贴现人向保单贴现公司诚实说明保单状况是保单贴现公司获取信息的最直接手段，保险公司向保单贴现公司说明保单状况便是保单贴现公司获取信息的最可靠的手段，法律、法规应要求保险公司提供贴现保单的真实信息。第二，保险公司需积极配合保单持有人和保单贴现公司进行贴现。第三，保险公司对保险金的给付行为直接关系到投资人的收益取得，为了保障投资人及时取得收益，法律、法规应规定保险公司须及时、不拖延给付保险金。

### 四、保单贴现的监管框架

保单贴现的监管框架与保单贴现业务的定性密切相关。美国保单贴现监管也深受业务定性的困扰。在美国判例中，有的法院认为保单贴现不应归于保险法规范，即保单贴现公司并未签发人寿保险、承担保险合同的风险或承接保险公司的一般业务，是与保险公司的功能与作用完全不同的机构。就保单贴现的含义而言，保单贴现是将有效保单的保障放弃而享有立即可得的贴现金，并不是为了保障未来的不确定风险。有的法院认为判断保单贴现是否为证券法规范，应分析投资人受让保单后，获得的报酬是否依据保单贴现公司执行本公司制定的管理控制规则而定。倘若保单贴现公司采用资产证券化方式对保单进行转让，保单贴现便属于证券法规范；倘若保单贴现公司只是将持有的唯一保单卖给单一投资人，则不能视为证券法规范。也有观点认为保单贴现属于证券法规范，主要理由是：第一，保单贴现投资人给付贴现金给保单贴现公司即可获得保单贴现人的寿险保单未来利益的相关比例；第二，投资人最初给付保单贴现公司的价金被保单贴现公司用于业务营运费用；第三，投资人理性了解超过最初价值给付利益获得是

---

❶ 学理上"真实买卖"标准大致归纳为：（1）主观上当事人的真意是将该交易认定为买卖或抵押债权。（2）客观上该资产所生风险及利益是否转移，也即由谁负担损失之风险，移转人所负担之比例越重，越可能不被认为是真实买卖。（3）被移转人是否取得对该资产所生利益的所有权。参见白钦先、常海中：《金融虚拟性演进及其正负功能研究》，中国金融出版社2008年版，第111页。

证券营运的结果；第四，投资人没有权利对保单贴现公司的管理决策做实质的控制。

我们认为，由于保单贴现的涉及面广、过程复杂，应予以分段定性，即第一阶段是投保人投保了寿险保单，保单持有人对寿险保单予以贴现阶段；第二个阶段是保单贴现公司取得保单受让权后进行资产证券化与保险金收益分配阶段。根据不同的阶段性质，建立分段监管框架，即保单贴现第一个阶段应主由保监会监管；第二个阶段应由证监会监管。保单贴现的间接运营模式要求保监会与证监会联合监管，应加强两个部门之间的合作与沟通，避免实务操作中的监管推诿和越位监管。

保单贴现第一阶段的保险监管，主要包括以下内容：第一，对保单贴现公司的监管，包括（1）依法监督管理保单贴现公司的设立、合并、变更、解散、破产、清算；（2）制定专门法律法规监督管理保单贴现公司的经营范围，保单贴现业务的实施情况，保单贴现的操作流程是否合法合规；（3）监督考核保单贴现公司从业人员的基本资格情况，是否具有相关能力证书，是否能够满足特定岗位需求；（4）审批保单贴现公司的保单贴现合同的格式条款；（5）监督保单贴现公司对于贴现金的管理发放；（6）按期限评定保单贴现公司的服务质量等。第二，对保单贴现行为的监管，包括（1）监管保单贴现人的贴现行为、医疗评估机构的评估行为、再保险公司的相关行为；（2）交易各方的不正当竞争行为；（3）保单贴现人或保单贴现公司的欺诈行为，并对保单贴现交易中的违法、违规行为进行调查、处罚。第三，制定保单贴现交易行业标准，建立保单贴现风险监控体系，跟踪分析、监测、预测保单贴现市场运行状况等。

寿险保单第二阶段的监管以证券监管为主、保险监管为辅。证监会对保单贴现的监管主要包括：第一，对SPV的监管，又包括（1）对其发起设立过程的监管；（2）对其独立的会计账簿和财务报表的监管，必须将其会计账簿和财务报表与发行人的分离；（3）要求SPV在银行开户必须独立且只为证券化交易服务；（4）SPV只负责证券化交易引起的债务和担保，禁止为其他任何机构提供担保或承担债务；（5）保单贴现证券的本息尚未清偿完毕前，SPV不得有关于清算、兼并、解体或资产销售等行为；（6）对SPV从业人员违法行为的调查、处罚等。第二，对保单贴现资产证券信息披露的监管，投资人获得交易信息的重要途径便是信息披露，应对信息披露的有关事项予以明确规定。在保单贴现证券发行、交易阶段，SPV有责任将其经营情况向投资人披露。证监会有权检查发行保单贴现证券的SPV的信息披露是否符合法律、法规，检查信息披露的有关报

告、公告、信息文件是否真实、完整准确,以及信息披露是否及时等。❶

鉴于我国保单贴现尚处于起步阶段,监管目标应注重保单贴现市场的培育,为保单贴现交易提供良好的环境。监管部门在提高和完善自身监管能力的同时,应督促保单贴现中的服务机构与个人不断提高自身的业务能力和诚信度,规范自身业务行为,并促进保单贴现行业协会等自律组织的建立和运行,明确其角色功能,赋予其协助监管部门开展监管工作的职权并监督其实施。

---

❶ 参见齐斌:《证券市场信息披露法律监管》,法律出版社2000年版,第95页。

专题研究

# 保险资金另类投资的法律规范与实践研究

康乐[*]

> **内容提要**：文章在系统梳理我国保险资金另类投资基本情况与体系特点的基础上，对其实践中的问题，诸如与商业惯例及国际惯例的对接、保险资金优势的发挥、参与资产管理行业竞争等问题进行了深入剖析，进而提出了对之规则体系进行优化的若干建议，包括推动产品化发展，加强与行政、司法部门的协调等。
>
> **关键词**：保险资金　另类投资　实践问题

2009年保险法修订，保险资金运用形式新增了保险资金投资非上市股权、不动产及其他另类投资资产。随后保监会出台一系列部门规章及其他规范性文件，形成了一套保险资金另类投资的规范体系，引导促进了保险资金运用以及保险资产管理业务的大发展。保险资金运用市场化改革取得巨大成效的基础上，如何进一步优化规则体系，推动保险资金另类投资，保障保险资金投资安全性，促进保险业在泛资产管理行业迅速发展的时代增强行业竞争力，需要监管部门、市场主体及学界共同研究推动。

## 一、基本情况与特点

### （一）基本情况

2009年至今保险资金另类投资领域已经形成了"法律—部门规章—其他规范性文件"3层的体系结构。

法律层面，2009年保险法第106条专门规定了保险资金运用的基本原则和规则。与2002年保险法第105条相比，在原则方面，删去保证资产保值增值的原则要求。在投资形式方面，新增投资不动产的投资形式；扩大证券投资的范围，由

---

\* 中国人寿投资控股有限公司法律部总经理。

政府债券、金融债券扩大至股票、债券、投资基金份额；删去保险资金不得设立保险业以外企业的规定。同时，法律授权保监会对资金运用的具体形式进行规定。

部门规章层面，2009年后保监会逐步明确了保险资金在另类投资领域的运用规则。2009年至2011年，主要出台3个规章及规范性文件，包括《资金运用管理暂行办法》、《投资股权暂行办法》和《投资不动产暂行办法》，对保险资金进行不动产、非上市股权及私募股权基金投资的规则进行了细致规定。2012年起开始保险资金运用市场化改革。在前期经验基础上，调整监管思路为"放开前端，管住后端"❶，逐步增加投资品种，增加非标金融产品投资、扩大非上市股权投资许可投资的行业、开放投资比例限制，逐步开放境外非标资产配置等。截至目前，保险资金投资另类投资领域的规章和规范性文件共10余件（详见附表）。保险资金运用从传统公开市场投资拓展到基础设施、股权、不动产、集合信托计划、金融衍生品等另类投资以及境外投资，使保险公司开展真正意义上的多元化资产配置成为可能。上述规则结合保险业其他领域的规则，如偿付能力规则等，已经形成了较为完整的另类投资资金运用体系。

自2009年放开投资以来，保险资金另类投资规模迅速增长。特别是2013年以后，更为明显。2013年4月底，保监会初次公布该项细分数据时，其他投资规模仅为7 851.71亿元，占保险资金运用余额的比例为11.25%。截至2014年底，保险另类投资规模已达22 078.41亿元，占保险业投资总资产的23.67%。保险投资业务收益率6.3%，创下了5年来的最好水平。

（二）体系特点

与宏观经济政策及形势密切相关。2006年，国务院即指出保险在金融资源配置中有重要作用，促进货币市场、资本市场和保险市场协调发展，对健全金融体系，完善社会主义市场经济体制，具有重要意义❷。保险资金另类投资是保险资金运用的重要组成部分，其政策与宏观经济政策及形势均密切相关。首先，保险资金另类投资政策调整与宏观经济政策保持高度一致。随着新一届政府提出"简政放权，转变职能"的要求，保监会也调整监管思路"放开前端，管住后端"，把风险责任和投资权交给市场主体。在具体监管规则上主要体现为不断放开投资领域、方式、比例等方面的管制，允许市场主体自主进行资产负债管理，优化资

---

❶ 2013年保险资金运用监管政策通报暨培训会议上，保监会副主席陈文辉指出，坚持同步推进市场化改革与强化监管不动摇，真正把风险责任和投资权交给市场主体，在推进改革、放松管制同时，按照"放开前端，管住后端"的总体原则，进一步强化监管。

❷ 《国务院关于保险业改革发展的若干意见》（国发〔2006〕23号）

产配置❶。其次，保险资金另类投资的范围、方式与宏观经济形势保持一致，许可投资范围围绕宏观政策导向适时调整。在保障资金运用安全性的前提下，引导保险资金参与服务经济结构调整、支持民生工程和国家重大工程❷。"新国十条"后，进一步引导创新保险资金运用方式，许可设立夹层基金、私募基金等。

与金融体系创新密不可分。保险资金开始另类投资以来，监管政策鼓励保险资金参与金融创新，主要表现在：一是实施能力备案，鼓励有相应能力的保险机构进行专业化管理，目前保监会共有股权（直接/间接）投资能力、不动产投资能力、基础设施投资计划产品创新能力、不动产投资计划产品创新能力等另类投资能力备案❸，取得相应能力备案的机构可以开展相应业务，设计适合保险资金特性的投资模式及产品❹；二是鼓励以金融产品方式参与泛资产管理行业，在许可保险资金购买其他金融同业发行的金融产品的同时，逐步开放保险资产管理机构发行、设立相关金融产品❺，尝试开放保险机构自行设立专业资产管理公司❻；三是全球资产配置明显加强，自2012年，开放了45个国家和地区的不动产、非上市股权投资，截至2014年底，保险资金境外非标投资已达239.55亿美元❼，对提高投资能力、加强资产全球配置、降低风险有积极作用。

具有明显的风险导向。保险法特别强调保险资金运用必须稳健，遵循安全性原则❽。保险资金监管规则有明显的风险导向特征。从前期通过加强投资标的、投资方式、比例限制等方式进行资金运用风险管理，转变到目前通过偿付能力、

---

❶ 如前所述，2012年后，放宽保险资金另类投资范围加速，标的、投资方式等管制要求逐步放松，行政管理程序简化，如逐渐开放的投资领域以季度报告为主，减少审批、备案事项。

❷ 例如2012年《中国保险监督管理委员会关于保险资金投资股权和不动产有关问题的通知》，许可保险资金以股权投资基金方式参与投资建设和管理运营公共租赁住房或者廉租住房的企业股权。

❸ 《关于加强和改进保险机构投资管理能力建设有关事项的通知》（保监发〔2013〕10号）第1条。

❹ 例如保险资金通过股权投资基金方式参与地方基础设施建设和公共服务等，发挥了保险资金长期、稳定、成本合理的特点。

❺ 包括债权投资计划、不动产投资计划、项目资产支持计划。

❻ 例如批准保险机构设立专业的医疗健康产业基金。

❼ 根据2015年1月23日中国保监会副主席周延礼于国务院新闻办公室就2014年金融改革、支持实体经济进展成效等召开的会议上的表述。

❽ 《保险法》第106条第1款。

资产风险分级及加强对关联交易、保险集团、非保险子公司等特殊主体的综合管理，虽然管理模式有所变化，但风险导向明显。2015年初，保监会正式发布中国风险导向的偿付能力体系（简称"偿二代"）17项监管规则，以及《关于中国风险导向的偿付能力体系过渡期有关事项的通知》，自发文之日起，进入偿二代过渡期，保险公司自2015年1季度起，编报偿二代下的偿付能力报告。偿付能力二代要科学准确地计量风险并提高对风险的敏感度，推动行业不断提升风险管理能力。

### 二、实践中的问题

（一）与商业惯例和国际惯例对接

与传统商事法律规范以行为或主体为基础进行规范不同，保险另类投资监管以投资标的为基础，从主体、方式、风险管理要求等进行综合规范。主要的投资标的包括了不动产、未上市公司股权、私募股权投资基金、其他金融产品。这套规则体系比较清晰地界定保险公司、保险资产管理公司的行为边界，在优化保险资金运用效率，发挥保险资金融通功能方面起到了良好作用。但是某些规则与实践中的某些商业惯例或规则还有调适对接的空间，如果能够在逐步积累经验的基础上进一步抽象、总结投资行为的风险收益特征，进一步整合优化投资规则，将更好地促进保险资金另类投资的发展。

一是在合理风险控制的条件下，是否可以借鉴实践中的惯例适当开放现行监管要求。在现行监管规则下，不得利用借贷资金从事投资。从商业实践看，利用合理的杠杆比率，利用借贷资金从事持有性不动产投资，可以降低税负、提高收益。从保险资金的风险角度看，虽然保险机构承担了还本付息的责任，但即使投资出现亏损，保险公司也仅承担有限责任；如杠杆合理，例如借贷资金成本低于保险资金自身的负债成本，❶甚至有可能降低实际的投资风险。

二是与国际经验接轨。境外投资中，出于节税等目的可能有较为复杂的结构设计。使用相关结构，可能不易与境内规则一一对应。建议逐步积累境外投资经验，推动规则与国际经验接轨。例如境外投资，为节税考虑，可能涉及多层SPV，并在基础资产层面使用一定的银行借款。从合规角度看，严格依据现行监管政策，对SPV如何定性，基础资产使用一定杠杆如何界定，需要进行一定的解释及与监管部门的沟通。

---

❶ 如在境外不动产投资中，境外债务融资成本低于目前境内保险公司的负债成本。

## （二）推动保险资金发挥优势

保险资金具有长期、稳定、成本合理的优势❶，引导保险机构充分发挥保险资金的优势，与其他金融行业进行差异化竞争，有助于提高保险资金的配置效率。目前，保险业与其他金融行业仍有同质化竞争的问题。❷

例如，在基础设施、公共服务投资领域，与可以从事权益性投资的银行理财、信托、证券公司资管产品相比，保险资金有期限长、成本低等优势。在目前中央政府积极推动地方财政体制改革，转变政府职能，推广PPP的形势下，适时明确保险资金以股权投资的方式直接投资基础设施项目的相关规则，有利于充分发挥保险资金上述优势。

又如，在医疗、健康、养老服务等与保险业相关的行业，发挥保险业自身数据积累的优势及资金优势，通过权益性投资进行产业和资源整合，有利于实现金融资本与产业资本的良性互动，提高资金使用效率，推动保险业务与投资的相互促进。天然的契合性以及外部条件的适宜，令保险资金在进军医疗、健康、养老产业的步伐呈现出"加速度"的节奏。健康保险是健康服务业的重要组成部分，医疗机构是健康保险实现良性发展的重要影响因素，而养老社区与医疗护理机构之间密切相关。保险资金长期稳定的特点，非常适合投资规模大、盈利周期长、回报较稳定的医疗健康养老产业，可以优化投资组合，实现保险资金新的业务增长点和盈利点。

## （三）参与资产管理行业竞争

另类投资受自身特点所限，流动性较差。目前，保险业从事另类投资形成的资产仍多停留在实施的投资主体或保险行业内。保险业投资的大量资产能够产生较好的现金流，具产品化管理的条件。保险资产管理产品及保险资产管理机构发行、管理的各类计划也在不断发展❸。如产品化可得到进一步发展，将有利于吸引其他资金配置保险资产管理产品，提高保险业在泛资产管理行业中的投资能力和地位，并与保险业务产生良好互动。

从保险资产管理产品的情况看，有以下问题还需进一步予以明确：一是对于

---

❶ 特别是寿险公司负债期限长于银行信贷、理财资金、信托、证券公司、基金公司的资产管理产品；而负债成本一般低于银行理财资金、信托、证券、基金公司资产管理产品等。

❷ 例如在基础设施债权计划领域，投资方式与银行贷款相同，成本较银行贷款没有优势，与商业银行、政策性银行竞争有较大的压力。

❸ 主要规则包括《中国保监会关于保险资产管理公司开展资产管理产品业务试点有关问题的通知》（以下称《业务试点有关问题的通知》）（保监资金〔2013〕124号）、《项目资产支持计划试点业务监管口径》（资金部函〔2014〕197号）。

产品的规则还较为分散或简单，缺乏对保险机构发行资产管理产品的统一规则，基础资产、产品各参与主体的定位和权利业务也有较为复杂的适用规则，有进一步整合的空间❶；二是资产管理产品的交易和流通问题，如果保险资产管理产品能够进行自由交易和流通，对保险机构资产负债管理将有极大的推动作用；三是关于募集资金的范围，目前多数产品针对保险资金，非保险资金是否可以认购则视具体产品而定❷，是否可以统一明确并扩大资金募集范围，鼓励保险机构参与泛资产管理行业的竞争。

此外，一项另类投资业务往往涉及多个行业主管部门的行政管理事项，相关部门的管理思路等与金融业的发展情况不能完全适应，存在一些操作问题，需要保险监管部门予以统筹协调。例如在房地产登记、工商注册登记等方面存在一些实施障碍，在债权投资不动产领域，保险公司直接办理抵押登记的，房地产登记主管部门不予办理。❸发行产品募资后，标的公司或合伙企业工商登记无法体现资金来源或信托性质。

---

❶ 基础资产方面，《业务试点有关问题的通知》规定的基础资产包括，产品投资范围限于银行存款、股票、债券、证券投资基金、央行票据、非金融企业债务融资工具、信贷资产支持证券、基础设施投资计划、不动产投资计划、项目资产支持计划及中国保监会认可的其他资产。其中，基础设施投资计划、不动产投资计划、项目资产支持计划又需分别适用对应的监管规则，且基础资产又可能存在一定的交叉。《项目资产支持计划试点业务监管口径》规定项目资产支持计划资产种类包括信贷资产（企业商业贷款、住房及商业性不动产抵押贷款、个人消费贷款、小额贷款公司发放的贷款、信用卡贷款、汽车融资贷款）、金融租赁应收款和每年获得固定分配的收益且对本金回收和上述收益分配设置信用增级的股权资产。其中，股权资产的信用增级方式包括保证担保、抵押担保和质押担保。参与主体方面，不同的规则下，负责产品管理的投资机构有的定义为发行人，有的定义为管理人、受托人、投资机构，但其职能大致相同。

❷ 例如《业务试点有关问题的通知》第1条规定：向单一投资人发行的定向产品，投资人初始认购资金不得低于3 000万元人民币；向多个投资人发行的集合产品，投资人总数不得超过200人，单一投资人初始认购资金不得低于100万元。《关于保险资产管理公司有关事项的通知》（保监发〔2012〕90号）第2条规定："保险资产管理公司除受托管理保险资金外，还可受托管理养老金、企业年金、住房公积金等机构的资金和能够识别并承担相应风险的合格投资者的资金。"

❸ 《城市房地产抵押管理办法》（建设部令第98号）。

## 三、规则体系优化的建议

### （一）推动产品化

整合现行规则体系，推动保险资金另类投资向产品化发展。鼓励保险公司成立专业的资产管理机构；发行私募资产管理产品，明确合格投资人范围；提高非标准化业务的标准化程度，健全产品交易等配套规则。

产品化从投资和资金运用角度有利于增强非标准投资的流动性，设计创新风险对冲工具，有利于管理投资风险，提升行业整体竞争力；从监管规则角度，也有利于统一从管理人角度对另类投资行为进行规范。例如，便于统一投资管理机构的能力要求；便于在基础资产层面作出统一的规范，包括提炼基础资产的风险收益特征，对基础资产进行穿透管理；便于建立统一的保险资产管理产品交易平台。

同时，建议进一步明确负面清单管理，特别是从监管层面引导保险机构保障交易结构的清晰透明。其他金融行业的实践中，部分结构化产品存在较为严重的多层嵌套或其他特殊结构，❶造成基础交易环节过多，实际上并未真正起到信用增进的作用，甚至可能导致各参与主体的权利义务模糊，投资本金及收益无法落实到最终责任人的情况。

### （二）加强与行政、司法部门的协调

建议监管部门加强与相关行政管理部门的统筹协调。中国金融业的发展已近进入新的阶段，传统的以银行业间接融资为主的投融资体系已经发生重大的变革。在此形势下，相关部门应当适应实践发展，尽快修订相关的管理规则，提供相应的支持和便利，保障社会交易行为的稳定性。

此外，金融是经济领域创新最为活跃的领域之一，司法存在一定的滞后性或谦抑性，如何协调金融创新与司法之间达成平衡，❷也需要监管部门及保险行业与司法系统积极沟通交流。

---

❶ 某些情况下是由于法律体系或行政主管部门的相关管理技术问题，导致某些金融机构在实践中采取了变通方法。例如在某些贷款资产包中，使用所谓债权收益权这种存在争议的法律技巧，规避逐项抵押登记变更等操作问题。

❷ 例如一些境外发达市场引进的投资保护机制以及一些结构化金融产品的设计在中国的司法下，是否能够得到认可，尚需进一步讨论研究。

# 我国保险资金境外投资监管制度研究

吴民许[*]

> **内容提要**：保险资金境外投资监管制度是保险资金运用监管制度的重要内容。沿着放松管制、改进监管的逻辑，我国保险资金境外投资监管制度经历了四个阶段的发展，形成了目前的制度内容。这一制度变迁的过程，是制度需求和制度供给不断寻求均衡的反映，有着保险行业自身发展需要、国家大政方针影响、政府职能转变和监管理念变化和能力提升等诸多推动原因。但目前，该制度仍然存在着保险监管和外汇管制两个方面的若干不足。未来，我国保险资金境外投资监管制度有望在放松管制、改进监管的道路上获得进一步的发展完善。
>
> **关键词**：保险资金　境外投资　监管制度

最近一两年，我国保险公司海外投资的大动作引起海内外的广泛关注：平安、安邦、国寿、阳光等公司频频发力，英国伦敦的劳埃德大厦、美国纽约的华尔道夫酒店、比利时拥有百年历史的保险公司FIDEA和久负盛名的金融机构德尔塔·劳埃德银行、伦敦金丝雀码头10 UpperBankStreet办公楼、澳大利亚悉尼的喜来登公园酒店等悉数被收入我国保险公司囊中。这些吸引眼球的海外投资表现出我国保险公司资产海外配置步伐的加快：截至2014年12月末，保险资金境外投资余额为239.55亿美元（折合人民币1 465.8亿元），占保险业总资产的1.44%，比2012年末增加142.55亿美元，增幅为146.96%。

随着保险机构更多地关注和参与资产海外配置，随着保险资金海外投资的不断增加，对我国保险资金境外投资监管制度的分析与梳理就有了现实的价值和历史的意义。

---

[*] 法学博士，高级经济师，现供职于中华联合保险控股股份有限公司风险合规部。

## 一、我国保险资金境外投资监管制度的演进

### （一）保险资金境外投资监管制度的四个发展阶段

对我国保险资金境外投资监管制度的分析，应该以制度演进历史的实证研究作为起点。根据制度内容和特点的不同，我们将中国保险资金境外投资监管制度的历史发展大致划分为四个阶段：

1. 制度初创阶段——对保险外汇资金投资境外的规制

我国保险资金境外投资运用的监管制度，始于中国保监会与人民银行在2004年8月颁布实施的《保险外汇资金境外运用管理暂行办法》。该办法首次允许保险公司在接受严格监管的前提下到境外运用外汇资金，但可投资的主要品种是银行存款、银行票据和债券等。2005年6月，保监会下发《关于保险外汇资金投资境外股票有关问题的通知》，首次认可保险外汇资金可投资境外股票，但限于中国企业在境外成熟资本市场发行的股票。2005年9月，《保险外汇资金境外运用管理暂行办法实施细则》的实施拓宽了保险外汇资金境外运用的渠道，增加了相关的制度内容，为后续的监管制度奠定了重要基础。与之前的规定相比，该实施细则扩大了保险外汇资金运用的范围和比例，首次规定投资单一股票最高可达该股票发行总额的5%；同时将结构性存款、住房抵押贷款证券(MBS)、货币市场基金等列入投资范围，且严格规定其投资比例。在投资管理方式方面，该实施细则对《保险外汇资金境外运用管理暂行办法》所明确的委托人、受托人、托管人三方共管的框架进行了补充和细化，对委托、托管相关具体操作程序，托管银行、受托人的资质条件，及投资过程中的监督管理都进行了更具操作性的规定。另外，为适应新的人民币汇率形成机制，明确规定境外投资币种配置为美元、欧元、日元、英镑、加元、瑞士法郎、澳元、新加坡元、港币及保监会批准的其他币种。这使保险机构可以投资全球主要成熟金融市场，构建多种货币投资组合，分散投资风险。

当时规范的保险外汇资金，主要是保险公司从事境外保险业务和海外上市获取的外汇资金，因此保险公司还不是QDII（合格境内机构投资者）。虽然目前这些规定都已经废止，但它们为保险资金海外投资迈出了制度规范的第一步，具有"破冰"和"试水"的价值。

2. 制度形成阶段——《保险资金境外投资管理暂行办法》的出台

2007年7月，保监会与中国人民银行、国家外汇管理局共同发布《保险资金境外投资管理暂行办法》，标志着保险资金境外投资监管制度系统的正式确立，

保险机构作为QDII身份的正式确立。❶该暂行办法规定，符合资质条件的保险企业均可通过购汇来进行境外投资，投资总额上限为上年末总资产的15%，而对单一投资品种的比例不作逐一规定。在投资范围方面，从银行存款、大额可转让存单、债券、股票等传统产品，向回购和逆回购协议、基金、证券化产品、信托型产品等新产品延伸，还可运用远期、掉期、期权、期货等金融衍生品作为风险对冲的安排。

3. 制度变革阶段——2012年新政下的境外投资监管制度变革

2012年保险资金运用监管新政是我国保险资金运用历史上的一个大事件。新政的核心是推进保险资金运用的市场化改革，通过颁布一系列资金运用监管新制度，为保险资金运用松绑，给保险公司更多的投资自主权。保险资金境外投资监管制度的重大改革也是这次新政的重要内容，其具体表现是《保险资金境外投资管理暂行办法实施细则》的出台。新政主要从三方面对保险资金的境外投资监管进行了大幅度调整：一是扩大投资地区，从纽约、伦敦、法兰克福、东京、新加坡和香港等少数几个成熟资本市场，拓宽至25个发达市场及20个新兴市场；二是明确投资资质及投资范围，境外投资余额不超过上年末总资产的15%（2014年调整为上季度末总资产的15%），对新兴市场余额不超过上年末总资产的10%；三是扩大并细化投资品种，首次提出保险资金可以直接投资不动产等品种，对保险资金投资境外基金的条件作出了具体规定。

4. 持续发展阶段——2015年保监会和外管局分别进行的深入改革

今年3月，中国保监会下发《关于调整保险资金境外投资有关政策的通知》，进一步扩大保险资产的国际配置空间，优化配置结构，防范资金运用风险。新的监管制度主要包括以下内容：一是明确开展境外投资的专业人员数量和资质的要求方面，增加"应当配备至少2名境外投资风险责任人"。二是拓展保险资产管理机构受托投资范围，其受托集团内保险资金投资境外的市场，由香港扩展到该细则允许的45个国家或地区市场。三是扩大境外债券投资范围,将债券等固定收益类产品应具备的信用评级由发行人和债项均获得BBB级以上的评级调整为债项获得BBB-级以上的评级。四是投资境外股票由上述发达市场、新兴市场的主板市场，扩展了香港创业板市场。五是保险机构申请境外投资委托人资格由"具有经营外汇业务许可证"条件，调整为"具有经营外汇保险业务的相关资格"，要求范围有所收窄。

在今年初，作为保险资金境外投资的外汇监管机构，国家外汇管理局也下发

---

❶ 张传良："我国保险资金境外运用效率问题研究"，载《海南金融》2007年第11期。

《保险业务外汇管理指引》，完善了相关外汇监管制度。这一指引主要包括了以下几方面的内容：一是简政放权。下放法人保险机构外汇保险业务市场准入、退出以及资金本外币转换的审核权限，取消省级及以下保险机构外汇保险业务市场准入和退出事前核准，取消保险机构外汇保险业务资格每3年重新核准的要求。二是规范管理。明确跨境保险、外汇资金运用、受托管理外汇资金等业务规则，规范保险机构外汇账户的使用。三是整合法规。废止涉及保险业务的8个外汇管理法规，便利市场主体理解和执行。四是简化手续。经办金融机构在"了解客户"、"了解业务"和"尽职审查"原则的基础上，可简化外汇保险业务审核材料。允许同一法人保险机构内部集中收付保险项下外汇资金。五是完善监管。明确数据报送要求，加强对外汇保险业务及相关外汇收支的事后监测和核查。

（二）现有的监管制度内容

经过十余年的演进，我国保险资金境外投资监管制度形成了比较全面和完备的体系内容：

1. 监管体制和现行监管规范体系

我国目前的保险资金境外投资监管体制属于行政监管，由相关行政机关负责。虽然在资金运用监管改革中，强调行业自律的作用；但目前，保险资产管理协会等行业组织并不是境外投资监管的参与者。由于涉及外汇收支，保险资金境外投资的监管主体除中国保监会之外，还有国家外汇管理局。保监会主要负责对投资主体和投资活动本身的监管，而外管局主要负责对外汇额度、资金收付等外汇事项的监管。由于监管主体上的复数性，我们可将保险资金境外投资监管称为"双重监管"。

现行的监管制度体系由层级较低的法律规范组成，主要是保监会、外管局等国家行政机关发布的部门规章和规范性文件。在《保险法》的保险业法部分，还没有关于保险资金境外投资的一般性规定。

2. 监管制度的具体内容

（1）委托投资的结构模式。现行监管规定认可的境外投资，采取委托人、受托人、托管人的三方结构模式。委托人是指保险资金拥有者，即保险公司；受托人是指接受保险公司投资委托的专业资产管理机构或专业投资管理机构；托管人是指接受保险公司委托保管投资资金的商业银行和其他金融机构。这种委托投资的模式，因为符合专业化要求，又形成了三方的相互制衡和监督，可以大大降低保险资金境外投资的风险。保险公司必须严格按照保监会规定的条件选好受托

人和托管人，并且要签订相关协议，确定相关权利、义务。❶

（2）资质与准入审批要求。相关规定对保险资金境外投资的当事人有着详细的资质要求。对委托人的资质要求，主要包括公司治理和内部管理完善、具备相当的投资管理能力、具有符合要求的管理团队和人员、偿付能力和风险监控指标符合监管要求、具有外汇业务资格等，同时保险机构的分支机构不得从事境外投资业务。对受托人的资质要求，除了公司治理和内部管理、投资管理能力和团队人员、风险监控指标等要求外，还包括实收资本与净资产、资本规模和受托管理的资产规模等要求。对托管人的资质要求，除了上述关于公司治理、内部管理、风险管理、人员团队等方面的要求外，还要求资本充足率、结售汇业务资格等。与此同时，在保险机构要从事境外投资，必须向保监会提出申请，由保监会进行审批。保险资管公司以外的受托人、托管人也应当在开展相关业务前向保监会提交材料，由保监会经过审慎评估后出具意见。

（3）地域、渠道和比例监管。从地域来看，目前允许投资美国等25个发达市场和印度等20个新兴市场。从渠道来看，目前对货币市场类、固定收益类、权益类和不动产类资产均可进行投资，但不得投资实物商品、贵重金属或者代表贵重金属的凭证和商品类衍生工具；进行重大股权投资的，应当报经中国保监会批准；投资金融衍生产品的，仅用于规避投资风险，不得用于投资或者放大交易。就投资比例要求而言，境外投资余额合计不高于本公司上季度末总资产的15%，投资新兴市场余额不超过上年末总资产的10%；当保险公司境外投资的账面余额合计占本公司上季末总资产的比例高于10%时，应当向中国保监会报告，并列入重点监测。对具体投资品种的比例，要求保险机构应当合并计算境内和境外各类投资品种比例，单项投资比例参照境内同类品种执行。

（4）风险管理和操作要求。为防范操作等方面的风险，保险机构应当建立与境外投资相适应的信息管理系统，根据偿付能力调整投资品种，有效管理受托人和托管人，合理选择交易对手和交易产品，做好衍生品交易和管理。监管制度对这方面进行了严格规定，甚至要求境外投资的委托协议、托管协议必须适用中国法或我国香港地区法律规定，并明确如发生争议必须在中国内地或香港仲裁。

（5）账户和投资额度管理。由于保险资金境外投资涉及本外币的兑换和收支，因此应符合国家有关外汇管理的规定。境外投资的当事人应当按照外汇管理规定，开设境外投资的有关账户，相关当事人因此接受外汇管理局对账户使用情况的监管。最为要紧的是，保险机构必须向国家外汇管理局申请境外投资付汇额

---

❶ 张帆："论我国保险资金境外投资的风险及防范"，对外经济贸易大学2012年硕士论文，第29页。

度，在额度范围内从事投资活动。保险机构仅有保监会批准的境外投资资格而没有外管局批准的付汇额度，是无法开展保险资金境外直接投资的。

（6）信息披露与报告。保险资金境外投资当事人应真实、准确、完整地向有关主体披露投资有关的信息。同时，委托人、受托人、托管人在发生重大诉讼、组织重大变更等事项的时候应该按照规定向保监会和外管局报告。委托人和托管人还要按要求向保监会提交有关投资情况、托管情况等内容的定期报告。

（三）制度演进的基本逻辑：放松管制、改进监管

考察中国保险资金境外投资监管制度十余年的发展演进，我们发现一条非常清晰的逻辑主线：放松管制、改进监管。

在制度初创时期，由于市场主体投资和风险管理能力的不足，基于审慎监管的原则，监管者对境外投资的管制较严，无论是渠道还是地域，境外投资的限制都非常多。随着保险业自身投资和风险管理能力的提升，也随着监管机构对保险资金运用和境外投资的认识不断深化，管制逐渐放松，渠道的增多、地域的放宽、比例的提高，都体现了监管者回应行业需求、不断修正完善制度的积极态度。从十年前制度建立伊始对资金来源、渠道的严格限制，到2007年《保险资金境外投资管理暂行办法》对保险机构QDII身份的确认，再到2012年保险资金运用监管新政后对境外投资监管尺度的进一步放宽，制度发展的脉络充分体现了放松管制的基本精神。

在放松管制的同时，监管手段和方法的改进，监管水平和能力的提升，也是境外投资监管制度演进的突出特点。从以现场检查、行为监管为主到运用偿付能力规范、以能力监管为主，监管制度经历了质的变化。早期，监管手段主要是资格审批、外汇额度控制、当事人报告等。经过十余年的发展，现在的监管方法已经变得十分丰富，也更加有效。比如偿付能力监管指标中对境外投资风险的量化分析、对委托人相关信息管理系统建设的要求、强制投资主体在内部设置境外投资风险责任人、对委托协议和托管协议的法律适用和争议条款进行要求，等等。

## 二、保险资金境外投资监管制度变迁的原因分析

通常认为，为了克服市场失灵、维护保险公司稳健经营进而保护保险消费者，必须对保险机构开展的境外投资在内的保险资金运用行为进行监管。但这种监管出现以后，其制度为什么会不断的演化发展，就需要寻找更为具体而现实的原因。制度经济学在研究制度演进时提出，制度演进是制度需求和制度供给实现

均衡的过程。❶因此，我们试着从我国保险资金境外投资监管的制度需求和制度供给两个层面，去分析这种制度演进的主要原因。我们认为，正是我国社会经济和保险行业发展的现实需求与监管者不断改进的制度供给，才促成了保险资金境外投资监管制度的变迁。

（一）制度需求的变化

1. 保险资金运用的现实压力

随着保险业市场化程度的不断提高，效率不高、收益不足日益成为我国保险资金运用面临的突出问题。这一问题直接影响到我国保险公司的偿付能力和保险产品的价格和质量。在保险资金运用新政之前的10年间，保险资金的平均投资收益率为4.9%，未能达到寿险公司精算假设中普遍采用的5.5%，无法有效覆盖保险资金5%~6%的负债成本。这其中很重要的一个原因就是保险资金配置地域的单一。从国外保险业的发展经验来看，保险公司进行全球化的资产配置，可以较好地避免集中投资于单一市场而可能导致的风险积聚，有助于形成较好的整体投资收益。因为对于同一类资产而言，其不同时期的价格在不同经济体呈现出很大的差异。❷比如，国内市场股、债收益水平远低于美国市场，但是波动性几乎是美国的2倍多，低收益、高波动的国内投资市场环境，对于强调安全性、流动性的保险投资而言，是比较不利的。资产的全球化配置，化解单一市场风险引发的配置收益大幅波动，是当前保险公司改善资产配置的重要驱动。❸保险机构有在国内国际两个市场配置资金的迫切需求，作为监管制度必然就应当对这种需求予以回应。

2. 对外投资国家战略的需求

入世后，我国面临着更加开放和更为复杂的国际竞争环境。为适应激烈竞争的国际环境，我国适时提出了"走出去"的对外开放战略，以充分利用国际国内两个市场、充分利用国际国内两种资源。当前，国家在对外关系中力推"一带一路"和人民币国际化，"一带一路"建设需要保险资金更多的海外布局，人民币国际化给保险资金境外运用带来了更多的机会、提出了更多的要求。在此形势下，调整保险资金境外投资的监管规定以促进保险资金在海外安全有效的运用，不仅是保险机构分散投资风险，获取稳定收益的需要，也是服务国家对外开放战略，提升保险业社会地位的需要。

---

❶ 韩笑：《均衡之路——中国商业保险监管制度研究》，人民出版社2006年版，第48页。

❷ 凌秀丽、姚丹："保险资金海外投资研究及启示"，载《中国保险》2014年第12期。

❸ 缪建民等：《保险资产管理的理论与实践》，中国经济出版社2014年版，第263页。

（二）制度供给的变化

1. 市场化背景下的政府职能变革

当代中国的经济体制改革，始终围绕着政府和市场关系这一核心问题展开。改革开放以来取得的经济发展成就，主要得益于市场化改革释放出的巨大发展活力。多年来，国家层面一直在强调发挥市场在资源配置中的基础性和决定性作用，强调转变政府职能，从全能政府向有限政府转型。新一届政府主政以来，特别强调简政放权、放管结合、优化服务。中国的保险监管属于行政监管，作为监管机构的中国保监会在履行监管职责过程中，必然会受到政府职能转变的大趋势影响，其监管政策的变化也体现了国家基本政策。保险资金运用中境外投资监管政策制度的变化，就是对保险资金境外运用减少行政干预、激发市场主体活力的过程。这种变化，与国家层面放松政府管制、推动市场化的整体进程是一致的，甚至应该说是整体进程中的一部分。

2. 监管理念的变化

在我国保险监管发展的初期，为了防范风险、促进行业发展，监管机构比较注重对风险的封堵，在市场准入、行政审批等方面采取多种措施，以杜绝风险事件的发生。但是，这样严格监管的结果是保险机构市场竞争能力不足、市场活力不够，影响了保险行业的发展。近期，保监会提出"放开前端，管住后端"的监管改革总体思路。"放开前端"就是要减少行政审批等事前监管方式，把风险责任和投资权交给市场主体。"管住后端"就是指事后的偿付能力监管，运用资本手段，实现对资金运用的约束。按照"放开前端、管住后端"的思路，保监会力推保险资金运用市场化改革，把更多投资选择权和风险责任交还给市场主体，切实转变监管方式，强化事中事后监管，守住不发生系统性、区域性风险的底线。从"不出事"到"不出大事"，理念的变化带来了监管制度的相应变化。

3. 监管能力的提升

监管能力的不断提升、方法的不断改进，使得保险资金境外投资监管在内的保险监管能够得到持续的发展。比如，高新技术在保险监管领域中得到进一步的推广和运用，保险信息化、网络化建设逐步构建并完善，这使得更加及时、准确地传递各种监管数据成为可能，提高了非现场监管的时效性和连续追踪的动态分析能力。❶再比如，我国的偿付能力监管从抄袭欧美发达国家建立粗放的第一代偿付能力监管体系开始，已经发展到自己原创具有世界先进水平的以风险为导向的第二代偿付能力监管指标体系。新体系对风险的精确识别、计量和"打击"，

---

❶ 孙祁祥、郑伟等：《保险制度与市场经济——历史、理论与实证考察》，经济科学出版社2009年版，第89页。

将更有利于"放开前端",实现保险资产的多元配置。监管能力的提升,让监管制度更加科学合理,监管效率更高、效果更好。

### 三、现行保险资金境外投资监管制度的不足

(一)相关保险监管制度还不完善

1. 对投资规范的要求有待细化

在实际操作过程中,不少保险机构感到境外投资规范部分的规定还不够具体,让保险机构开展相关业务无所适从。比如,境外投资的监管规定中另类投资规定不够细致,而这类投资在境外市场非常活跃,这使得境内保险机构如进行相关投资,面临较大的合规风险。私募股权(Private Equity)、风险投资(Venture Capital)、杠杆并购(Leveraged Buyout)、基金的基金(Fund of Funds)这些投资品种在境外能不能投?比例、风险管理等要求和限制境内外是否一样?再比如,境内外投资规范的协调也值得深入研究。除了投资比例要求之外,境内投资品种上的要求还有哪些适用于境外投资,是否需要明确?境外有而境内没有的投资产品能不能投?境内投资管理、投资规范方面的监管规定是否适用于境外投资?

2. 对风险管理的要求有待提高

目前的监管规定对保险资金境外投资的风险控制和管理做出了诸多规定,但由于海外投资风险的特殊性和复杂性,这些规定仍可以持续完善:首先,可以对投资决策机制和授权管理制度作出内外有别的要求。目前只是要求保险机构依据《保险资金运用风险控制指引(试行)》的规定,建立集中决策制度,确定岗位职责,规范投资运作流程。但是,海外投资的风险与境内投资并不一样,相应的风险控制要求也应有所区别。从防控风险的需要出发,监管规定应作出对投资决策和授权管理上明确的要求。其次,应强调对投资项目的事前尽职调查和可行性研究,并作出强制性要求。为防范法律等风险,目前的监管规定甚至做出了委托、托管协议必须适用中国法或香港法、在中国境内或香港仲裁的要求。但是,对于控制风险十分重要的法律、财务等专业尽职调查等工作,却没有明确规定,这不能不说是目前监管规定的缺憾。

3. 监管手段方法有待丰富

目前的监管手段和方法还有进一步丰富的空间。一是偿付能力监管要求应该更细致一些。新近实施的"中国以风险为导向的偿付能力监管体系"(China Risk Oriented Solvency System (C-ROSS),简称"偿二代")将具体投资风险量化后与公司资本要求挂钩,是一套能够识别境外投资风险大小、提出差异化资本要求的监管机制。但是,我们认为"偿二代"中"市场风险最低资本"部分对境外投资类型划分并不够细致,可能导致对境外投资风险的计量不够精准,进而影

响到保险机构的风险管理。二是现有监管规定对保险资金来源、保险机构不做分类要求，有失科学性。保险资金来源的不同、保险机构境外投资能力的差别应该合理地反映到监管规定中去。目前的保险监管规则在保险资金境外投资方面没有对同种投资行为进行差别化的监管，这不利于监管资源的合理分配和风险的有效防范。

### （二）相关外汇管理制度存在缺陷

虽然这几年与保险资金境外投资相关的外汇管理制度在鼓励"走出去"、简政放权的大背景下改进、简化不少，但相关外汇管理制度规范化程度不够且较为严苛，与保险监管制度的协调性不够。这主要表现在两个方面：

（1）境外证券投资额度管理制度不够规范。按照《合格境内机构投资者境外证券投资外汇管理规定》的要求，保险机构进行境外证券投资，必须向国家外汇管理局申请投资额度，在额度范围内进行境外投资。但是，外管局批准额度依据什么标准、如何确定额度具体金额等问题却没有明确的规定。我们只能理解为外管局根据保持国际收支平衡和本外币汇率稳定、维护货币政策实施等宏观考量来进行具体额度的判断。这使得保险机构在保监会认可的投资比例限额内实际可以展开境外投资的规模存在着制度层面的不确定性。这种不确定性给保险机构境外投资带来了巨大的困难和不便，是一个明显的监管制度缺陷。

（2）保险机构境外直接投资的外汇管制过严。近年来，虽然外管局多次下文放松和改进对境外直接投资的外汇管理，但现有规定仍然对保险机构境外直接投资的外汇管理存在着诸多程序上的限制，使得这类投资的外汇管制过严。比如，按照刚刚实施的《直接投资外汇业务操作指引》的要求，进行境外直接投资的保险机构必须向办理相关外汇业务的银行提供保险监管部门对该项投资的批准文件或无异议函。这意味着保险机构必须就具体的境外直接投资项目取得保监会的批准或者监管意见；而根据保险监管规定，在符合比例监管等要求的情况下，保险机构是无须就每一个具体投资事项申请保监会审批的。

## 四、保险资金境外投资监管制度的完善建议

针对监管制度存在的上述不足，参考境外保险监管制度的有关经验，结合我国目前保险业发展和保险资金运用的实际情况，我们在此对保险资金境外投资监管制度的未来发展提出一些建议，供相关人士参考。

### （一）进一步放松行政管制

根据对保险公司资产配置现实压力和市场化改革趋势的研判，我们认为未来相当长一段时期内，我国保险资金境外投资监管制度的发展基调仍然是放松管制。因此，在境外投资的行政审批、投资渠道和比例等方面，监管制度还应进一

步放松和发展。

1. 相关行政审批的完善

保监会根据保险机构能力发展和投资市场风险变化情况，可以对从事境外投资的相关行政审批进一步简化。当然，这种行政审批的简化也应该与保险资金境外投资的实际情况相吻合。如果未来发生保险资金海外投资重大失败的案例，不排除保监会收紧监管政策的可能性。在外汇管制方面，外管局也应对各种相关的行政审批进行权力下放、简化流程材料甚至取消部分审批的改革，在实施好国家货币政策的同时适应市场化改革的需要。

2. 进一步调整投资比例要求

从域外保险资金境外投资监管的情况来看，英国、法国、日本没有具体比例的限制，美国、我国台湾地区分别将这一项的投资比例限定为10%~45%不等。随着时间的推移，各国对保险资金境外投资的限制呈现出逐步减少的趋势。[1]保险监管机构可以根据境内外投资市场和我国保险机构境外投资能力的变化，在未来适时调整比例等限制。

（二）持续改进保险监管手段方法

1. 发挥好"偿二代"的核心作用

在保险资金运用监管中以偿付能力监管为核心，对不同的投资资产采用不同的风险权数折算认可资产来控制投资风险，是比较科学而有效的方法，因此各国都把对保险资金运用监管的主要精力放在了偿付能力监管上。[2]刚刚进入试运行过渡期的"偿二代"，是我国保险监管的一项重大制度创新。随着"偿二代"的完全实施，境外投资的监管应比现在更加科学，对投资风险的防控将更加有效。未来，应该发挥好"偿二代"在保险机构风险管理上的作用，通过严格实施和不断完善"偿二代"加强和改进保险资金境外投资监管。

2. 区分保险资金、加强分类监管

由于保险资金的来源、所属主体不同，对保险资金运用的监管也应区别对待。比如，具有负债性的保险资金和自有资金，其在性质上就有差别，因此需要区别运用和监管；寿险公司与非寿险公司的保险合同的期限不同，保险资金的可使用期限也就不同，其投资的重点应当不同；对不同的保险机构，可考虑公司治理、内部控制、偿付能力、资产规模、资产质量、管理经验、人员素质、评估能

---

[1] 凌秀丽、姚丹："保险资金海外投资研究及启示"，载《中国保险》2014年第12期。

[2] 陈元燮："保险业偿付能力监管的意义和方法"，载《财经问题研究》2003年第1期。

力、投资业绩等多方面因素来分类监管；对传统型与新型保险产品的保险资金予以区别对待，按照传统产品、新型产品的不同进行分类监管。

3.进一步细化投资品种和渠道方面的监管规定

针对若干重点投资品种、重要投资流程作出更加具体的操作规定，以规范保险机构的投资行为。比如，可以对境外另类投资、海外不动产投资、海外投资决策和授权的基本要求作出明确而具有可操作性的规定。特别应该对作为海外投资标的物的金融产品或者不动产的法律、风险等方面的基本属性作出比较细致和科学的规定。再比如，针对风险高的衍生品投资，作出更细致的投资规范，以约束部分保险机构的激进投资行为。对衍生品投资应作出不同于一般金融产品的程序要求。

（三）不断提高对保险机构的风险管理要求

保险资金境外投资的风险管控是监管的重点，因为投资失败会给保险公司带来巨大的偿付能力风险。比如，1997~2001年，日本先后倒闭了7家寿险公司，原因之一就是投资风险过于集中或投资运用不当，造成大量不良资产。❶2012年保险资金运用监管新政后，包括境外投资在内的风险随着渠道的放开而明显增加，可以说保险资金运用面临的风险挑战"前所未有"。为守住不发生系统性、区域性风险的底线，监管机构在放开渠道、调整比例的同时，在现有要求基础上，应对保险机构的风险管理作出更为严格的要求。

1.更加有效的风险预警系统

完善的风险预警系统可以使保险监管机构能在风险发生早期提前介入，将风险造成的损失、特别是系统性损失降到最低。我国目前险资境外投资的风险预警系统还不够健全，监管部门应加强对这方面的研究建设，为保险公司内部风险管理体系提供统一的标准，同时也能改进自身的监管手段。比如，建设境外投资风险预警指标和实施指南，通过指标对保险公司是否稳健经营作出衡量和评价；用实施指南规定保险公司如何根据预警指标建立本公司的预警体系以及如何向监管部门披露报告。

2.健全信息披露机制

实施有效的信息披露，让市场和社会对投资主体进行有效的监督，是保险监管的一种有效方法。监管部门要提高自己的监管能力，必须加强对保险公司的信息披露制度建设，利用先进的风险资本评估、保险监管信息指标等技术，完善保险资金境外投资的信息披露机制和信息披露具体要求，同时确保披露数据真实、

---

❶ 李秀芳：《中国寿险业资产负债管理研究》，中国社会科学出版社2002年版，第2~4页。

公开、透明,用市场约束机制来提高对保险资金运用的监管水平。❶

3. 加强法律风险等操作风险的防控

目前,保险机构和监管部门对境外投资相关的资产负债风险、偿付能力风险、配置比例风险等比较关心,但对法律风险等操作风险认识不足。由于法律、社会环境的不同,境外投资所面临的法律等操作风险远高于境内投资。我们建议应该将境外投资项目的事前尽职调查作为强制性要求,明确规定在监管规范中,以加强风险防控。

(四)进一步改进相关的外汇监管

目前仍比较繁琐的外汇管理措施在一定程度上已经成为保险资金境外投资的制度障碍。但是,要破除外汇监管中的制度障碍,并不意味着就要马上放松外汇管制,更不是激进地推进外汇管理的自由化,而是不断改进外汇监管措施。我们建议可以从以下几方面尝试着对相关外汇监管制度予以改进:

1. 外汇额度管理应与保险监管规定协调一致

外管局对境外投资额度的审批,应该与保监会有关境外投资的比例监管要求结合起来。外管局可以根据保监会确定的境外投资资金比例要求和保险机构自身资产实力状况,制度化地确定保险机构境外投资的付汇额度,而不是像现在这样没有一个明确的额度确定标准。同时,额度可以根据保险机构自身资产状况进行动态的调整。这样,额度管理就更为科学、合理,有针对性。

2. 改进对境外投资主体的监管方法

比如,积极拓展对境外投资主体非现场监管的信息源。充分利用外管局和人民银行内部已建立的各类信息监测系统,了解投资主体的外汇收支等方面的情况。再比如,探索建立境外投资外汇收支的预警体系,建立预警指标,结合必要的现场检查,以实现对保险机构等投资主体的有效监管。❷另外,外管局可以对作为托管人的银行等金融机构的外汇业务流程作出明确的规定,以非行政化的手段改进外汇监管。

---

❶ 罗欢:"保险资金投资风险管理研究",财政部财政科学研究所2014年硕士论文。

❷ 卢志强:"加强境外投资的外汇管理",载《金融时报》2014年11月3日。

# 比较法视野下保险资金不动产投资的法律监管及其启示

冯辉[*]

>**内容提要**：我国保险资金的不动产投资起步较晚，缺乏风险控制与法律监管的经验。美、英、日等国有关保险资金投资监管的相关制度为我国提供了重要参考。我国保险资金的不动产投资监管目前存在的主要问题有：监管立法层级低、配套规范不完善，缺少风险评估和预警体系，保险公司信息披露制度不完善，违法责任缺失。相应的完善措施主要有：树立科学、合理的监管理念，扩大监管主体，完善保险公司内部治理，完善具体的监管制度与措施。
>
>**关键词**：保险资金　不动产投资　风险控制　法律监管

## 一、引　言

自2004年4月保监会《保险资产管理公司管理暂行规定》出台以来，截至2013年2月，保监会共批复保险资产管理公司21家。保险资产管理公司的成立与发展，以及近年来我国金融市场的不断开放，加之相关专业人才的大批涌现、监管的日渐成熟，必将使我国保险资金得到更有效的利用，保险业的发展也必将实现质的飞跃。2006年保监会颁布《保险资金间接投资基础设施项目试点管理办法》（以下简称《管理办法》），开启了我国保险资金不动产投资的闸门，依据当时的规定，保险资金只被允许投资交通、通信、能源、市政和环境保护等资质较高的国家级重点基础设施项目。2009年新修订的《保险法》第106条明确规定"保险资金可用于投资不动产"，此后于2010年出台的《保险资金投资不动

---

[*] 对外经济贸易大学法学院副教授。

暂行办法》（以下简称《暂行办法》）中第2条明确了保险资金可投资不动产的范围。❶2012年7月保监会再次发布《关于保险资金投资股权和不动产有关问题的通知》（以下简称《通知》），此次《通知》的颁布契合了保险市场的现实需求，调整、放松了部分限制，强化了风险控制要求，令保险资金在不动产投资的道路上又向前迈进了坚实的一步。

投资总是伴随着风险，保险资金投资不动产方式的多样性决定了其所面临的风险必将呈现多样化和多层次的特点。❷如果不重视风险防范或者防范措施不当，不仅不能提高保险资金投资的收益，还可能带来巨额的损失。我国资本市场仅有20年左右的发展历史，市场发育不成熟，保险资金投资于资本市场面临的系统性风险和非系统性风险都相当大，做好资金运用的风险控制，不仅是保险公司健康发展的重要保证，也是维护保险投资人利益和市场稳定运转的需要。保险资金的快速积累，投资渠道的不断拓展，加之资本市场变幻莫测的风险，对于保险资金投资不动产的科学、有效的监管迫在眉睫。由于我国保险资金不动产投资领域还处于刚刚起步的阶段，因此在法律监管和规制方面还存在诸多有待完善的地方。这就要求我们对保险资金运用主体在不动产投资过程中可能存在的风险进行全面、正确的认识与严格的控制，要求监管部门树立现代的金融监管理念，制定更加完善的监管法规，从而使保险资金不动产投资在法制的框架内规范有序的发展。

## 二、保险资金不动产投资监管的国际比较

### （一）美、英、日保险资金不动产投资概述

美国是全世界最重要的保险市场，其保险资金形成的资产规模十分可观，保费收入达到GDP的10%左右。美国保险资金不动产投资资本的重要源泉是寿险公司的资产，近年来投资于不动产的保险资金在用于投资的保险资金中所占的比重有所下降。美国不动产投资有直接投资和间接投资两种方式，对保险资金不动产直接投资的监管较为严格，各个州对直接投资的投资方式和投资比例都有着明确的规定。直接投资是指通过购置、开发等方式对不动产进行直接配置；间接投资是指通过资产证券化产品、基金等方式对不动产进行间接配置。在美国，直接投资模式按照用途分为自用、出租和出售三种类型。

---

❶ 《保险公司投资不动产暂行办法》第2条规定："保险资金投资的不动产，是指土地、建筑物及其他附着于土地上的定着物。保险资金可以投资基础设施类不动产、非基础设施类不动产及不动产相关金融产品。"

❷ 李殿君：《保险业九大课题》，中国金融出版社2005年版，第154页。

进行不动产间接投资的形式主要可以分为证券化产品和投资基金两类。得益于高度完善的资本和金融市场，美国的保险资金间接投资领域十分发达。随着20世纪90年代资产证券化的兴起，各类不动产证券化产品不断出现。保险公司开始逐渐减少不动产直接投资的比例转向"间接投资为主、直接投资为辅"的投资模式。❶值得关注的是，2008年国际金融危机的导火索是2007年爆发的美国次贷危机，而MBS、CDO和CDS则在次贷危机中扮演了重要的角色。美国虽然对保险资金不动产直接投资有着明确的比例限制，但对间接投资比例却没有特别的限定，仅将其视作一般债券类的资产，并未实施分类监管，这就容易导致不动产风险的过度集中。❷

**美国2007—2011年保险资金不动产直接投资情况**

| 年份 | 2007 | 2009 | 2011 |
| --- | --- | --- | --- |
| 保险资金总额（百亿美元） | 296 | 332 | 351 |
| 其中：不动产直接投资的数额（百亿） | 1.96 | 2.12 | 2.21 |
| 不动产直接投资的比例（％） | 0.66 | 0.63 | 0.62 |

**美国不动产证券化产品类别**

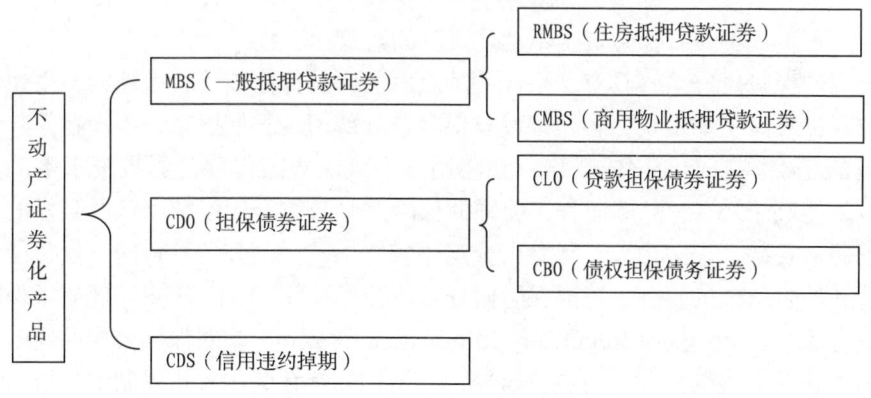

---

❶ 曲杨："保险资金运用的国际比较与启示"，载《保险研究》2008年第6期。
❷ 陈成、宋建明："保险资金投资不动产模式研究"，载《保险研究》2009年第10期。

同美国一样，英国的保险资金不动产投资在投资总资产中所占份额较小，近几年也趋于稳定，表现出一个成熟市场里面资产配置的低波动性，其不动产投资也分为直接投资和间接投资的模式。但是英国的不动产投资环境相对于世界上大多数国家和地区来讲，比较宽松。英国保险监管机构认为保险公司的投资行为是市场主体行为，其投资对象和投资规模应该由其根据自身情况和市场状况来自由决定，所以对保险资金投向的监管更多奉行行业自律原则。❶首先，在保险资金不动产直接投资方面，对投资领域及投资比例没有明确的限定，只要保险公司符合规定的偿付能力并能够按期公布业绩，就可以自行决定投资结构和投资比例。其次，在不动产间接投资方面，因为英国保险法规对保险公司的投资没做任何限制，保险公司的投资渠道非常广泛，在法律没有限制的情况下，英国保险公司构筑了一个多样化投资的投资组合。

日本是世界上保险业最发达的国家之一，其人寿保险业务收入长期位居世界首位。日本《保险业法》对于保险资金的投资范围和各项投资金额在保险公司资产规模中的上限均作了明确的规定，其中不动产投资不得超过投资总额的20%，不动产可投资规模仅次于国内股票和外汇资金。除了对于不动产的投资额度的要求外，日本《保险业法》还规定了不同投资形式对于同一主体的投资比例要求上限。然而，日本保险公司在不动产投资中资产的配置比例一般处在3%~6%的水平，远远低于法定上限。日本的保险资金不动产投资波动较大，加之国土面积小、人口多、资源稀缺，使其不动产类资产价格居高不下，所以依靠强大的资本支持，积极开拓海外不动产市场构成了日本保险资金不动产投资的主要特色。❷

（二）美、英、日保险资金不动产投资的监管

美国的保险投资监管具有严格性的特点。美国的保险监管较为独特，由州政府而非联邦政府主要负责，各州都设有保险监管部门，长期以来，美国在保险资金投资的比例限制方面比较严格，如纽约州保险法规定保险公司投资于不动产的比例不能高于25%。总体而言，美国的保险监管政策经历了一个从严到松的过程，已经从费率、保单内容、保险资金运用较严格的限制和监管转向对偿付能力的监管和保险基金的管理。美国保险监督官协会（NAIC）在 1974 年建立了保险管理信息系统（Insurance Regulatory Information System），对保险公司的经营状况和财务状况为主的偿付能力进行监控，并于1992年在美国各州强制推行偿付能力标准。但是这种放松并非绝对标准的放松，只是监管方式的转化。目前，全国

---

❶ 张洪涛："保险资金投资不动产问题研究"，广西大学2012年硕士毕业论文，第35页。

❷ 卜海燕："我国保险投资不动产研究"，吉林大学2011年硕士毕业论文，第14页。

保险监督官协会在信息交换、最低偿付能力要求、财务评价制度、技术和法律援助及跨州监管协调等方面发挥着日益重要的作用。

英国保险法规没有严格、直接地规定保险资金投资的比例与方式，对保险市场的监管实行行业高度自律，保险行业协会可以制定比法律规范更严格的行业规则，由于行业规则的自愿性，其更容易被保险人遵守，为社会公众所接受。❶英国保险监管机构主要通过对保险公司的偿付能力进行严格监管来保证其投资的安全，并分别规定了财险和寿险公司的偿付能力额度。此外，保险公司还需每年向保险监管机构提交财务报告，保险监管机构定期到保险公司现场检查。一旦发现保险公司的偿付能力低于法定标准，保险公司将会被禁止从事相应的投资活动，并受到处罚。虽然英国对于保险资金的投资监管宽松，但是并不意味着对其放任自由，英国对于保险资金投资监管的规定大量存在于其他的规定中。英国现行金融监管体制最大特点是集中监管，❷保险资金运用的监管只是其中的一部分。《金融服务与市场法》开宗明义地提出了英国金融服务局的四项宏观目标：一是保持社会对金融体系的信任；二是增进社会公众对金融体系的了解和理解；三是在适当的程度上保护金融消费者的合法权益；四是减少和打击金融犯罪，❸这四项同时也是保险资金运用监管的目标。

日本对保险资金投资的监管严格程度仅次于美国。但是与美国不同，日本对保险资金投资的监管具有浓重的行政特色，其保险监管部门是金融检查厅，实施以规则、公告和指导方针为依据的行政监管方式，❹保险机构的设立、经营资格的取得、名称变更、资本增加等，均须获得金融厅的批准。日本的保险业非常发达，相比之下其保险市场开放程度不高的原因与金融厅对各种行政审查权的严格控制密切相关。经济泡沫破灭后，日本保险资金投资在以下几个方面加强了监管：首先，完善了保险资金运用的信息公开制度，新《保险业法》规定，保险公司应将自己所从事的业务内容、经营情况、财务状况等编制成"经营信息公开资料"，使消费者可以随时查阅和了解有关信息，强化社会力量对保险公司的监

---

❶ 杨晶："保险资金投资监管法律制度研究"，山西大学2010年硕士毕业论文，第28~30页。

❷ 英国的集中监管表现为两个方面：一是集银行、证券、保险监管于一体，形成单一监管部门；二是集金融监管和金融服务于一体，监管是为了保障金融产品消费者的权利，服务是以全球大市场为北京，促进本国金融业的健康发展。

❸ 杨晶："保险资金投资监管法律制度研究"，山西大学2010年硕士毕业论文，第28~30页。

❹ 王绪瑾：《保险法》，经济管理出版社2001年版，第197页。

督，敦促保险公司加强自律；其次，加强了对保险公司偿付能力监管，并以此作为检查保险公司经营状况是否良好的标准，同时引入早期改善措施，以防患于未然；第三，加强了对保险资金运用监管的现场监督。

### 三、我国保险资金不动产投资法律监管的不足及完善

（一）我国保险资金不动产投资的法律监管现状

我国有关保险资金不动产投资监管涉及的法律规范散见于不同的立法之中。按法律效力可以划分为三个层次：第一，法律，如《保险法》、《合同法》、《物权法》、《证券法》、《公司法》、《行政许可法》；第二，国务院授权颁布的行政法规，如《中华人民共和国营业税暂行条例》、《中华人民共和国企业所得税暂行条例》、《外资保险公司管理条例》；第三，部门规章和规范性文件，如中国人民银行颁布的《中国人民银行关于向金融机构投资入股的暂行规定》，保监会颁布的《保险资金运用管理暂行办法》、《保险公司信息披露管理办法》、《保险资金间接投资基础设施项目试点管理办法》以及《基础设施债权投资计划管理暂行规定》、《保险资金投资不动产暂行办法》、《保险资金股权和不动产有关问题的通知》等一系列针对不动产投资的规定。

1. 关于投资行为的规定

在保险资金投资不动产方面，《暂行办法》对保险公司可以投资的不动产做了自用性不动产和非自用性不动产的区分，对于二者的权利义务有着不同的规定与要求。

第一，投资比例的限制不同。保险公司投资非自用性不动产账面余额不高于本公司上季末总资产的15%，投资非自用性不动产、基础设施债权投资计划及不动产相关金融产品，账面余额合计不高于本公司上季末总资产的20%。❶而对于自用性不动产则没有这一限制要求。

第二，资产管理部门的专业人员的要求不同。保险公司投资非自用性不动产，其资产管理部门拥有不少于规定人数的具有不动产投资经验的专业人员，其中对于工作年限和不同工作年限的人员数量都有严格的要求。❷而在2012年，保监会将保险公司投资自用性不动产专业人员的基本要求调整为"资产管理部门应当配备具有不动产投资和相关经验的专业人员"，取消了对于专业人员的工作年

---

❶ 《保险公司投资不动产暂行办法》第14条第1款。

❷ 《保险公司投资不动产暂行办法》第8条第3款规定："资产管理部门拥有不少于8名具有不动产投资和相关经验的专业人员，其中具有5年以上相关经验的不少于3名，具有3年以上相关经验的不少于3名。"

限以及人数的限制。

第三，不动产投资标的应符合的要求不同。保险公司购置自用性不动产不受《暂行办法》第11条关于不动产的条件以及区位的限制。❶

第四，可运用资金的范围不同。保险公司购置自用性不动产，"除使用资本金外，还可以使用资本公积金、未分配利润等自有资金；保险公司非自用性不动产投资，可以运用自有资金、责任准备金及其他资金"。❷

由于自用性不动产和非自用性不动产的投资面临的风险环境不同，因此应"严防保险公司运用自用性不动产的名义，以投资性不动产为目的，变相参与土地一级开发"。对此，《暂行办法》规定："保险公司转换自用性不动产和投资性不动产属性时，应当充分论证转换方案的合理性和必要性，确保转换价值公允，不得利用资产转换进行利益输送或者损害投保人利益。"

在投资不动产相关金融产品方面，虽然《暂行办法》中也进行了诸如投资比例、投资标的的条件以及应注意的问题等原则性的规定，但是，保险资金投资不动产相关金融产品的细则，还有待中国保监会另行规定。

2. 关于风险控制的规定

从风险控制的源头来看，《暂行办法》要求保险公司建立"有效的业务流程和风控机制，形成风险识别、预警、控制和处置的全程管理体系，加强资产后续管理，建立和完善管理制度"，规范、完善决策程序和授权机制，确定股东（大）会、董事会和经营管理层的决策权限及批准权限，并规定"保险资金投资不动产不得采用非现场表决方式"。此外，还确立了相关人员在职期间以及离任后的责任追究制度、资产隔离制度与信息披露制度。这就有利于提高相关人员在履行职责时的审慎性，确保资金的专款专用，保障受众群体的知情权。通过这一系列的规定，降低因投资主体的失误可能引发的风险。

从对投资行为的控制来看，《暂行办法》对于股权、债权、物权三种投资方

---

❶ 《保险公司投资不动产暂行办法》第11条规定："保险资金可以投资符合下列条件的不动产：（一）已经取得国有土地使用权证和建设用地规划许可证的项目；（二）已经取得国有土地使用权证、建设用地规划许可证、建设工程规划许可证、施工许可证的在建项目；（三）取得国有土地使用权证、建设用地规划许可证、建设工程规划许可证、施工许可证及预售许可证或者销售许可证的可转让项目；（四）取得产权证或者他项权证的项目；（五）符合条件的政府土地储备项目。保险资金投资的不动产，应当产权清晰，无权属争议，相应权证齐全合法有效；地处直辖市、省会城市或者计划单列市等具有明显区位优势的城市；管理权属相对集中，能够满足保险资产配置和风险控制要求。"

❷ 《保险资金投资不动产暂行办法》第36条。

式以及投资不动产相关金融产品，都分别作出了风险防范的要求与提示。例如，股权投资中对于拟投资的项目公司限定其经营范围，并禁止项目公司对外进行股权投资。债券投资合同中对于还款方式、担保方式的提示，物权投资中对于不动产权属的风险提示等。

3. 关于监管的规定

对不动产投资的监管主要有非现场检查和现场检查两种方式。非现场检查方式的监管主要体现在《暂行办法》规定的报告制度。依规定，保险公司投资不动产，投资余额超过20亿元或者超过可投资额度20%，应向保监会报告。对此，保监会规定了报告的时间与内容。保险资金投资养老项目，在确定投资意向后，须通报保监会。此外，保险公司应按时提交季度报告和年度报告，报告的内容包括但不限于保监会列出的项目。投资机构就保险资金投资不动产相关金融产品情况，应定时向保监会报告，托管机构也需按时按要求向保监会提交季度、年度报告。此外，保险公司及投资机构须依照保监会制定的不动产投资能力标准自行评估，按时报告。这一系列的报告，有助于保监会对保险公司及相关投资机构的不动产投资管理能力及变化情况进行检验并跟踪监测，节约现场检查的成本，提高监管的效率。

此外，对于不符合规定的投资行为，保监会有要求其"停止投资业务、限制投资比例、调整投资人员、责令处置不动产资产、限制股东分红和高管薪酬"的权利，"情节严重，保监会有权责令保险公司不得与该机构开展相关业务，并通告有关监管或者主管部门依法给予行政处罚"。❶

（二）我国保险资金不动产投资法律监管存在的主要问题

1. 监管立法层级低，配套规范不完善

立法的层级也即法律位阶问题。所谓法律位阶，是指每一部规范性法律文本在法律体系中的纵向等级。下位阶的法律必须服从上位阶的法律，所有的法律必须服从最高位阶的法。在我国，按照《宪法》和《立法法》规定的立法体制，法律位阶共分六级，它们从高到低依次是：根本法、基本法、普通法、行政法规、地方性法规和规章。目前，我国对于保险资金投资不动产的大量的、具体的、操作性的规定都是以保监会发布的指引、意见、通知的方式出现的，而上述文件只能够作为政府机构的规范性文件。❷这些规范性文件的大量存在，不可避免地导致了法律的适用风险。例如，在保险资金不动产投资过程中，不可避免的会涉

---

❶ 《保险资金投资不动产暂行办法》第35条。

❷ 詹昊："当前保险资金运用中的法律风险及控制"，载《中国城市经济》2009年第11期。

及大量的合同。我国《合同法》的规定，"违反法律、行政法规的强制性规定的合同无效"，依据上述规定，如果保险资金不动产投资的合同没有违反法律、行政法规的强制性规定，而仅仅是违反了保监会的规范性文件，则所签订合同并非无效。当然，在这种情形下，保监会可以采取行政处罚的方式来进行处理，但是关于相关合同的效力，却不能因此而被否定。这就造成了对于违规者的惩罚不彻底，给那些企图从中获利的人留下了空间，让违规者对于不法利益和违法成本的权衡判断产生错误决策，❶从而使规范的权威性受到挑战。

2. 缺乏风险评估与预警体系

2004年我国出台了《保险资金运用风险控制指引》（以下简称《指引》），作为引导保险资金运用风险控制体系建立的纲领性文件，《指引》只规定了保险资金运用的事前和事中监管，忽略了对事后监管的规定。此外《指引》对保险公司的约束力以及罚则方面还比较欠缺。而《暂行办法》也仅对保险公司的风险评估和预警做了原则性的规定，要求保险公司应建立规范有效的业务流程和风控机制，涵盖风险监测等关键环节，形成风险识别、预警、控制和处置的全程管理体系，定期或不定期做压力测试，全面防范和管理不动产投资风险。《暂行办法》对此缺少严格的监管措施与之对应，此外，对于保险公司检测、评估风险也缺少标准化的要求。以上不足还都有待监管部门在探索中进行进一步的规定。

3. 保险公司信息披露制度不完善

《暂行办法》第28条规定了保险公司的信息披露义务，对披露的信息做了"及时性、真实性、完整性和合法性"的要求，此外还列举了"投资规模、运作管理、资产估值、资产质量、投资收益、交易转让、风险程度"七项必须披露的内容。原则的确立和内容的列举有利于保险公司及时、准确的信息披露，但是另一方面，我国的信息披露监管缺少对于披露方式以及相应的责任承担的规定。

4. 违法责任缺失

《暂行办法》中没有专门的"法律责任"部分规定，除了原则性的董事责任追究制度外，对于保险公司及相关机构违反规定的投资行为只做了"投资机构和专业机构参与保险资金投资不动产活动，违反有关法律、行政法规和本办法规定的，中国保监会有权记录其不良行为，并将违法违规情况通报其监管或者主管部门。情节严重的，中国保监会将责令保险公司不得与该机构开展相关业务，并商有关监管或者主管部门依法给予行政处罚"以及"有权责令其改正"的法律责任规定。《保险法》中规定了对保险公司主要规定了"罚款、责令停业整顿或者吊

---

❶ 詹昊："当前保险资金运用中的法律风险及控制"，载《中国城市经济》2009年第11期。

销业务许可证、限制其业务范围、责令停止接受新业务、吊销其资格证书、禁止有关责任人员一定期限直至终身进入保险业、治安管理处罚、行政处罚"七类违反法律规定的相关法律责任承担形式，以及给他人造成伤害时应承担的民事责任和构成犯罪时应承担的刑事责任。

从之前的论述我们知道，保险资金不动产投资过程中面临着诸多的法律关系问题，但是我国目前的监管法律法规并没有对各类违法、违规行为作专门、细致的责任承担方式的规定。此外，现存的规定也有待完善，例如，缺乏对于"限期整改"的期限的法律规定，对于违法运用的资金也没有规定在整改期间资金应如何处置，此外，对于民事责任的规定过于笼统，缺乏承担民事责任的主体规定，同时对于承担民事责任方式也没有具体确定，操作性差。

（三）完善我国保险资金不动产投资法律监管的对策

1. 树立科学、合理的监管理念

当前，无论是《保险法》还是《暂行办法》等规范性文件，都没有对我国保险监管的目标作出原则性的规定。在进行不动产监管时过多地顾及安全性，而忽视了流动性与盈利性。现代保险资金投资的监管理念应该是在安全性监管的基础上提高保险资金的盈利能力。保险资金投资的原则为"安全性、流动性、收益性"，我国保险资金投资监管也应确立与此相对的监管目标。现阶段，我国的金融市场不成熟，保险资金投资缺乏经验，还处于发展初期，保险公司应对风险的能力还有待提高，加之金融衍生品的快速发展，因此"安全性"应作为保险资金运用监管的首要目标。然而，保险公司进行投资的根本目的是盈利，保险资金对外投资不仅对保险公司有一定的经济收益，更具有一定的社会效益，提高对保险资金投资收益性的重视是今后我国监管过程中应加以注意的部分。此外，随着政策、利率等因素的波动，保险资金的流动性常常受到考验，因此，在确保保险资金安全的前提下，应兼顾流动性和收益性监管。监管的基本理念确立后，在原则性的规定下，不仅有利于监管机构职责的履行，也为其职责履行提供了指引与评价标准，有助于监管工作更好的展开。

2. 扩大监管主体

目前我国实行的是保险、证券、银行分业经营与管理的模式，保监会、证监会、银监会三大管理机构并存，各机构在各自的权限范围内进行行业监管，不得超越既定业务范围。但是，纵观国际潮流，混业经营已然成为金融业发展的潮流。英国于1986年率先废除了分业经营的限制，进行了混业经营体制改革。日本与此同时也积极向混业经营的方向改革，不断取消对商业银行业务的限制。作为分业监管的创始者，美国也在1999年出台《金融现代化法》，终结了分业经营的历史。目前我国金融业表现出了走向混业经营的趋势，面对这种趋势，我们必须对现行的分业监管模式进行相应的调整，逐步从现有的分业监管过渡到混业监管模式。这就需要保监会与银监会、证监会定期召开联合会议，形成实质性的一体化监管机制，相互交流监管信息，共享监管的经验，提示彼此应注意的风险，明确权限与职责范围。此外，保监会应顺应国际化的趋势，加强与国际组织的合作，如国际保险监督官协会、国际证监会组织、国际清算银行等等，借鉴国际经验、发出中国声音，积极参与监管标准、监管方法的一体化进程。

在考虑到监管主体的时候需注重行业协会自律制度的建设。保险行业协会是由保险行业中的经营者在自愿的基础上组成并依法成立，以谋取和增进全体会员的共同利益，协调保险市场竞争，提高保险技术，促进保险行业共同发展为目的的自律性民间社团组织。行业协会能够从行业长远利益发展的角度出发进行自我约束和管制，制定行业规则解决业内问题，有效解决政府及市场失灵的问题。首先，行业协会中的监管人员更为专业，能有效的分析、解决保险资金投资中的各类问题；其次，行业协会的标准往往高于法律法规的规定；最后，行业协会的监管成本低，处罚措施灵活。但是我国保险行业协会自律监管在监管体系中的地位不明、独立性差，其功能没能得到有效发挥。因此，我们应加快行业协会法律体系的建设，健全其组织结构，明确其管理权限和范围，并对其行为进行必要的监督，防止权力的滥用。

3. 完善保险公司内部治理制度

完善保险公司的内部控制制度，是保险资金投资法律监管制度不可或缺的部分。完善公司治理、加强内控建设是从源头上防范化解风险和监管创新的重要方面。保险公司治理结构和决策程序是保险监管的关键组成部分。随着保险资金投资的不断发展，内部控制问题已不仅仅是保险公司的内部问题，更多的涉及社会公众和整个国家的利益。因此，加强保险公司的内部控制制度对于完善现行法律监管体系具有重要的意义。完善保险公司的内部控制制度，要以优化股权结构为基础，以加强董事会建设为核心，以形成制衡机制为关键，以健全内控制度为保障，促使保险公司真正建立其现代企业制度。对此，我们应从以下几个方面进行规制。

首先，研究制定《保险公司治理结构指导意见》，要求保险公司强化管理层责任、充分发挥内部审计的作用、强化风险评估在内控建设中的地位等方式引导保险公司建立规范、高效的内部运作机制。其次，把公司治理水平作为评价保险公司的重要指标，对公司治理结构不完善的公司重点监督。再次，探索建立独立董事报告制度。保险公司独立董事在发现公司董事及高级管理人员有违法违规行为时，有向监管部门报告的责任；同时，监管部门应把对保险公司分支机构和高级管理人员违法违规的处理信息向公司董事会反馈。最后，为完善保险公司治理结构创造良好的外部环境，健全保险法律法规和相关规章制度，促使保险公司按市场化和国际化的规则办事。加强诚信建设，使保险公司自觉把诚信贯穿到企业经营和资金管理的各个环节。加强市场监管，创造统一、开放、竞争有序的市场环境。

4. 完善具体的监管制度与措施

（1）提升保险资金投资的立法层级，协调相关法律规范间不匹配的规定。从法律效力上来说，当规范性文件与法律、行政法规或部门规章的规定冲突时，其应属无效。随着包括不动产投资在内的保险资金运用的不断发展，制定法律层级的资金运用规定将有效地改变不动产投资立法现状，从而避免法律适用过程中的尴尬。且现行的保险资金投资规定无法涵盖保险资金不动产投资过程中会遇到的诸多问题，法律的缺位将使保险资金不动产投资市场缺少有力的监管，导致市场失灵。因此，非常有必要先将保险资金运用相关的普遍性、原则性的规定纳入法律的层面，待条件成熟时，再制定完备的保险资金运用监管的法律。由上文的论述可知，《暂行办法》等保监会规范性文件与现行法律法规对于不动产投资的规定相冲突，对此，相关部门应共同商议，梳理保险资金投资不动产过程中产生的规范冲突问题，明确问题的解决办法，协调法规间的冲突规定。

（2）根据资金来源确定保险资金的不同投资标准。保险资金依来源划分可分为寿险资金和非寿险资金。寿险资金具有可投资期长、给付时间相对固定的特点，非寿险资金多属于短期资金，需要较强的流动性。因此寿险资金投资更注重长期性、安全性；非寿险资金投资更注重收益性、流动性。将保险资金依据来源不同规定不同的投资标准，已被多数国家采用，如美国的全美保险监督官协会（NAIC）就是采用两套示范性法规对保险公司进行监管的。对于人寿保险公司的投资以"谨慎"标准为依据，而对于财产和责任保险公司的投资主要采用"鸽笼式"的方法。❶《暂行办法》对此并未规定，只在规定投资自用性不动产和非自用性不动产的投资资金时做了自有资金的区分。不动产投资周期长、收益稳定的特定决定了其资金来源主要应为寿险资金。在规范中对这一点进行规定，不仅是保险资金运用国际化的趋势，也是符合我国现阶段保险资金运用严格管制的特点的。

（3）健全保险资金风险评估制度和风险预警体系。为避免投资的整体风险，保证保险公司的投资决策部门所作的决策是在全面了解资金运用周转情况、进行风险评估、熟知盈余能力的基础上作出的，监管法规需要确立保险资金运用

---

❶ 赵国贤：《美国保险监管及法规》，经济管理出版社2005年版，第25页。

投资决策期间的统一风险评估标准，规定保险投资资产的统一估价方法，建立由风险评估、资金运用效益评估、资产状况报表和风险要素评估等制度构成的投资风险预警体系，❶此外，还要对非正常情况规定应对措施。

（4）完善保险公司信息披露制度。自从有了市场和竞争以后，信息就一直是经济学研究中频繁涉及的命题。❷信息可以反映过去、现在和未来的状态与变化，保险公司的信息关乎其投资能力、投资方式以及偿付能力等诸多要素。随着我国保险资金投资市场的日渐成熟和监管制度的逐步完善以及对外开放的日益深化，有关保险公司信息披露的问题也越来越引起社会的重视与关注。此外，保险行业具有较强的专业性、保险资金不动产投资具有其特殊性，这导致投保人与保险人之间信息的不对称。由此可见完善保险公司的信息披露制度是保险资金投资持续、健康、稳定发展的必然要求，也是维护社会公众利益的有力保障。对此可借鉴美国等发达国家的经验。美国证券交易委员会（SEC）在20世纪90年代后针对新的网络信息冲击，建立了网络化下的信息披露制度框架，确立电子招股说明书术语规范范围，但内容必须保持与纸质招股说明书完全一致，电子邮件、公告牌、互联网址等均属合法传递方式；此外，还建立了电子数据库收集分析与检索系统，所有法定披露信息一律采取电子化申报方法；不仅如此，还组织专门人员对互联网实施监测，在SEC网站上建立执法投诉中心等手段，以保证网络上披露的信息适当。对于法律责任的规定方面，还规定了违反信息披露违规行为应承担的行政、民事和刑事责任。❸

（5）完善违反不动产投资行为法律责任的规定。不动产投资涉及的法律责任可以分为行政责任、民事责任和刑事责任，由于刑事责任应遵循罪刑法定的原则，所以对此只需作出指引性的规定即可，在此不再论述。保险公司投资不动产监管过程中保监会主要对保险公司、投资机构及服务机构的行政责任予以惩处。投资主体承担行政责任的情形可以分为以下三类：主体资格与规定不符；公司投资决策与内控机制与规定不符；投资行为违反法律法规的规定。承担责任的主体为保险公司及其高级管理人员、投资机构和服务机构，处罚的方式除了前面提到过的罚款、责令限期整改、吊销营业执照、取消准入资格等外，还应当建立"黑名单"制度，根据投资方以往披露的信息、经营情况以及保监会监管过程中对投资方的检查状况，将多次严重违反法律规定的主体列入黑名单，对其重点监督并

---

❶ 任燕珠："试析我国保险资金运用法律监管制度的完善"，载《学术探索》2007年第1期。

❷ 李克穆：《保险业信息披露研究》，中国财政经济出版社2007年版，第1页。

❸ 李克穆：《保险业信息披露研究》，中国财政经济出版社2007年版，第46~63页。

限制其行业准入。此外，对于责令整改应规定具体的时间期限，在整改期间冻结其违法行为所涉资金，并限制其相应的行为。对于民事责任的规定，应结合《物权法》《合同法》《土地管理法》等相关法律，针对违法行为涉及的法律关系，引用不同的法律规则进行规制。保监会在规定民事责任时应明确承担责任的主体与责任承担方式。

由于保险资金不动产投资涉及资金巨大，影响的利益群体广泛，因此在法律责任制定过程中应兼顾到社会效益与社会影响。比如以债权方式投资不动产过程中，合同履行期间，发现基础合同效力存在可撤销的情况时，应兼顾行政与民事法律的调节原则，结合行业的专业经验综合对待，规定其应承担的法律责任。尽快完成不动产投资法律责任的规定不仅有利于促进投资主体对于现行规范的遵守，更有利于公平、规范的市场环境的确立，对于我国保险资金不动产投资的规范化发展具有重要意义。

# 保险资金非标产品投资有关法律风险研究

关恒业　张坤[*]

> **内容提要**：随着保监会逐渐放宽保险资金的投资路径，保险资金也可以投资一定种类的非标产品。由于非标产品涵盖的范围较广，不同种类的非标产品法律性质各不相同，交易结构、交易模式差异性较大。加之相关的法律法规、监管规定等规定并不完善，保险资金投资非标产品会存在法律风险。本文拟就保险资金投资非标产品的相关法律风险进行初步的分析。
>
> **关键词**：保险资金　非标产品　法律风险

2014年8月份出台的《国务院关于加快发展现代保险服务业的若干意见》（国发〔2014〕29号）要求促进保险市场与货币市场、资本市场协调发展，进一步发挥保险公司的机构投资者的作用，其中明确提到"探索保险机构投资、发起资产证券化产品"，将保险资金投资、发起资产证券化产品上升到国家政策的高度。在过去很长一段时间里，保险资金的投资途径受到较为严格的监管，保险资金投资于资产证券化产品等非标准化金融产品（以下简称"非标产品"）受到严格禁止。但从2012年开始，保监会逐步放宽保险资金的投资路径，允许保险资金

---

[*] 中国再保险集团股份公司法律部人员。

投资一定种类的非标产品❶。

非标产品，顾名思义，是指没有标准的交易结构和交易模式的金融产品，区别于在银行间市场及证券交易所市场交易的标准化资产（如债券、股票、证券投资基金等）。非标产品的概念最初由银监会提出❷，而近年来，其形式不断变化和扩充。目前，除银监会定义的非标产品外，市场上也习惯将集合资金信托计划、专项资产管理计划、基础设施投资计划、项目资产支持计划等结构性融资产品视为非标产品。不同种类的非标产品，其法律性质各不相同。就保监会目前允许保险资金投资的非标产品来说，信贷资产支持证券、专项资产支持证券、项目资产支持计划、不动产投资计划属于资产证券化产品；基础设施投资计划、集合资金信托计划属于信托类产品；股权投资基金属于基金类产品。虽然不同种类的非标产品具有不同的法律性质，其交易结构、交易模式等差异性较大，但总体来说，大部分非标产品均会涉及如下问题：基础资产的认定、增信安排、基础资产的独立性等。下文笔者将针对保险资金投资非标产品涉及的某些较有代表性的法律风险进行分析。

## 一、以资产收益权作为基础资产存在的法律风险

基础资产是非标产品的最核心部分，非标产品之所以具有投资价值，是因为其背后的基础资产具有收益性。基础资产须为可特定化的财产或财产权利，能够产生独立、可持续的现金流，且在非标产品存续期间，基础资产预期产生的累计现金流能够覆盖该非标产品预期投资收益和投资本金。一般来说，基础资产多为权属明确的债权，即原始权益人具有完整的财产权利和处置权利的债权。而由于在非标产品的交易结构中，需要确保基础资产从原始权益人处转移至非标产品的发起人处，因此，对于某些在法律上难以转移或按照约定禁止转移的债权，无法将其作为基础资产来构造非标产品。在这种情况下，实务中也有将资产收益权作为基础资产的做法。资产收益权是以债权为基础的权利，例如以债权为担保而衍

---

❶ 根据保监会《关于保险资金投资有关金融产品的通知》（保监发〔2012〕91号），保险资金允许投资商业银行理财产品、银行业金融机构信贷资产支持证券、信托公司集合资金信托计划、证券公司专项资产管理计划、保险资产管理公司基础设施投资计划、不动产投资计划和项目资产支持计划等金融产品。

❷ 根据《关于规范商业银行理财业务投资运作有关问题的通知》（银监发〔2013〕8号）第1条的规定，非标准化债权资产是指未在银行间市场及证券交易所市场交易的债权性资产，包括但不限于信贷资产、信托贷款、委托债权、承兑汇票、信用证、应收账款、各类受（收）益权、带回购条款的股权性融资等。

生出来的其他权益。在资产收益权作为基础资产的这种情况下，无须转让债权本身，而只须转让以债权为基础的资产收益权❶。

关于资产收益权的法律性质，理论界存在不同的观点。有的认为资产收益权是一种将来债权，即原始权益人在其对特定资产经营管理中将来所享有的对第三人的金钱债权❷；有的认为所谓资产收益权中的"收益权"其实就是指所有权四大权能中的"收益"权能❸；有的认为资产收益权其实是一种特殊的新型用益物权，其具有物权应有的对世性、排他性、直接支配性等物权的基本特征❹；有的认为资产收益权，是指通过法律文件约定其权利内容并能独立于基础资产或权利交易的一项财产性权利❺，是一种约定权利，具有财产属性，对财产或权利具有依附性，可以相对独立的交易。这种观点将资产收益权从债权中独立出来，一定程度上解决了在债权不能转让的情况下如何构建产品的难题。基于资产收益权的性质，其作为基础资产存在如下法律风险：

（1）债权是否具有收益权。在基础财产❻为债权的情况下，能否将该债权的收益权作为非标产品的基础资产，首先要解决的问题是债权是否具有收益权。目前，我国法律并未明确规定债权具有收益权。债权作为一种请求权，无法如物权一般进行收益和使用。而如果"债权收益权"是仅指收回本金及获取利息的权利，其实质上即是一种债权。在作为基础财产的债权无法转让因而无法纳入为非标产品基础资产的情况下，这种作为收益权的债权能否转让也将存在疑问。

（2）合同标的合法性风险。受托人与原始权益人（通常为融资人）签订的资产收益权转让协议，其本质上是以资产收益权为标的的买卖合同。根据我国《合同法》的规定，出卖人应当对合同标的具有处分权，标的物不能为法律法规

---

❶ 资产收益权产品肇始于信托产品，实务中，特定资产收益权信托的交易结构为，融资主体将基础资产的未来收益权作为信托财产委托给信托公司，由信托公司把原始受益人（委托人）的优先级受益权分割后转让给社会公众投资人。同时，为控制资产收益权信托风险，委托人或第三人应提供增信措施，一般要求把基础资产抵押给信托公司。

❷ 秦悦民、夏亮："关于特定资产收益权投资信托产品中'资产收益权'的法律性质初探"，载《信托周刊》第48期。

❸ 薛丽珍："浅论收益权"，载《运城高等专科学校学报》2001年第2期。

❹ 孟勤国、刘俊红："论资产收益权的法律性质与风险防范"，载《河北学刊》2014年第4期。

❺ 俞勇、范满平、张福进："'资产收益权'的法律性质及其信托产品的法律风险探讨"，载《金融时报》2011年12月19日，第12版。

❻ 此处的基础财产，是指资产收益权所依附的财产，区别于非标产品的基础资产，下同。

所禁止或者限制转让。因此，非标产品的投资人应当对融资人是否对资产收益权拥有处分权、资产收益权是否存在权利瑕疵等予以足够的重视。

（3）资产收益权独立性风险。虽然资产收益权可以作为合同标的进行交易，但是我们仍需注意到资产收益权对于基础财产（如基础债权）的依附性，其收益由基础财产所生，不可能与基础财产完全割裂。即使在产品设计时，力求资产收益权独立于原始权益人（融资人）、受托人、管理人、投资人，但是如果在基础财产(如建设用地使用权、股权等)因司法行为被纳入法院强制执行标的时，基础财产的资产收益权如何对抗针对基础财产本身的强制执行存在疑问。同理，当融资人破产时也存在同样问题。为避免以上风险，在资产收益权尚不具有法定的物权效力的情形下，应当要求融资人将基础财产为收回预期收益设定抵押或质押并完成登记或交付。

（4）后续管理风险。在资产收益权交易结构中，资产收益权所依附的基础财产并不真正转移给受托人，基础财产不需要进行所有权变更或者债权转移手续，而且其收益权仍然由融资人进行实质管理。这就要求受托人在后续管理中需特别防范融资人对基础财产及其收益权再次处分，也要防范融资人对资产收益权进行截留。为防范此类风险，一般需要求融资人将基础财产为收回预期收益设定抵押或质押并完成登记或交付，就基础财产及其收益权的款项设立监管账户，同时在合同安排时需设置违反约定处置基础财产或收益权的违约条款，增加融资方违约成本。

（5）监管风险。保监会最近发布的《项目资产支持计划试点业务监管口径》，明确规定资产支持计划投资的基础资产，应当为可特定化财产，但未提及"财产权利"。因此，不转让资产而仅转让该资产所创设的收益权的模式能否为监管部门所接受，存在一定不确定性。

## 二、以远期收购作为增信措施的法律风险

保险资金的投资应遵循安全性、流动性和收益性三大原则，其中安全性是最基本的要求。为确保保险资金投资的安全性，除了对投资范围、投资标的等进行限定外，法律或监管规定往往要求保险资金投资非标产品时安排增信措施，以提高基础资产的信用评级。例如，保监会在《基础设施债权投资计划管理暂行规定》（保监发〔2012〕92号）中明确要求专业管理机构设立债权投资计划，应当确定有效的信用增级；而《项目资产支持计划试点业务监管口径》（资金部函〔2014〕197号）则规定保险资金可投资的项目支持资产计划中，若基础资产为股权资产，则该股权资产须为每年获得固定分配收益且对本金回收和上述收益分配设置信用增级。

一般来说，增信措施包括采用连带保证、抵押、质押等担保方式，此类增信方式法律关系明确、增信效果较强，法律风险较小。而实践中，除了上述担保方式，也存在其他类似担保的增信措施，比较典型的是远期收购的方式❶。此种增信方式在信托行业以及保险资产管理公司发行的产品中亦较多存在。远期收购在法律上并没有明确的定义，从实践来看，一般是由投资人与增信人约定，当发生特定事件（如债务人违约）或者在特定时点，由增信人按照约定的价格收购投资人对债务人的债权，对于"名股实债"的交易，则约定增信人以股权回购方式实施。

可见，远期收购是增信人与投资人之间达成的一项附条件债权转让（或股权转让）的约定，属于独立的附条件买卖合同，与《担保法》所规定的担保（具有从属性）不同。这种增信方式形式上是一个附条件的远期收购合同，但交易双方实质上是欲实现连带保证的法律效果。这种形式与实质之间的偏差，使得这种增信方式与连带责任保证相比，存在一定的法律风险，如果被认定为保证，则增信人可能不具备对外提供担保的资格（包括增信人超越特许经营范围、为关联方提供担保等原因）被认定无效、担保效果被打折扣、执行时效性弱等风险。

按照远期收购协议的约定，在收购条件成立时，收购人（增信人）应当向受让人（投资人）支付对价，投资人将其持有的债权（股权）转移给收购人。某些情况下，投资人所持有的债权（或股权）可能会面临价值减损的情形，当投资人要求增信人履行收购义务时，极端情况下，如果债务发生损失成为不良债务，或股权价值严重贬损，增信人可能会因为支付的对价与基础资产的价值不匹配而违约，拒绝履行收购义务。这种情形只能通过诉讼等司法程序要求增信人履行"担

---

❶ 这种方式最开始出现在四大金融资产管理公司，2011年银监会和财政部联合下文，要求其开展信托和理财产品投资业务需报批，并再次强调资产公司应主要围绕不良资产经营管理和处置开展相关业务。这使得资产公司直投信托的业务模式全线停止。但很快又滋生出"变出资方为担保方"、"变债权人为股权人"的间接投资新路径。前者即通过承诺提供增信资金为信托产品提供担保，也被视为远期不良资产收购业务。参见丁玉萍："信托担保被叫停 AMC商业化转型遭遇瓶颈"，载《21世纪经济报道》2012年2月15日，第009版。

保"义务。实务已发生就远期收购协议进行诉讼的案件❶，从该案件双方诉答来看，远期收购的安排应当注意收购触发的条件、收购对价、收购的范围❷。而通过诉讼等司法程序要求增信人履行收购义务时，也可能会因诉讼的拖延导致时效性减损的情况，法院是否能够以约定的收购对价作为损失的标准也存在疑问。此外，即使法院判决要求增信人履行收购义务，但增信人仍然不履行收购义务时，根据我国民事诉讼法的规定，强制执行一般只是针对财产，不能针对行为，所以法院能够强制增信人收购或者代为履行存在疑问。

在监管实践中，保监会在一些项目的产品注册通知书中也作出过"如果信贷资产发生损失成为不良，是否仍能按照远期收购协议约定的价格进行合规收购"的提示。根据前文所述，针对增信措施所存在的风险，投资人在投资时应注意增信措施的性质，明确收购的触发条件、对价、收购标的等。关注行业类似交易安排的履行情况，同时密切关注融资人以及增信人的经营情况、财务情况及资信情况。

### 三、基础资产独立性与风险隔离的问题

非标产品，尤其是资产支持计划、信贷资产支持证券、专项资产管理计划等资产证券化产品的结构安排中，基础资产的转让是核心环节，目的是为了与原始

---

❶ 2012年2月初，中体产业集团股份有限公司为下属项目公司重庆沙坪坝体育中心投资开发有限公司的6亿元信托贷款承诺回购受益权。沙坪坝体育中心投资公司与厦门国际信托签署单一指定贷款项目借款合同，规模为6亿元，资金来源是成都银行西安分行与厦门国际信托签定的单一资金信托。在信托贷款到期时，体育中心征地整治工作尚未完成，体育场馆建设等工作未按照原计划进行，当地政府也未按计划推出土地，导致重庆沙坪坝体育中心投资公司现金流紧张，无法按期足额还款。在2013年，沙坪坝体育中心投资公司偿还2.56亿元信托贷款。在到期后的2014年前3个月，它又归还了信托贷款2亿元。截至目前，该投资公司已偿还信托贷款共计4.56亿元，但是尚有1.44亿元本金未归还。中体产业认为"项目没有推进，所以项目公司手里估计也没有值钱的资产可以抵债"，所以没有进行收购。成都银行西安分行向陕西省高级人民法院提起诉讼，要求中体产业履行信托受益权回购义务。

❷ 中体产业集团收购信托受益权的触发条件为沙坪坝体育投资公司无法偿还或无法足额偿还信托贷款，并且贷款合同项下的连带责任保证人无法承担保证责任。中体产业答辩称成都银行西安分行应当穷尽对借款人、保证人的司法救济途径后方能要求其收购信托收益权。对于收购对价，双方在合同中并没有约定，从中也可以看出当事人签订此合同时将其作为担保安排的意思，而没有将其作为独立的附条件债权转让协议，所以中体产业抗辩因为没有对价，无法履行。参见陕西省高级人民法院（2014）陕民二初字第00007号民事判决书。

权益人进行风险隔离（尤其是破产隔离），确保基础资产的独立性。一旦确保了基础资产的独立性，基础资产的风险与原始权益人的风险相隔离，非标产品的风险也就与原始权益人风险相隔离，从而确保了非标产品投资人的收益安全性。参考国外成熟的资产证券化市场的做法，一般来说，为了使基础资产从原始权益人转移至受托人并确保其独立性，需要对基础资产进行真实销售。

我国现行法律并没有对真实销售进行明确规定。参考国外成熟市场的有关规定，真实销售是指在基础资产移转过程中，原始权益人（卖方）将基础资产的所有风险与收益，即资产的权利与义务均全部转让给受托人（买方），而移转之后，卖方对基础资产将不再享有权利也不负担义务，买方作为基础资产的新的所有人将独立享有权利和承担义务。根据我国《合同法》第80条之规定，"债权人转让权利的，应当通知债务人。未经通知，该转让对债务人不发生效力"，《合同法》第88条之规定，"当事人一方经对方同意，可以将自己在合同中的权利和义务一并转让给第三人"，若只涉及合同权利（债权）的转让，通知债务人即可，但若涉及合同权利义务的概括转让，则需要取得债务人的同意。如前所述，若对基础资产的真实销售涉及将基础资产的所有权利和义务转让出去，即涉及债权债务的概括转移，则需要取得对方同意。而实践中，基础资产一般涉及为数众多的债务人，在概括转移中要逐个取得债务人的同意，存在操作上的障碍。

如果基础资产并没有以十足的真实销售方式进行转让，当原始权益人将基础资产转让出去后进入破产程序，基础资产有可能会被纳入到原始权益人的破产财产。反之，基础资产如果以真实销售的形式从原始权益人手中移转到受托人手中，则可以认定基础资产不归原始权益人所有，也就不可能成为破产财产。当基础资产的转让不能认定为真实销售时，基础资产是否将纳入破产财产，则需要综合考虑其他各种因素，如双方当事人在交易中的真实意思表示是资产（债权）买卖行为还是一种担保贷款行为，对已经转让资产的风险是由转让人承担还是由受让人承担，受让人对所受让的资产是否获得相应的权益，转让人所转让的资产（债权）是否可以被退还等。

由于我国缺乏资产证券化的法律规定，对于保险资金投资此类非标产品时，监管部门会从其他角度加强基础资产的独立性，如要求资产支持计划建立资产隔离机制，确保资产支持计划独立于原始权益人、受托人、托管人、受益凭证持有人的固有财产，建立托管机制。另一方面，银监会《信贷资产证券化试点管理办法》中规定委托人是以信托方式转让资产。根据我国《信托法》，由于信托财产具有独立性，信托转让可以实现基础资产的风险隔离的要求。因此，当保险资金投资银监会所管辖的信贷资产证券化产品时，基础资产独立性的问题可以通过信托关系予以解决。

## 四、保险资金投资非标产品的对策与建议

保险在金融体系中并不是一种高回报的投资工具，而应当以保障性为主，是一种稳健安全的资金管理方式，因此保险资金的运用要秉持安全性、流动性、收益性的原则，其中首先要保障安全性和流动性[1]。在保险资金运用的过程中，要匹配收益与风险，做到投资业务总体安全且有收益，选择匹配的投资工具，通过投资优化组合和比例控制，提高投资效益，有效防范风险。

国家政策和监管规定对保险资金投资非标产品的放开，为保险资金的运用提供了发展和创新的平台，但总体来说保险行业在非标产品的投资方面尚处于起步阶段。非标产品没有统一的交易结构和标准，在业务模式、盈利模式、产品设计结构上容易存在缺陷，同时非标产品背后的基础资产种类不一，其法律风险呈多样化。此外，受制于法律环境不完善、监管规则不明确、多个交易市场等大背景的影响，创新业务模式往往缺乏明确或者足够的法律支持，对监管规则的突破或者创新运用，有可能突破监管红线，从而导致法律合规风险。所以，保险机构在投资非标产品时，需要准确把握非标产品的法律结构和法律权利义务关系，并且做好对非标产品的增信安排、非标产品背后基础资产的深入了解和调查。

同时，保险公司要加强保险资金投资非标产品的法律风险管理水平，加强保险资金运用法律专业人才队伍建设。保险公司应培养和引进具有法律、保险、金融等专业技能的复合型人才，不断积累资金运用经验，关注同行业相关金融产品的发展，加强包括非标产品在内的保险资金运用新方式的法律研究。

---

[1] 张洪涛、王国良主编：《保险资金管理》，中国人民大学出版社2008年版，第3页。

# 人身险中被保险人、受益人的法律地位及权利保障[*]

刘清元[**]

> **内容提要**：本文在对人身险中被保险人、受益人的法律地位及权利保障进行理论反思的基础上指出，当事人应为缔约之人与决定自己义务权利之人；利益第三人有两个要素，非合同缔约之人，但享有独立请求权。保险法中的关系人有三个要素：非缔约之人，合同的必备要素，享有独立请求权等。
>
> **关键词**：人身保险、当事人、利益第三人、关系人

## 一、合同主体的法律地位

合同主体指享有合同权利、承担合同义务的人或组织。合同主体的法律地位指法律赋予合同主体的身份，大体包括"当事人"、"利益第三人"与"关系人"。

（一）合同"当事人"的定义

合同是一种法律行为。"所谓债之契约乃以发生债之关系为目的，而由两个以上对立的意思表示所致之法律行为也。"❶ "广义契约，谓以交换的所为二个

---

[*] 本文为教育部2010年度人文社科青年基金项目"新保险法实施中若干重大疑难问题研究"（10YJC820089）与国家社会科学基金2011年一般项目"保险法的理念与制度实施研究"（11BFX032）的阶段性成果。

[**] 中银保险有限公司法律部总经理。

❶ 郑玉波：《民法债编总论》，陈荣隆修订，中国政法大学出版社2004年版，第22页。

以上意思表示之一致为要素之法律行为。"❶ "契约为法律行为的一种，因当事人互相意思表示一致而成立。"❷

法律行为以意思表示为要素。"法律行为者，以意思表示为要素，因意思表示而发生一定私法效果的法律事实。"❸

"意思表示，指将企图发生的一定私法上效果的意思，表示于外部的行为。"❹根据时间先后，"此种互相意思表示一致的二个意思表示，其在前者称为要约，其在后者称为承诺。"❺要约是希望和他人订立合同的意思表示。❻承诺是指受要约人同意要约的意思表示。❼发出要约的人为要约人，作出承诺的人为承诺人。

故，"合同当事人，是缔结合同的双方或者多方民事主体"❽，包括要约人与承诺人。

（二）合同"利益第三人"的定义

债的相对性起源于罗马法。合同作为债的一种，同样具有相对性。"根据合同相对性原则，只有合同当事人才能够享有合同约定的权利，并且承担合同约定的义务。"❾随着交易的发展，罗马法逐渐承认了一种适用债的相对性原则的例外情况，产生了利益第三人合同。目前，法国、德国、英国、美国等国家均有关于利益第三人合同的规定。❿

利益第三人合同，又称为利他合同、第三人取得债权的合同或为第三人利益订立的合同，它是指合同当事人约定由一方向合同关系外的第三人为给付，该第三人即因之取得直接请求给付权利的合同。⓫利益第三人合同中的第三人即为合同利益第三人。

故，合同"利益第三人"指不是合同当事人，但享有独立请求权的人。

---

❶ 史尚宽：《债法总论》，中国政法大学出版社2000年版，第7~8页。
❷ 王泽鉴：《民法总则》，中国政法大学出版社2001年版，第335页。
❸ 王泽鉴：《民法总则》，中国政法大学出版社2001年版，第250页。
❹ 王泽鉴：《民法总则》，中国政法大学出版社2001年版，第335页。
❺ 王泽鉴：《民法总则》，中国政法大学出版社2001年版，第335页。
❻ 《中华人民共和国合同法》第14条。
❼ 《中华人民共和国合同法》第21条。
❽ 韩世远：《合同法总论》，法律出版社2011年版，第11页。
❾ 王利明：《合同法研究》，中国人民大学出版社2002年版，第128页。
❿ 王利明：《合同法研究》，中国人民大学出版社2002年版，第128~130页。
⓫ 同上，第123页。

（三）保险合同"关系人"的定义

"关系人"是保险法学特有的概念。保险法学者对其界定大致是：不是投保人与保险人等当事人，但与保险契约有间接利益关系的人❶，或极为密切关系的人❷，或对于保险合同利益有独立请求权的人❸，通常指被保险人与受益人。

何谓"间接利益"？何谓"极为密切关系"？学者们并未给予解释。徐卫东等老师将"关系人"定义为"对于保险合同利益有独立请求权的人"。不是合同当事人，但享有独立请求权，符合"利益第三人"的特征，为什么称之为"关系人"而不称之为"利益第三人"呢？

笔者认为，保险合同的"关系人"是界于"当事人"与"利益第三人"之间的一种特殊身份的主体，具有三个特征。首先，他不参与保险合同的缔结，故不是合同当事人。其次，他享有独立请求权，不同于代领人。最后，他是保险合同的必备要素，也就是说没有他合同无法成立，而"利益第三人"不是合同的必备要素。

## 二、人身险中"被保险人、受益人"的法律地位

（一）在以死亡为给付条件的人身险中"被保险人、受益人"的法律地位

### 1. 被保险人的法律地位

19世纪，德国保险法学者普遍认为，基于一方面生命、身体之不可计算性，另一方面为禁止以他人生命、身体为赌博行为之标的，主张若以他人之生命、身体为保险标的，则不论投保人对之是否具有利益，必须取得该他人之书面同意。❹以他人身体为保险标的者，皆规定须经该他人之书面同意，此规定见于人寿保险及伤害保险，以代替保险利益于财产保险之功能，防止主观危险事故发生。❺在多数情况下，如果被保险人同意保险人签发以自己生命风险为标的的保单，他的生命安全便多了一层保护，同意权可以减少被保险人被谋杀的风险。❻

德国、日本、韩国及我国台湾地区均规定了以死亡为给付条件的人身险，必

---

❶ 梁宇贤：《保险法新论》，中国人民大学出版社2004年版，第41页。

❷ 刘宗荣：《新保险法：保险契约的理论与实务》，中国人民大学出版社2009年版，第63页；韩长印韩永强编：《保险法新论》，中国政法大学出版社2010年版，第79页。

❸ 徐卫东主编高宇副主编：《保险法学》，科学出版社2009年版，第63页。

❹ 江朝国：《保险法基础理论》，中国政法大学出版社2002年版，第54页。

❺ 江朝国：《保险法基础理论》，中国政法大学出版社2002年版，第38页。

❻ [美] 小罗伯特·H.杰瑞 道格拉斯·R.里士满：《美国保险法精解（第四版）》，李之彦译，北京大学出版社2009年版，第142页。

须经被保险人同意，否则无效。❶ 美国近一半州的法律明文规定：以他人生命投保的保险，事前必须征得被保险人的同意，只有涉及配偶关系或者父母为未成年子女购买保险的除外。❷

可见，在以死亡为给付条件的人身险中，被保险人参与合同的订立，具有同意权，是保险合同的当事人。

2. 受益人的法律地位

在生存保险中，投保保险的目的是为了保障被保险人晚年的生活。在死亡保险中，通常投保的目的是为了保障被保险人死亡之后，被保险人遗属的生活。❸ 通常情况下，买人寿保险的意义在于给受益人以保障，保障其在被保险人早逝之后的经济利益。换句话说，寿险合同对受益人因被保险人失去营利能力而遭受的损失进行"补偿"。❹

在死亡保险中，当保险事故发生时，被保险人已经死亡，有保险金请求权的人是被保险人以外的第三人。因此，必须创设受益人的概念。❺ 江朝国先生也认为，人身保险中以死亡为保险事故发生条件，除投保人、被保险人之外，还须有

---

❶ 台湾地区"保险法"第105条规定，由第三人订立之死亡保险契约，未经被保险人书面同意，并约定保险金额，其契约无效。《日本保险法》第38条规定，以生命保险契约当事人以外之人为被保险人的死亡保险契约，未经被保险人同意不发生效力。《德国保险合同法》第150条规定，以他人之死亡为保险事故订立保险合同并且约定之赔偿金额超过普通丧葬费用的，须经他人书面同意保险合同才能生效。在公司养老保险计划的团体人寿保险中，上述规定不予适用。如果他人为无行为能力人或限制行为能力人或有监护人的，即使投保人是其代理人，也不能代其作出书面同意。如果父母为其未成年子女订立保险合同，并且根据保险合同约定在子女年满七岁之前死亡时保险人依旧要承担保险责任或者约定保险人之赔偿责任超过普通丧葬费用高限额的，须经未成年子女同意。《韩国商法典》第731条规定，以他人死亡作为保险事故的保险合同，须事先得到该他人的即被保险人的书面同意。

❷ ［美］小罗伯特·H.杰瑞　道格拉斯·R.里士满：《美国保险法精解(第四版)》，李之彦译，北京大学出版社2009年版，第142页。

❸ 刘宗荣：《新保险法：保险契约法的理论与实务》，中国人民大学出版社2009年版，第65页。

❹ ［美］小罗伯特·H.杰瑞　道格拉斯·R.里士满：《美国保险法精解(第四版)》，李之彦译，北京大学出版社2009年版，第105页。

❺ 刘宗荣：《新保险法：保险契约法的理论与实务》，中国人民大学出版社2009年版，第66页。

受益人存在。此为受益人制度由来的原因。❶

可见，死亡保险中受益人是保险合同不可缺少的要素，享有独立请求权，是保险合同的关系人。

（二）在非以死亡为给付条件的人身险中"被保险人、受益人"的法律地位

1.被保险人的法律地位

在非死亡保险中，被保险人是以其生存、疾病或伤害的风险为保险标的的人，是保险合同必备要素。

在非死亡保险中，有两类被保险人。一类拥有保险合同订立的同意权。我国保险法规定，在非死亡保险中，如果投保人与被保险人分离，投保人对被保险人不具备保险利益的情况下，必须经过被保险人的同意，否则，合同无效。❷日本规定，以伤害疾病定额保险契约当事人以外之人为被保险人的伤害疾病定额保险契约，未经被保险人同意不发生效力。但被保险人为保险金受领人的，不在此限。❸德国规定，以他人可能遭受的伤害为标的购买保险的，必须得到该人（被保险人）的书面同意，保险合同才能生效。❹

另一类，法律并不要求合同的订立需要被保险人的同意，在此情形下，被保险人不拥有保险合同订立的同意权。

在非死亡保险中，当法律赋予被保险人保险合同订立的同意权时，被保险人是合同当事人。当法律没有赋予被保险人保险合同订立的同意权时，被保险人是合同的关系人。

2.受益人的法律地位

在非死亡保险中，享有保险金请求权的人是被保险人，受益人是投保人与被保险人指定的享有保险金请求权的人。受益人不是合同的必备要素，完全符合利益第三人的要件。所以，非死亡保险的受益人是利益第三人。

**三、在以死亡为给付条件的人身险中被保险人、受益人的权利保障**

在以死亡为给付条件的人身险中，被保险人是以自身死亡的风险为保险标的的人；受益人是被保险人确定的或法律规定的享有保险金请求权的人。

---

❶ 江朝国：《保险法基础理论》，中国政法大学出版社2002年版，第135页。
❷ 《中华人民共和国保险法》第31条。
❸ 《日本保险法》第67条。
❹ 《德国保险合同法》第99条。

## （一）被保险人的权利保障

### 1. 生命权的保障

在以死亡为给付条件的人身险中，被保险人的生命会因保险的存在而面临一定的风险。为了保障被保险人的生命权，各国保险法对其采取了相应的保护措施。

不得代理。德国规定，如果以他人死亡为保险事故订立保险合同并且约定之赔偿金额超过普通丧葬费用的，须经他人书面同意。如果他人为无行为能力人或限制行为能力的人或有监护人的，即使投保人是其代理人，也不能代其作出同意。❶韩国规定，以未满15岁的人、心神丧失者或心智薄弱者的死亡为保险事故的保险合同无效。❷我国规定，投保人不得为无民事行为能力人投保以死亡为给付保险金条件的人身保险，保险人也不得承保。❸

预谋杀害被保险人的合同无效。在美国，如果凶手受益人是自费以死者的生命投保，这种以他人生命投保且预谋要杀害他人的保险合同自始无效。美国有些法院还认为，如果受益人预谋杀害被保险人，继而诱使"被设计的死者"为自己投保寿险，并最终下手谋财害命的话，保单自始无效。❹

投保人、受益人故意杀害被保险人免责或丧失受益权。在美国，任何受益人故意非法地，而不是过失或轻率地引起被保险人死亡，都会被法院剥夺受益人的资格，除受益人自身防卫或心智不健全外。❺在美国某些州，凶手的所有亲属也不能领取保单项下的给付，理由是为了避免诱使受益人为了让亲属领取保险金而谋害被保险人。如果凶手的子女同时也是受害人的子女的话，这些子女仍旧有权领取保险金。❻在德国，如果保险合同是以第三人而非投保人的死亡作为给付保险金的条件，则当投保人通过故意实施违法行为导致他人死亡时，保险人可以拒绝承担保险责任。如果第三人被指定为受益人，则当该人通过实施非法行为故意造成被保险人死亡时，该第三人即丧失受益权。❼在日本，投保人、受益人故意

---

❶ 《德国保险合同法》第150条。

❷ 《韩国商法典》第732条。

❸ 《中华人民共和国保险法》第33条。

❹ [美]小罗伯特·H杰瑞道格拉斯·R里士满：《美国保险法精解(第四版)》，李之彦译，北京大学出版社2009年版，第176页。

❺ [美]约翰·F.道宾：《美国保险法》，梁鹏译，法律出版社2008年版，第153页。

❻ [美]小罗伯特·H杰瑞道格拉斯·R里士满：《美国保险法精解(第四版)》，李之彦译，北京大学出版社2009年版，第173~174页。

❼ 《德国保险合同法》第162条。

造成被保险人死亡，保险人不承担责任。❶在我国台湾，受益人故意致被保险人死亡或未致死，均丧失受益权。投保人故意致被保险人死亡，保险人不负给付保险金额之责。❷在我国，投保人故意造成被保险人死亡，保险人不承担给付保险金的责任。受益人故意造成被保险人死亡，或故意杀害被保险人未遂的，该受益人丧失受益权。❸

赋予被保险人解除或撤销合同的权利。日本规定，死亡保险契约的被保险人为该死亡保险契约当事人之外的，当发生如下情况时，该被保险人可以请求投保人解除该死亡保险契约：（1）投保人或保险金受领人为使保险人支付保险给付而故意使得或欲使得保险人死亡；（2）有损被保险人对投保人或保险金受领人的信赖，具有使得该生命难以存续的重大事由的；（3）由于投保人与被保险人之间的亲属关系终了等其他原因，被保险人同意订立合同的基础发生了显著变化。❹台湾规定，被保险人可以随时撤销死亡保险中的同意权，其撤销方式应以书面通知保险人及投保人。被保险人行使撤销权视为投保人终止保险契约。❺美国大部分州的现行法律都规定寿险保单与年金保单都有冷静期，签发之日起10天内，被保险人都可以撤销保险合同。❻

限制保险金额。我国保险法规定，父母为其未成年子女投保人身保险，死亡给付保险金额总和不得超过保险监督管理机构规定的限额。❼我国台湾地区"保险法"第107条规定："订立人寿保险契约时，以未满十四岁之未成年人，或心神丧失或精神耗弱之人为被保险人，除丧葬费用之给付外，其余死亡给付部分无效。前项丧葬费用之保险金额，不得超过主管机关所规定之金额。"

2. 合同控制权的保障

前文已论述，以死亡为给付条件的人身险中，被保险人参与保险合同的缔结，是合同当事人。作为合同当事人，其拥有合同的控制权。现代美国寿险明确地为被保险人保留变更受益人的权利，对现金价值的权利，保单借款的权利，退保并取回现金价值的权利，转让保单的权利。行使这些权利无需征得受益人的同

---

❶ 《日本保险法》第51条。

❷ 我国台湾地区"保险法"第121条。

❸ 《中华人民共和国保险法》第43条。

❹ 《日本保险法》第58条。

❺ 我国台湾地区"保险法"第105条。

❻ ［美］小罗伯特·H.杰瑞　道格拉斯·R.里士满：《美国保险法精解(第四版)》，李之彦译，北京大学出版社2009年版，第187页。

❼ 《中华人民共和国保险法》第33条。

意。❶为了保障被保险人作为合同当事人的控制权,各国保险法对其采取一系列的保护措施。

对受益人的决定。在美国,人寿保险发展初期,受益人一经指定不得撤回。时至今日,在被保险人死亡之前,保单所有人可以明示保留变更受益人的权利已经成为通例。另一种通常的选择是,在保单中指定次顺位受益人或第二顺序受益人。❷在所有人保留变更受益人权利的保单项下,指定受益人在被保险人生存期间只有非常小的权益,一般认为仅仅是一种期待。保单所有人保留的变更权终于其死亡,并且次权利不能转移给遗嘱执行人或受让人。❸在日本,死亡保险契约变更受益人必须经被保险人同意,否则不发生效力。❹在我国,被保险人可以单独变更受益人,也可以与投保人共同变更受益人。但投保人不得单独变更受益人。❺

合同的复效。在美国,人身保险通常都在保单里规定,保单如果因为欠费而失效,只要满足一定条件后,被保险人可要求复效。有些州甚至强制要求保单必须规定复效条款。能够在保单失效一段时间以后重新复效,对于被保险人来说是非常有价值的一项权利,特别是当新险种的保费上涨了许多,或者优厚的给付选项不复再现时。❻在我国台湾,人寿保险之保险费到期未交付者,保险人不得以诉讼请求,可以定期催告,除另有约定外,经催告到达后30日内仍不交付时,保险契约之效力停止。保险契约停止后,保险人可终止保险契约。在保险人终止前,投保人或其他利害关系人给付保险费,保险契约复效。❼

合同的转让。在日本,死亡保险契约保险给付请求权的转让以及该权利为目的的质权设定(保险事故发生后的行为除外),未经被保险人同意不发生效力。❽在韩国,将因生命保险合同产生的权利让与被保险人以外之人的,须经被

---

❶ [美]小罗伯特·H.杰瑞 道格拉斯·R.里士满:《美国保险法精解(第四版)》,李之彦译,北京大学出版社2009年版,第158页。

❷ [美]约翰·F.道宾:《美国保险法》,梁鹏译,法律出版社2008年版,第149页。

❸ [美]约翰·F.道宾:《美国保险法》,梁鹏译,法律出版社2008年版,第150页。

❹ 《日本保险法》第45条。

❺ 《中华人民共和国保险法》第41条。

❻ [美]小罗伯特·H.杰瑞 道格拉斯·R.里士满:《美国保险法精解(第四版)》,李之彦译,北京大学出版社2009年版,第232页。

❼ 我国台湾地区"保险法"第116条。

❽ 《日本保险法》第47条。

保险人的书面同意。❶在我国台湾地区,由第三人订立的人寿保险契约,其权利之移转或出质,非经被保险人以书面承认者,不生效力。❷在我国,以死亡为给付保险金条件的合同所签发的保险单,未经被保险人书面同意,不得转让或质押。❸

(二)受益人的权利保障

在以死亡为给付条件的人身险中,受益人是投保人与被保险人想要"保护"的人,是合同的必备要素。受益人作为合同的关系人,享有保险金请求权。实践中,对受益人请求权的保护大致如下。

受益人的权利优先。受益人所得之赔偿请求权为固有之权,非继受而来,若保险金额约定于被保险人死亡时给付其受益人,此金额不是被保险人的遗产。❹受益人的期待于保单所有人死亡时变为现实的权利,这一现实权利能够对抗保单所有人之债权人的主张。但是,如果债权人发现保单所有人缴付保险费是为了诈骗自己,或者保单或者制定法另有规定时,则受益人的现实权利不能对抗债权人。❺当指定不可变更的受益人时,美国各州的制定法均保护先于被保险人死亡之受益人的权利,以使受益人能够对抗保单所有人之债权人的扣押行为,许多州还保护受益人对抗其债权人扣押的权利。当一张人寿保险单同时指定数个不可变更的受益人时,一般认为,如果其中一个受益人死亡,他的权利将转移给生存的受益人,而不是转化为他的遗产,除非保单另有特别约定。❻被保险人的债权人只能针对保单的价值提出主张,而不能根据保险合同本身提出权利要求。很多州的法律不同程度规定:债务人的保单可以免受债权人主张的影响。之所以这样的规定,目的是要保护债务人的家人,因为一旦债务人身故,其家人便需要依赖债务人生前购买的保险来获得经济资助。❼

限制投保人、保险人对合同的解除或撤销。在美国,人寿保险如果保费欠缴,但保险人手中的红利足以支付保费,那么保险人无权主张保单失效。如果条

---

❶ 《韩国商法典》第731条。

❷ 我国台湾地区"保险法"第106条。

❸ 《中华人民共和国保险法》第34条。

❹ 江朝国:《保险法基础理论》,中国政法大学出版社2002年版,第136页。

❺ [美]约翰·F.道宾:《美国保险法》,梁鹏译,法律出版社2008年版,第150页。

❻ [美]约翰·F.道宾:《美国保险法》,梁鹏译,法律出版社2008年版,第150页。

❼ [美]小罗伯特·H.杰瑞 道格拉斯·R.里士满:《美国保险法精解(第四版)》,李之彦译,北京大学出版社2009年版,第169页。

款没有特殊约定，大部分法院都要求保险人必须将红利用来垫付保费。❶人寿险保单通常没有撤保条款，因为被保险人及其受益人相当依赖保单所提供的保障，这使得保险人无权撤销保单，除非存在法定情形。❷韩国规定，在利他保险合同中，投保人负有交付保险费的义务，但当投保人被宣告破产或未及时支付保险费时，如果该他人未表示放弃合同权利，并承担支付保险费的义务时，保险人不得解除合同。❸我国台湾地区规定，投保人如没有按约交费，保险人不得擅自解除合同，利害关系人均得代要保人交付保险费。❹德国规定，保险费虽以要保人为给付义务人，但是受益人代为履行，即使要保人对于保险费的给付有异议，保险人一样要受领，不可以拒绝。❺

宽限期。美国寿险保单和其他一些人身保险单都规定有30天或31天的宽限期，允许逾期的保费在宽限期里补缴完毕。如果应交的保费没有在宽限期内补足，则保单的效力于保费到期日起终止，保费到期日亦即宽限期开始日。如果宽限期内，保费补缴完毕，则视同按时缴费。如果被保险人在宽限期内死亡，但仍未补缴保费，保险人可以从应付的保险给付中扣除欠下的保费。❻在我国，除合同另有约定外，投保人自保险人催告之日起超过30日未支付当期保险费，或者超过约定的期限60日未支付当期保险费的，合同效力中止，或由保险人按合同约定减少保险金额。被保险人在宽限期内发生保险事故的，保险人应当按照合同约定给付保险金，但可以扣减欠交的保险费。❼

延长期。美国各州都规定，在人寿保险中，保险人在撤销保单时，保单的撤销必须在发出撤保通知若干天后生效。如果在此期间发生事故，保险人仍然需要赔付。❽

---

❶ ［美］小罗伯特·H.杰瑞　道格拉斯·R.里士满：《美国保险法精解(第四版)》，李之彦译，北京大学出版社2009年版，第263页。

❷ ［美］小罗伯特·H.杰瑞　道格拉斯·R.里士满：《美国保险法精解(第四版)》，李之彦译，北京大学出版社2009年版，第227页。

❸ 《韩国商法典》第639条。

❹ 我国台湾地区"保险法"第115条。

❺ 《德国保险合同法》第34条。

❻ ［美］小罗伯特·H.杰瑞　道格拉斯·R.里士满：《美国保险法精解(第四版)》，李之彦译，北京大学出版社2009年，第269-270页。

❼ 《中华人民共和国保险法》第36条。

❽ ［美］小罗伯特·H.杰瑞　道格拉斯·R.里士满：《美国保险法精解(第四版)》，李之彦译，北京大学出版社2009年版，第229页。

## 四、在非以死亡为给付条件的人身险中被保险人、受益人的权利保障

非以死亡为给付条件的被保险人是以其生存、疾病或伤害的风险为保险标的，享有保险金请求权的人；受益人是被保险人与投保人确定的享有保险金请求权的人。

### （一）被保险人的权利保障

依前文的分析，非死亡保险的被保险人可能有两种身份，当事人或关系人。如果是当事人的身份，非死亡保险的被保险人的权利保障可以参照死亡保险中为被保险人合同控制权所设定的保障措施。如果是关系人的身份，非死亡保险的被保险人权利保障可参照死亡保险中为受益人的保险金请求权所设定的保障手段。

### （二）受益人的权利保障

非死亡保险的受益人属于利益第三人。关于利益第三人的权利保障，我国法律并未作规定，可参考其他国家的制度。

苏格兰的法律规定，在第三人利益合同中，只要受益第三人知道该合同的存在，当事人就不能再变更或解除合同。❶英国1999年《第三人权利法案》规定，受益第三人向承诺人表示接受合同后，第三人在合同中的权利就不能被修改或撤销；受益第三人可以以语言或行为表示接受。《法国民法典》第1121条规定，一旦受益第三人表明愿意接受合同中为其设定的利益时，债权人不再可以行使撤销权。《意大利民法典》第1411条第2款规定，第三人利益合同可以被当事人解除或修改，直到受益第三人向债务人声明他愿意得益于该合同。

根据美国《第二次法律重述》，在受益人确认合同以前，合同可以被撤销和修改。如果受益人已经就合同履行提起诉讼，或已经基于对合同履行的信赖作出了改变，或已经按照承诺人和被承诺人的要求对合同表示同意，合同未经受益人同意，不得撤销或修改。❷

---

❶ 陈任："第三人利益合同的变更和解除"，载《法律科学(西北政法学院学报)》2007年第5期。

❷ 王黎黎："中美两国利他合同相关立法的比较研究"，载《西华大学学报（哲学社会科学版）》2010年8月刊。

# 论医疗保险中的损失补偿原则[*]
## ——源自实务实践的思考

**聂勇**[**]

> **内容提要：** 医疗保险产品是否适用损失补偿原则备受关注和质疑，商业保险与社会医疗保险之间、商业保险内部不同险种之间的竞合及赔偿冲突，促使涉及医疗费用的诉讼案件呈现逐年增长态势。本文通过考察"保险合同中竞合规则不当、体例设置不当，及保险实务中单证设计不当、宣传材料不当"等典型判例，总结出审判机关主要从"医疗保险性质、义务条款履行、内容控制原则及基本医疗保险"等层面来阐述其司法判决理由，提出构建医疗保险适用损失补偿原则的"制度、产品、实务、审理"等应用性规制。
>
> **关键词：** 医疗保险　损失补偿　竞合　赔偿冲突　应用规制

医疗保险是指以被保险人住院或门诊时医疗费用为保险标的的险种，涉及范围极为广泛，包括社会保险和商业保险，社会保险中有基本医疗保险和工伤保险，商业保险中有责任保险、意外医疗保险、健康保险，这些险种均涉及医疗费用赔偿责任。损失补偿原则是指被保险人发生保险责任范围内的事故和损失，保险人给予全面、充分的赔偿，补偿被保险人由于保险标的遭受损失而失去的经济利益，但被保险人不能因保险事故和损失而获得额外利益。我国《保险法》并未

---

[*] 本文为教育部2010年度人文社科青年基金项目"新保险法实施中若干重大疑难问题研究"（10YJC820089）的阶段性成果。

[**] 英大泰和财产保险股份有限公司精算部产品研发中心律师、高级经济师。

在"财产保险合同"章节直接规定损失补偿原则，但该章节第55条、第56条、第59条、第60条、第61条都是损失补偿原则的具体体现，涵括财产保险赔偿以保险金额为限、以保险价值为限、重复保险分摊、代位追偿等核心内容，为财产保险理赔行为奠定了坚实基石。在司法实践中鲜有因争议损失补偿原则的案由而诉讼的，但唯有关于医疗费用的保险产品因是否适用损失补偿原则备受关注和质疑。在保险实务中涉及医疗费用的保险险种众多，责任保险、健康保险、意外伤害医疗保险等诸多商业保险险种及基本医疗保险、工伤保险等社会保险均涵括医疗费用责任，但商业保险与社会保险之间、商业保险内部不同险种之间的冲突及竞合，促使涉及医疗费用的诉讼案件呈现逐年增长态势，司法判决也不尽一致，反映出医疗费用在保险合同中的顶层设计不足和法律规制不足。本文通过考察关于医疗费用的诉讼案件，总结司法裁决中的判决理由，提出构建医疗保险产品的应用规制。

## 一、典型判例考察

纵观医疗费用保险，由于保障方式的层次性、保险险种的多样性及保障额度的限制性，形成交叉叠加的赔偿冲突，从保险性质来看，包括商业保险和社会保险，存在责任保险与社会医疗保险之间的赔偿冲突，商业医疗保险与社会医疗保险之间的赔偿冲突；从保险险类来看，包括人身保险和财产保险，存在责任保险与意外医疗保险、健康保险之间的赔偿冲突；从保险险种来看，包括责任保险之间及人身保险之间，如交强险、商业三责险、车上人员责任险之间的赔偿冲突，意外医疗保险、健康保险之间的赔偿冲突。本文基于医疗费用交叉叠加赔偿冲突的视角，鉴于考察判例的典型性（商业保险与社会保险之间、人身保险与财产保险之间的赔偿冲突）和借鉴性（人身保险实务中单证设计、宣传材料等操作风险的不当赔偿），分别选取并考察保险合同中竞合规则不当、体例设置不当，及保险实务中单证设计不当、宣传材料不当等四种典型判例。

（一）保险合同中竞合规则不当现象

在商业保险与社会保险发生竞合与赔偿冲突时，赔偿的先后次序决定着保险人和社会医保机构所承担的赔偿数额，在保险合同中，有些隐性规定被保险人先向社保医疗申请赔偿，隐藏代位追偿权特殊功能，存在竞合冲突规则不当的合同风险。在医保机构因"行使医疗费用独立请求权"诉保险人和刘某单位追偿案（案例1[1]）中，刘某因公事驾车与骑电动车的黄某发生碰撞事故，刘某负全部

---

[1] 辽宁省沈阳市中级人民法院民事裁判书（2012）沈民五终字第44号，中国法院网，2012-12-24。

责任，黄某住院期间将其医疗费8.4万元通过社会保险中的基本医疗保险基金大病统筹支付渠道予以报销，仅自费30元。后因与刘某的赔偿事宜协商未果，黄某将刘某及其单位及肇事汽车承保的保险人一并诉上法庭，请求判决承担其医疗费8.4万多元，以及营养费、住院伙食补助费、交通费、残疾赔偿金、精神损害抚慰金、护理费、车损、误工费等各项损失。保险人认为黄某索赔医疗费时，应先将医保中支出的费用剔除，即只应索赔其自费的30元，若按8.4万多元索赔，黄某反而会因受伤而盈利，有悖保险法中损失补偿原则。一审法院调解未果，判决保险人和黄某单位按比例承担8.4万元医疗费，保险人不服提起上诉，中级法院针对审理审判难点，发回重审，裁定一审法院应以"判决结果有可能影响南京市基本医疗保险基金的利益"为由，将南京市基本医疗保险基金管理机构追加为独立请求权的当事人，一审法院重新组成合议庭，依据《社会保险法》第30条"医疗费用依法应当由第三人负担，第三人不支付或者无法确定第三人的，由基本医疗保险基金先行支付。基本医疗保险基金先行支付后，有权向第三人追偿"的规定，将保险人和黄某单位承担8.4万元医疗费改判给医保机构。

（二）保险合同中体例设置不当现象

在责任保险和意外医疗保险发生竞合和赔偿冲突时，应当依据责任保险优先赔偿、意外医疗保险补充赔偿的原则，但在保险合同中，存在将"医疗费用适用损失补偿原则"条款设置在"保险责任"项下，而非"责任免除"项下，存在体例设置不当的合同风险。在保险人因"医疗费用应适用损失补偿原则条款"未设置在保险合同"责任免除"体例之上诉案（案例2❶）中，A单位为赵某投保2份务工人员人身意外伤害综合保险，其中意外医疗费用保险金额为8 000元。后赵某驾驶A单位重型半牵引车（该车投保车上人员责任险等险种），与吕某某驾驶的重型货车相撞，造成赵某受伤，经吉林省通化县人民法院作出民事判决，吕某及吕某汽车保险人、A单位汽车保险人共赔偿赵某损失近1.5万元，包括赵某医疗费7 345.02元得到全额赔偿。后A单位及赵某依据投保的务工人员人身意外伤害综合保险要求保险人理赔医疗费14 690元（医疗费7 345.02元×2份=14 690元），保险人认为赵某因交通事故受伤，发生医疗费应先从交强险中先行赔偿，再从被保险人的车上人员责任险中赔偿，赵某的医疗费用已经在交强险和车上人员责任险中得到全额赔偿，依据损失补偿原则，无需保险人赔偿。一审法院判决14 690元由保险人承担，违背了保险损失赔偿原则，请求二审法院撤销原判，依法改判。二审法院审理认为双方签订的"务工人员人身意外伤害综合保险条款"第一

---

❶ 河南省原阳县人民法院民事判决书（2011）原民二初字第16号，中国法院网，2011-7-17。

条第5项约定,"本合同中的意外伤害医疗费用保险适用补偿原则,即每一被保险人通过任何途径(包括本合同)所获得的医疗费用补偿总额以该被保险人实际支出的医疗费用金额为限"。此条款是对保险责任免除的约定,争议所涉及的免责条款是位于务工人员人身意外伤害综合保险合同中的"保险责任"栏下而非"责任免除"栏下,该条款作为免责条款处于合同非明显位置,根据《保险法》第17条"对保险合同中免除保险人责任的条款,保险人在订立保险合同时应当在投保单、保险单或者其他保险凭证上作出足以引起投保人注意的提示,并对该条款的内容以书面或者口头形式向投保人作出明确说明;未作提示或者明确说明的,该条款不产生效力"之规定,保险人依法对该条款负有明确说明义务。且未能提供证据证明其对A单位及赵某就免责条款尽到提示注意及明确说明之义务,故驳回保险人的上诉请求,维持原判。本判例以体例设置不当及保险人未履行明确说明义务为由,判决保险人承担赔偿责任确有商榷之处。

(三)保险实务中单证设计不当现象

保险单证是保险实务中权利义务的重要载体,投保单、保险单内容不一致,保险单没有载明免赔额及免赔率,导致单证设置不当的操作风险。在高某因"保险单未载明免赔额和免赔率要求以保险金额为赔偿标准"诉保险人索赔案(案例3❶)中,高某向保险人投保意外伤害保险并附加意外伤害医疗保险,条款载明意外医疗费用补偿,每人保险金额10 000元,每次事故免赔额100元,医疗赔付比例80%。后高某乘坐樊某驾驶的轿车,因躲避车辆紧急避险致使该车失控翻入路沟,造成车辆损坏、高某受伤的单方交通事故。高某住院花费医疗费11 924元,保险人以应先向侵权人索赔后才能向其申请理赔为由予以拒绝。法院审理认为,高某投保的意外伤害保险附加医疗保险的性质应属人身保险性质,可以重复投保,依据《保险法》第46条,"被保险人因第三者的行为而发生死亡、伤残或者疾病等保险事故的,保险人向被保险人或者受益人给付保险金后,不享有向第三者追偿的权利,但被保险人或者受益人仍有权向第三者请求赔偿"的规定,无论被保险人是否已经或者将来可能从何处获得多少赔偿,保险人均应按约定向被保险人给付约定的保险金,且无权代被保险人之位向第三者求偿。而且高某提供的意外伤害保险单中载明"意外医疗费用补偿,每人保险金额:10 000元",保险单中没有约定"免赔额以及赔付比例",应按保险单中约定的10 000元保险金额为准。判决保险人给付高某10 000元。

---

❶ 湖南省常德市中级人民法院民事判决书(2012)常民二终字第133号,中国法院网,2013-6-23。

### （四）保险实务中宣传材料不当现象

宣传材料是保险实务中重要的展业手段，在团体保险中作用尤为明显，但宣传材料不严谨、不规范，导致存在宣传材料不当的操作风险。在保险人因"《致学生家长的一封信》宣传材料中未载明医疗费用补偿原则条款"上诉案（案例4❶）中，某学校向保险人购买《学生、幼儿意外伤害保险》，其中意外伤害医疗保险金限额为7 500元，该校学生鲍某投保后被案外人林某驾车擦碰，支付医疗费6 794.52元，负事故全部责任的林某全额赔偿医疗费6 794.52元后，交警予以结案。鲍某向保险人申请索赔时，保险人以"医疗费用已经由侵权人给予赔偿"为由拒绝赔偿，鲍某亲属诉至法院。法院审理认为鲍某投保时，保险人仅向其提供了1份《致学生家长的一封信》，该信中载明"免赔额100元、免赔率80%"之约定，但没有关于"被保险人损失已通过其他途径得到赔偿的部分，保险人免予赔偿"之约定，保险人也没有提供证据证实其对该条款内容以书面或者口头形式向投保人履行了明确说明义务，故保险合同中关于"若该医疗费用可从其他商业医疗保险、社会医疗保险或其他途径取得部分或全部补偿，保险人仅负责补偿被保险人实际支出的合理医疗费用减去上述取得的补偿的剩余部分"的条款不能产生效力，判决保险人应按此封信中约定的赔偿比例给付鲍某意外伤害医疗保险金5 355.61元[(6 794.52元－100元)×80%]。

### 二、司法判决理由分析

通过考察前述典型判例及司法实践，总结出审判机关主要从医疗保险性质、义务条款履行、内容控制原则及基本医疗保险等层面来阐述其司法判决理由。

#### （一）基于医疗保险性质的判决理由

审判机关认为医疗保险性质属于人身保险，不应适用补偿原则。一是依据保险险种的概念，《保险法》"保险合同"中"一般规定"部分第12条第3款、第4款"人身保险是以人的寿命和身体为保险标的的保险。财产保险是以财产及其有关利益为保险标的的保险"之规定，意外险、健康险属于人身保险业务范畴，责任保险属于财产保险业务范畴。二是依据保险公司业务范围的核定，《保险法》"保险经营规则"第95条规定，"保险公司的业务范围：（1）人身保险业务，包括人寿保险、健康保险、意外伤害保险等保险业务；（2）财产保险业务，包括财产损失保险、责任保险、信用保险、保证保险等保险业务；（3）国务院保险监督管理机构批准的与保险有关的其他业务。保险人不得兼营人身保险业务和

---

❶ 邓光扬、罗正华："'受害人'为啥不能支取医保费"，载《人民法院报》，2014-2-23。

财产保险业务。但是，经营财产保险业务的保险公司经国务院保险监督管理机构批准，可以经营短期健康保险业务和意外伤害保险业务"，进一步明确了人身保险产品的种类和范围。三是依据代位追偿权的规制，在《保险法》"保险合同"中"人身保险合同"部分第46条规定，"被保险人因第三者的行为而发生死亡、伤残或者疾病等保险事故的，保险人向被保险人或者受益人给付保险金后，不享有向第三者追偿的权利，但被保险人或者受益人仍有权向第三者请求赔偿"，排除向第三者追偿权，此规定意味着人身保险不适用补偿原则，如案例3即属于此种判决理由。上述关于保险险种概念、保险公司业务范围核定及代位追偿权的规定，是审判机关判决医疗费用不适用补偿原则的主要依据。

（二）基于义务条款履行的判决理由

审判机关时常以保险人未对免责条款履行明确说明义务为由，否定免责条款的效力。一是依据免责条款实质性要件，《保险法》第5条"保险活动当事人行使权利、履行义务应当遵循诚实信用原则"之规定和第11条"订立保险合同，应当协商一致，遵循公平原则确定各方的权利和义务"之规定，以诚实信用原则和公平原则开展免责条款的实质性审查，如案例2即属于此种判决理由。二是依据免责条款程序性要件，《保险法》第17条第2款规定，"对保险合同中免除保险人责任的条款，保险人在订立合同时应当在投保单、保险单或者其他保险凭证上作出足以引起投保人注意的提示，并对该条款的内容以书面或者口头形式向投保人作出明确说明；未作提示或者明确说明的，该条款不产生效力"，以保险人应尽醒目提示义务和明确说明义务开展免责条款的程序性审查，如案例4即属于此种判决理由。司法实践中存在过度使用，甚至滥用明确说明义务无效规则，应当予以规范。三是依据免责条款举证责任的分配，《保险法司法解释（二）》第13条第1款"保险人对其履行了明确说明义务负举证责任"之规定，关键是审查投保人声明及投保人签章的证据效力。上述关于免责条款实质性要件、程序性要件及举证责任分配是审判机关判决"被保险人损失已通过其他途径得到赔偿的部分，保险人免予赔偿"条款不发生效力的主要依据，最终效果就是医疗费不适用补偿原则。

（三）基于内容控制原则的判决理由

在免责条款法律规制日趋完善的情形下，审判机关出现以保险人违反内容控制原则为由，判决保险条款无效的趋势和倾向。依据《保险法》第19条规定，"采用保险人提供的格式条款订立的保险合同中的下列条款无效：（一）免除保险人依法应承担的义务或者加重投保人、被保险人责任的；（二）排除投保人、被保险人或者受益人依法享有的权利的"，鉴于现阶段保险条款存在较多公平性问题，第19条的规范意义非常重大，此条是对我国《合同法》的借鉴和运用，其法理基础源于内容控制原则，其立法意旨是依据诚实信用和公平原则，其司法目的是衡量保险合同中不合法、不合理等不公平条款的法律规制。一是合法性判断，就是着重分析保险合同中免除的义务或排除的权利所指向之法律条文是否为任意性规范的情形。二是合理性判断，就是着重辨析在保险合同中具体条款设定情形下的利益平衡。三是本质性判断，就是着重理性看待保险合同特性，限用司法裁量，科学审慎适用，避免矫枉过正。

（四）基于社会医疗保险的判决理由

我国推行社会医疗保险，以风险共担方式让"病者有所医"、"大病看得起"，不至"因病致贫"。但实践中一些交通等意外事故受害者本应由侵权人承担的医疗费却从社会医保中支取，造成既向侵权人索赔又从社会医保中支取，从而蚕食公众的"救命钱"。鉴于此，我国《社会保险法》第30条第2款规定，"应当由第三人负担的医疗费用不纳入基本医疗保险基金支付范围。医疗费用依法应当由第三人负担，第三人不支付或者无法确定第三人的，由基本医疗保险基金先行支付。基本医疗保险基金先行支付后，有权向第三人追偿"，严防公众"救命钱"流失。司法实践中处理医保支付医疗费的侵权案件，审判机关严守三个原则：一是受害者对医保和侵权人的赔偿不能兼得，根据损失填平原则，人身损害赔偿的是受害人的实际损失，是补偿性赔偿，如受害人因受伤害得到额外利益，容易诱发故意受伤和骗保等恶性事件。二是侵权人不能因受害人享有医保而减轻赔偿责任，社会医疗保险的目的是为了保障公民患病时能得到应有的医疗救治，而非减轻有过错侵权人的赔偿责任。三是保证医保中心行使追偿权，审判机关根据案情可依职权决定是否追加医保中心为有独立请求权的第三人，参与诉讼并向侵权人追偿其垫付的医疗费。如案例1即属于此种判决理由。

### 三、医疗保险的应用规制

医疗费是指受害者在遭受人身伤害之后接受医学上的检查、治疗与康复训练所必须支出的费用，包括治疗费、医药费、康复费、整容费以及其他后续治疗费。医疗费问题在人身保险产品中是极为特殊的现象，纵观样本案例及司法判决理由，医疗费在司法领域确实存在"同案不同判"现象，存在援用法条较为牵强甚至强行援用现象，误读或误解保险条款现象，有选择或放大关键风险点现象。反映出涉及医疗费的人身保险产品在顶层设计等方面的不足和缺陷，鉴于此，需要构建医疗保险适用损失补偿原则的"制度、产品、实务、审理"等应用性规制。

（一）构建医疗保险适用损失补偿原则的制度规制

在医疗保险产品中，应当构建顶层设计、监管规章、险种名称等制度规制。

一是顶层设计，医疗保险产品中医疗费用适用补偿原则存在规制内容极为简略、立法技术较为欠缺等缺陷，尚未形成规范的顶层设计原则、内容和体系，特别是和美国等发达国家的医疗保险市场相比，极为欠缺。在美国购买医疗保险产品看病时由保险人与医院诊所直接结算医疗费用，这样就从根本上杜绝医疗费用是否适用补偿原则的争论。另外美国的医疗保险产品还同时负责疾病和意外的医疗费，并且积极开发门诊费用和高档医疗消费的医疗保险产品，针对各种医疗费采用不同的风险评估机制，高度关注医疗保险产品的可持续性。二是监管规章，保监会《健康保险管理办法》第2条规定，医疗保险，是指以保险合同约定的医疗行为的发生为给付保险金条件，为被保险人接受诊疗期间的医疗费用支出提供保障的保险。同时第4条规定：医疗保险按照保险金的给付性质分为费用补偿型医疗保险和定额给付型医疗保险。费用补偿型医疗保险是指根据被保险人实际发生的医疗费用支出，按照约定的标准确定保险金数额的医疗保险。费用补偿型医疗保险的给付金额不得超过被保险人实际发生的医疗费用金额。三是险种名称，在单一医疗保险险种名称中应当清楚标识"费用补偿医疗保险"字样，诸如附加小额意外费用补偿医疗保险利益条款、附加小额意外费用补偿团体医疗保险条款等险种；在综合医疗保险险种名称中不宜直接清楚标识"费用补偿医疗保险"字样的，应当在保险条款的总则中及保险单证中清楚说明医疗费在性质上属于"费用补偿医疗保险"，或在保险合同中单列"医疗费用补偿原则"条款，诸如"被保险人因每次遭受意外而接受治疗发生医疗费用，保险人针对其给付的保险金以该次意外合理医疗费用扣除被保险人已从公费医疗、新型农村合作医疗保险、城镇职工基本医疗保险、城镇居民基本医疗保险、除本保险外的其他商业保险、公益慈善机构、第三方责任人等获得的补偿后的余额为上限"等表述方式，以此特别提示投保人和被保险人。

（二）构建医疗保险适用损失补偿原则的产品规制

在医疗保险产品中，应当规范承保责任、免责条款、约定追偿等设计关键点中医疗费补偿原则的产品规制。一是规范承保责任设计，在保险责任中应当清楚说明并规范表述方式，诸如保险合同中医疗费适用损失补偿原则，对被保险人每次意外伤害事故所实际发生并支出的，符合当地社会基本医疗保险支付范围的医疗费用，保险公司在扣除已从当地社会基本医疗保险或其他途径获得补偿或给付的部分以及本附加合同约定的免赔额后，对其余额按本附加合同约定给付比例给付医疗保险金。二是规范责任免除设计，保监会《关于商业医疗保险是否适用补偿原则的复函》(保监函[2001]156号)第2条规定，根据《保险法》第17条"保险合同中规定有关于保险人责任免除条款的，保险人在订立保险合同时应当向投保人明确说明，未明确说明的，该条款不产生效力"之规定，对于条款中没有明确说明不赔的保险责任，保险公司应当赔偿。据此应在免责条款中清楚说明保险人不承担负有责任的致害人应当承担的医疗费，诸如医疗费用中依法应当由第三者赔偿的部分，但第三者逃逸、失踪且虽经诉讼无可以执行的财产或者无赔偿能力的不在此限。三是规范约定追偿设计，可以借鉴省级法院司法意见引入约定代位追偿权，北京市高级人民法院《审理民商事案件若干问题的解答之五（试行）》（京高法发[2007]168号）在第五部分"保险法律制度中的实务问题"第34条"商业医疗费用类保险是否适用损失补偿原则"中明确，"人身保险所属的健康保险、意外伤害保险中关于医疗费用的保险，不适用补偿原则。保险合同另有约定的除外"，在赔偿处理时应当清楚约定代位追偿权，诸如"医疗费依法应当由第三者赔偿的，第三者不赔偿或者无法确定第三者的，由本保险人先行赔偿后，即依据本约定权取得向第三者追偿的权利"的表述方式，在保险合同中约定代位追偿，强化补偿原则运用。

（三）构建医疗保险适用损失补偿原则的实务规制

在医疗保险产品中，应当以保监会《健康保险管理办法》为基础，规范展业销售、承保核保、医疗机构等重点环节的实务操作行为。一是规范展业销售行为，保险人销售医疗保险产品，不得夸大保障范围，不得隐瞒责任免除，不得误导投保人和被保险人。投保人和被保险人就保险条款中医疗等专业术语提出询问的，保险人应当用清晰易懂的语言进行解释。特别是销售费用补偿型医疗保险，应当向投保人询问被保险人是否拥有公费医疗、社会医疗保险和其他费用补偿型医疗保险的情况，保险人不得诱导被保险人重复购买保障功能相同或者类似的费用补偿型医疗保险产品。对于费用补偿型个人医疗保险产品，保险人应当在犹豫期内对投保人进行回访，若发现投保人被误导的，应明确告知投保人在犹豫期内有解除保险合同的权利。二是规范承保核保行为，保险人销售医疗保险产品，应当向投保人说明保险合同的内容，并对"保险责任、责任免除、保险责任等待期、保险合同犹豫期以及投保人相关权利义务"等重要事项作出书面告知，由投保人签字确认。保险人必须特别告知投保人，费用补偿型医疗保险产品区分被保险人是否拥有公费医疗、社会医疗保险的不同情况，以及在保险条款、费率以及赔付金额等方面的区别。三是规范理赔核赔行为，保险人应当根据医疗保险条款，重点把握与意外事故最为直接关联险种的"近因"与"责任"，结合"肇事者、受害者"的责任承担，判断医疗费用责任主体的依据和原则。应当依法公平制定商业保险与社会保险之关系、医疗保险与责任保险之竞合、补偿型医疗费用保险之重复投保、补偿型险种与定额型险种之区别的理赔核赔规则，强化行使医疗费用保险的代位追偿权。四是规范医疗机构行为，司法应认可保险人指定医疗机构的国际惯例，保险人经营费用补偿型医疗保险，应当加强与医疗服务机构和健康管理服务机构的合作，加强对医疗服务成本的管理，监督医疗费用支出的合理性和必要性，不得损害被保险人的合法权益。应高度重视被保险人隐私保护，建立健康保险客户信息管理和保密制度。对于在医疗保险产品中约定被保险人在指定医疗服务机构网络中进行医疗为给付保险金的条件时，指定医疗服务机构网络应当遵循方便被保险人、合理管理医疗成本的原则，引导被保险人合理使用医疗资源、节省医疗费用支出，应当向投保人告知约定医疗服务机构的名单或者资质要求，并提供查询服务，调整约定医疗服务机构网络的，应当及时通知被保险人。

（四）构建医疗保险适用损失补偿原则的审理规制

在医疗保险案件审理中，要在立法环节消除"弹性"和"模糊"规范，使得法律适用的对象和情节更为细化，尽可能缩减司法裁决中的自由裁量权，使裁决理由富有证明力和既判力。我国涉及医疗费的相关法律一直在强调凭据支付医疗费，医疗保险产品具有第三领域的特殊属性。关于医疗费适用损失补偿原则的审理依据主要包括以下方面。一是基于司法解释，最高人民法院《关于贯彻执行〈中华人民共和国民法通则〉若干问题意见（试行）》第144条"医药治疗费的赔偿，一般应以所在地治疗医院的诊断证明和医药费、住院费的交易单据为凭"之规定，及最高人民法院《关于审理人身损害赔偿案件适用法律若干问题的解释》第19条"医疗费根据医疗机构出具的医药费、住院费等收款凭证，结合病历和诊断证明等相关证据确定"之规定，均强调医疗费应以"交易单据为凭"、根据"收款凭证"等来确定，其法律意义及隐含意图在于医疗费应以实际支出为限，即适用补偿原则。二是基于保险原理，我国《保险法》和保险实践中一直坚持财产保险和人身保险的划分标准，并将其作为保险公司分业经营的依据，但产寿险的传统划分存在缺陷，忽视了第三领域保险兼具财产保险和人身保险双重属性的特点，将意外伤害保险和短期健康保险"一刀切"适用所有人身保险的规定，排斥财产保险属性的运用，使保险相关原则和制度在该领域适用时出现混乱。美国将意外伤害险与财产险划归一类，日本确定"意外伤害、医疗保险既不属于人寿保险也不属于财产保险，而是属于第三领域的新险种"，而第三领域的属性及本质判断标准之一就是基于医疗费等的补偿原则。三是基于司法意见，上海市高级人民法院《关于审理保险代位求偿权纠纷案件若干问题的解答(一)》（沪高法民五〔2010〕2号）第12条"在补偿性医疗费用保险中，被保险人因侵害产生医疗费用、误工费、护理费等损失。保险人仅就医疗费用损失承担保险赔偿责任后，被保险人可以就其他损失继续向侵权人主张赔偿请求权，保险人则只能就医疗费用行使保险代位求偿权"之规定，认可医疗费适用补偿原则。

## 四、结　语

由于《保险法》结构体系中"人身/财产保险"二元之立法技术局限及困境，损失补偿原则是否适用、如何适用于医疗保险，多年来困扰着保险业界、保险学界、保险法学界及司法界，尤其是司法领域"同案不同判"现象，使得保险业者陷入"茫然"境地，但也是"渐辩渐明、且行且近"，近年来的司法意见及审判实践越来越多地支持医疗保险适用损失补偿原则。《国务院关于加快发展现代保险服务业的若干意见》（即"新国十条"）标志着保险业"归位"国家治理结构"新常态"，步入新的发展阶段，"新国十条"提及医疗保险7次，要求充分发挥好商业医疗保险的独特优势。当前最高人民法院正在就《保险法司法解释（三）》中"医疗费用保险是否适用损失补偿原则"多方征求意见，倾听不同声音，集思广益，以统一裁判标准，以公正司法规则"助力"医疗保险业务健康发展。

# 论我国保险营销员管理模式的改革与制度发展

贾林青[*]　孙惠珍[**]

> **内容提要**：保险营销员制度存在于中国保险市场已经20余年，已经成为中国保险市场的重要组成部分。然而，这一营销员群体在当今的发展现状和管理模式来看，正出于"瓶颈期"，亟待对其加以改革，以使其发挥出新的活力。笔者认为，鉴于我国现有保险营销员的管理模式所存在的局限性，需要考虑进行新的制度设计，目标在于用新的管理模式来满足中国保险市场对保险营销员制度提出的新需要。具体的制度设计是，利用保险中介市场运营的优势，逐步将保险营销员群体吸纳到公司管理模式之中，其一是鼓励发展保险代理公司，由其对保险营销员进行公司化管理的模式。借助其公司化管理模式对于保险营销员实施更加集中的、高效率的管理。其二是适应我国保险市场发展的产销分离趋势，创新性地运用专业化保险销售公司的管理机制，以对保险营销员实施员工式管理。
>
> **关键词**：保险营销员　管理模式　改革　制度发展

客观地讲，中国的保险营销员经过20余年的发展，已经成为中国保险市场的重要组成部分。然而时至今日，中国保险营销员群体的现状及其管理模式的制度建设正处于一个"瓶颈期"，需要对其加以必要的改革，才能够使其焕发出更大的活力。本文就此发表些许看法，与大家交流分享。

---

[*] 中国人民大学法学院教授，中国保险法研究会副会长。
[**] 中国妇女活动中心副主任。

## 一、中国保险营销员群体的现状表现出改革管理模式的需求

自1992年友邦保险公司率先将保险营销员制度引入中国保险市场后，1996年该制度在我国保险行业内得以大规模推广适用，截至2013年，全国存在于保险市场的保险营销员队伍的总人数维持在289.9万左右，其中，人身保险领域的营销员达到250.9万人，财产保险领域的营销员约为39万人❶。

总结保险实务经验，保险营销员是在中国保险市场初步形成和发展的阶段出现的新型群体，其对于当时的保险产品营销确实发挥了巨大的作用，促进了保险行业的建设发展。具体的社会价值主要表现在：

（1）为中国保险市场的多样化发展拓展了新路径。这是保险营销员制度对于我国保险业作出的最大贡献，应当说，保险营销员制度是产生于我国保险市场初步形成之时，它以灵活方便的经营形式来开展保险产品的销售活动，无疑是在保险公司自行展业，营销自家保险产品的传统模式以外，另辟蹊径，不仅拓展了保险产品的营销途径，增加了保险服务的方式，有利于满足广大保险消费者的保险消费需求；更有利于保险市场范围内构建各市场经营者相互之间的公平竞争环境，推动中国保险市场的逐步成熟和深化发展。据统计，2013年，寿险营销员渠道的保费收入为6 093.75亿元，占当年人身险保费收入的65.73%；产险营销员渠道的保费收入为1 324.85亿元，占当年财产险保费收入的20.44%。❷

（2）为中国保险中介市场的形成提供了新型模式。相比较而言，保险营销员群体出现在我国保险市场上，意味着在原有的机构兼业代理保险公司销售保险产品的银保业务形式以外注入了新生力量，改变了我国保险中介领域单一的兼业保险代理状态。而且，保险营销员作为保险中介的具体类型，以其"单兵操练"的特点表现出明显的灵活性。其意义不仅是扩大了保险产品销售的范围，增加了销售数量，更是以新型的保险代理模式与其他保险中介类型并驾齐驱，为我国保险中介市场的形成和发展创造了条件。

（3）与我国用工制度改革的要求相配合，提供了必要的就业空间。由于保险营销员开展保险产品营销活动的方式，主要是每个个体利用上门服务、约见服务、电话服务等灵活多样的形式，属于劳动密集型的服务群体。在我国深化经济体制改革，发展社会主义市场经济的过程中，当然是构成了新的社会经济活动领

---

❶ 中国保险行业协会编：《保险营销员现状调查报告》，中国金融出版社2014年版，第6页。

❷ 中国保险行业协会编：《保险营销员现状调查报告》，中国金融出版社2014年版，第3页。

域，并以其劳动密集型的特点为社会提供了很大的机会空间。因此，可以适应我国当今社会用工制度改革的需要，有利于促进社会稳定。根据我国政府网上提供的数据❶，2013年保险业吸纳就业人数为365.6万人，其中保险营销员截至2012年就为275.6万人❷。

但是，我国现有的依托保险公司来管理保险营销员的模式的局限性也日益明显。

（1）需要与中国保险市场的深化发展相适用。现有的保险营销员从事保险产品营销的方式仍然停留在单独个体的上门展业销售，大多效率过低，不足以满足现有保险市场的发展需要。可见，现有的保险营销员管理体制已经成为实现保险产品的规模化营销，构建多元化、多渠道的保险营销体系的"瓶颈"。从而，改革保险营销员管理模式势在必行。

（2）对保险营销员的管理水平亟待更新和提高。现有的保险营销员管理体制缺乏先进性，只能属于粗放式管理，管理效率过于低下，管理效果十分弱化。其主要原因在于，保险营销员虽然处于保险公司的管理之下，但却缺乏归属感，使得保险营销员群体普遍缺乏发展目标和责任心。随之而来的，是保险营销员从事保险产品营销过程中出现误导，甚至是欺诈的频率较高。同时，保险营销员相互之间发生不正常竞争的现象也就不足为奇。总之，保险营销员的管理体制必须改革，对其管理水平亟待提高。

（3）相应地增加了保险公司的经营成本，降低了保险资本的利用效率。分析我国现有的保险营销员管理模式，大多是由保险公司进行管理，具体表现为，保险公司成立有保险营销员的培训和管理机构，由专人负责保险营销员的业务培训和日常管理工作，并由保险公司提供保险营销员开展保险营销所需的场所。相应地，保险公司即使是与保险营销员个人签订保险代理合同，却要求保险营销员服从保险公司的管理，遵守保险公司的规章制度，进行考勤打卡。但是，保险营销员又要以个体工商户的身份履行向国家履行缴纳营业税和所得税的义务，也不从保险公司名下享受社会保险待遇。其结果是增加了保险公司的经营成本，降低了保险资本的使用效率。

而从法律层面来讲，法律地位不明确已经成为限制我国保险营销员营销模式进一步发展和发挥更大作用的一个重要原因。因为，我国《保险法》第117条规定："保险代理人是根据保险人的委托，向保险人收取佣金，并在保险人授权的

---

❶ 详见国家发展改革委员会财政金融司副司长徐晓波2014年8月28日在政府网的访谈内容。

❷ 《中国保险年鉴》（2013年卷）提供的数据。

范围内代为办理保险业务的机构或者个人。"这不仅表明保险营销员就是以个人身份从事保险代理的保险中介群体,成为保险代理人的组成部分;也说明保险营销员是独立进行保险代理活动的保险代理人,与保险公司之间应该存在着委托与被委托的关系,而没有从属性。然而,《保险法》第112条却又要求,"保险公司应当建立保险代理人登记管理制度,加强对保险代理人的培训和管理,不得唆使、诱导保险代理人进行违背诚信义务的活动"。这又似乎让人理解为,包括保险营销员在内的保险代理人与保险公司之间存在着管理与被管理的从属关系。基于立法规定的不确定性引发了理论界对于保险营销员的法律地位的不同认识,一种观点认为,保险营销员是我国保险实务中对于个人保险代理人的又一种称谓,其应当是我国保险代理人的具体类型,与保险公司之间是代理与被代理的关系;另一种则认为,保险营销员不是单纯的保险代理人,其与保险公司之间存在着类似员工与用人单位的关系,具有从属性。而保险实务界的实际操作上,保险公司与保险营销员之间普遍地签订个人保险代理合同,不过,这些个人保险代理合同中的一部分,却包含着规定保险营销员的职务、绩效工资,并承担遵守保险公司的规章制度义务等条款内容。同时,保险公司对保险营销员进行培训和管理,并提供场所等工作条件,实行考勤制度。可见,我国保险营销员法律地位不明确,致使这一群体处于比较尴尬的营销管理体制下,他们既不同于保险公司的正式员工,又无独立经营的主体地位。

### 二、改革和发展保险营销员管理模式的建议

相比较而言,类似于我国保险营销员制度的、以个人身份从事保险产品营销活动的情况,在美国、英国、日本等很多国家或者地区都存在,各自的称谓不尽相同,❶并实行不同的管理模式。而就解决我国目前的保险营销员管理模式的看法,笔者认为,我国的保险立法应当明确规定保险营销员的法律地位,为保险营销员制度的发展提供明确的法律依据。但在保险立法尚未明确的情况下,解决保险营销员的法律地位时,就不能一概而论,需要针对不同的情况做不同的认定。其中,凡是在个人保险代理合同中包含有岗位职务、奖励工资、遵守保险公司规章制度义务等条款的,应当认定该保险营销员与保险公司之间存在着劳动关系,故按员工认定保险营销员的法律地位。而针对无此类条款内容的个人保险代理合同,相应的保险营销员与保险公司之间只存在单一的保险代理关系,故应当认定保险营销员的保险代理人地位。

---

❶ 美国、英国和我国香港地区等多数国家或者地区称为保险代理人,我国台湾地区则称为营销员。

而就我国保险营销员管理模式的发展走向来讲，笔者认为，鉴于我国现有保险营销员的管理模式所存在的上述局限性，需要考虑进行新的制度设计。原因在于，我国保险营销员的现有管理模式历经10余年的适用发展，已经不足以满足中国保险市场深化发展的需要，而应当对其加以完善设计，以新的管理模式逐步取代现有的管理模式。

首先，适用新的保险营销员管理模式的目标，是满足中国保险市场对保险营销员制度提出的新需要，故而，我国保险营销员管理模式改革和发展的目标定位，应当是逐步实现保险营销队伍的规模化和专业化发展，并在促进我国保险业产销分离过程中逐步建立对保险营销员的公司员工制管理。

（1）提升保险营销员群体的规模化管理水平。与我国保险市场当今发展规模相适应，已经形成的保险中介市场需要不断完善并不断满足保险市场的需求。因此，在保险市场初建阶段发挥过重要作用的保险营销员模式就需要进行改革，原因是此类保险营销员特有的分散的、单独从事的上门服务的粗放式营销难以满足深化发展的保险市场对于保险中介服务的要求，需要保险中介市场在保险展业和保险营销环节上进行改革，提供规模化的高效率的保险中介服务。这自然包括改革现有的保险营销员管理模式，解决由于管理体制弱化和营销模式粗放所导致的保险营销员地位不清、入门门槛过低、流动性过大等问题，代之以新型的、行之有效的保险营销员管理体制。

（2）构建保险营销员的专业化管理模式。众所周知，要想提升保险营销的规模化，就必须有专业化的保险营销队伍，以求我国保险业的可持续化发展。其中，实现保险营销员的专业化和职业化管理就是重要的组成部分。为此，用法律地位清晰、管理职责明确、权利与义务对等、高效率和公平相统一、负有生命活力的管理体制来对保险营销员群体实施管理，就成为改革现有保险营销员管理模式的必要内容。

（3）适应保险业产销分离的需要，实现保险资本的集约化管理和运用。公司的经营成本，参考国际保险市场和经济发达国家的经验，产销分离是建立我国保险强国必须的发展路径。即保险公司作为保险产品的提供者，应当将其经营的重心放在保险产品的开发、创新和设计上，至于保险产品的销售则需要由专门的营销队伍来承担，其中，保险营销员群体就是一个重要的可供利用的社会群体。因此，改革现有的保险营销员管理体制，增强保险营销员群体的管理水平，赋予其新的生机活力，不仅是进行保险产品营销创新，建立多元化保险营销渠道的必然要求，也是改变保险公司管理保险营销现状、减轻管理负担、降低管理成本、将保险资金集中用于保险产品创新和设计的重要内容。

其次，保险营销员管理模式之发展路径的设想。鉴于中国保险市场当前的发展规模和多样化保险产品的现状，保险代理已经成为不可缺少的市场角色，理应承担起更大的保险中介任务。与此相比较，现有的保险营销员群体的中介作用尚待进一步加强，才能够发挥其对保险市场应有的角色作用，这就对保险营销员管理模式的改进提出了更高的要求。因此，探讨更加先进有效的保险营销员管理制度就成为我国保险中介领域亟待解决的问题。笔者就此提出以下制度设想来改进我国保险营销员的现有管理模式。

（1）鼓励发展保险代理公司，由其对保险营销员进行公司化管理的模式。这一模式适应中国保险市场深化发展的需要，应当鼓励大力发展保险代理公司，借助其公司化管理模式对于保险营销员实施更加集中的、高效率的管理。因此，应当将我国的保险代理公司作为保险中介的组成部分定位为公司型保险代理人，类似于日本的保险代理店形式❶。仅就管理保险营销员而言，保险代理公司的优越性表现如下：

第一，保险代理公司作为法人实体具有独立地位，能够提升保险营销员的社会评价度，改变其负面影响。因为，保险代理公司具有法律认可的法人资格，其基于公司法人的名义和地位，与保险公司签订委托代理合同，以公司法人的信誉和完善的经营管理水平向保险公司提供保险代理服务，不仅能够获取保险公司的信任，得到代为销售保险产品的业务内容；同时，也可以公司法人的信誉和管理来换取广大社会公众的信任。原因是，在保险代理公司的管理模式之下，保险营销员是以保险代理公司的员工身份开展保险产品营销的，这实质上是以公司的信誉和公司完善的规章制度实现的管理水平来提高保险营销员队伍在改为员工制情况下的总体素质，改变社会公众对保险营销员原有的"散兵游勇"式的形象记忆，能够提升保险营销员的社会评价，有利于保险营销员的保险销售活动，解决保险营销员流失严重、营销素质参差不齐的顽疾。

第二，保险代理公司的资信能力和集约化经营，可以降低保险营销员从事保险营销的成本，提高其收入水平，降低税务负担。毋庸置疑，保险代理公司的资本规模和信用水平是保险营销员个人不可比肩的，这无疑增强了保险营销员从事保险营销过程中的自信心和营销实力。而且，保险代理公司的集约化经营，可以有效地提高资本投入的利用效率，降低保险营销员的保险营销成本和税务负担，其结果是提高了保险营销员的收入水平。

第三，保险代理公司的规模化经营，可以进一步提升保险营销员营销方式的

---

❶ 日本的保险代理人采取保险代理店形式，即保险代理店与保险公司之间签订委托合同，两者之间存在"委托与承销合同关系"。保险代理店主要应用于非寿险业务领域，但近年来，也开始在寿险领域予以适用。

成功率。保险代理公司作为专门从事保险代理业务的专业公司的优势就在于保险经营的规模化。在成为保险代理公司的员工之后，保险营销员可以借助保险代理公司提供的公司背景、职场条件、信息渠道，特别是可供代为销售的保险公司的保险产品，通过习惯的销售方式向客户进行保险营销，其成功销售保险产品的概率必然会有所提升。

（2）创新性地运用专业化保险销售公司的管理机制来实现其对保险营销员的员工式管理。由保险公司单独出资或者由保险公司与其他各种投资途径共同出资以及全部由社会力量出资来组建保险销售公司，实现专业化保险销售服务，可以说是2010年10月中国保监会下发《关于改革保险营销员管理体制的意见》提出鼓励保险公司进行保险营销模式创新，实现产销分离之后，我国保险中介领域出现的新现象❶，这种经营模式更加接近于美国的分公司制度❷。姑且不论这些保险销售公司的经营效果，只就其对保险营销员管理体制改革的影响而言，笔者认为具有重要的适用价值。因为，保险销售公司作为专门的保险营销实体，可以将分散的、各自为战的保险营销员吸纳为公司员工，对其实施组织管理。

不过，由于我国的保险销售公司尚处于试点阶段，并未形成统一的法定制度，则其适用规则有待建设。笔者立足于保险营销员管理体制的改革，对保险销售公司制度的建设提出如下看法。

第一，保险销售公司的法律定位。由于保险销售公司是我国保险市场出现的新情况，尚无明确的法律规定其法律地位，理论界和实务界一般公认其属于保险中介，进而确认其是保险代理人。然而，笔者提出，从保险营销体制改革和创新保险销售方式的需要出发，不宜将保险销售公司简单地等同于保险代理人，而应当确认其为全新的保险中介类型，即保险承销商。这显然是将证券市场上的证券承销经验用于我国保险市场的保险营销环节，将保险销售公司定位为保险承销商

---

❶ 最早是由新华人寿保险公司于2004年成立云南新华保险代理有限责任公司、重庆保险代理有限责任公司等专属销售公司。2006年，民生人寿保险公司开始与地方工商联和重点企业合办保险代理公司，相继成立中企民生保险代理有限公司、石家庄商汇民生保险代理有限责任公司。但是，效果均不太理想。2009年9月，由浙商财产保险股份有限公司投资设立的第一家全国性保险销售公司——浙商保险销售有限公司正式获批。此后，相继出现了10余家全国性保险销售公司。

❷ 美国的分公司制度，就是由保险公司在各地设置分支机构，分公司经理由保险公司总公司直接委派，依照保险公司总公司的命令处理日常事务。至于保险代理人虽然直接与保险公司总公司订立代理合同，但要受各分公司的管辖，实际上是由分公司经理指派，并接受其监督和管理。分公司制度被适用于寿险和非寿险领域。

的身份。

这意味着赋予了保险销售公司有别于保险代理公司的保险市场主体类型，并为保险销售公司在我国保险中介领域的发展提供了市场空间。同时，也给保险销售公司的发展预设了专业化方向，即专门从事保险产品的销售服务。既符合我国保险产业的产销分离发展趋势，有利于实现保险行业的专业化分工；也是落实保险销售方式创新的具体步骤，为保险中介市场的发展提供了新的模式，有利于保险营销多样化和保险中介多元化的实现；更是探索改革现有保险营销员群体的管理模式、提高管理水平的有益尝试。

之所以说确认保险销售公司的保险承销商地位是保险中介市场的创新，集中表现是保险销售公司作为保险承销商，是专业化的保险产品销售者。其与保险公司之间基于签订保险承销合同来建立保险销售法律关系，依据承销合同的约定来行使各自权利、履行各自的义务以及承担相应的保险产品承销过程中形成的法律责任。而就保险中介市场领域讲，保险营销公司是一种新型的保险中介类型，不同于传统的保险代理人和保险经纪人，而是作为新型的保险专业营销人来参与保险产品的营销活动。这不仅丰富了保险中介市场的服务形式，扩展了保险中介市场的范围，也为实现保险市场的产销分离提供了条件。

第二，保险销售公司的投资构成与承销运营方式。目前，我国保险市场上的保险销售公司大多来自保险公司的投资，成为保险公司旗下的子公司，并以专门销售母公司的保险产品确定其服务内容和服务范围。正是在此意义上，实务界称保险营销公司为专属保险营销公司。不过，笔者认为，伴随着我国保险市场的逐步发展和保险营销环境的不断完善以及对保险营销公司制度的认识，保险营销公司的投资来源势必不断扩大，成为保险公司以外的社会公众参与投资的热点区域，保险营销公司的投资来源多样化也就是必然的。与此相适应，保险营销公司所营销的保险产品当然就超出专属某一家保险公司的局限，故而，保险立法从促进和保护保险营销公司制度发展的出发点，应当允许保险销售公司基于其独立的法人人格和独立的经济利益而与多家保险公司签订保险产品承销合同，使其销售保险产品的范围不限于某一家保险公司。

而保险销售公司的承销运营方式，笔者认为可以参照证券承销商的销售模式，允许保险销售公司与保险公司基于协商一致而采取代销（保险公司与保险销售公司之间建立委托代理关系）、包销（双方建立全部或者部分保险产品的包销关系），甚至是联合承销（两个或者更多的保险销售公司共同接受保险公司的委托来向社会公众销售保险产品）等方式。并且，按照保险承销合同有关承销标的、承销方式、承销范围、承销价格、承销期限、承销责任等方面的约定，双方行使各自权利、履行各自义务。并且，由于采取不同的保险承销方式，形成不同的承销关系。在代销模式下，保险销售公司代为销售的保险产品归属于被代理的保险公司，保险销售公司只是按照约定收取代理报酬。而采取保险包销或者联合承销方式的，双方之间就形成保险产品的买卖关系。承销的保险销售公司按照约定价格购买全部或者部分保险产品❶后，成为相应保单的保单持有人，由其再行向社会公众进行销售。如果承销合同约定的承销期限届满时，保险销售公司手中持有的尚未销售出去的保险产品，由保险公司按照约定的价格予以回购。

第三，加入保险销售公司的保险营销员均应当纳入该公司的管理范围。而就保险营销员管理模式的改革来讲，发展保险销售公司对其也是意义重大。因为，保险销售公司作为专门从事保险产品销售业务的保险中介体，需要大量的销售人员，而目前分散于各家保险公司名下的保险营销员当然是不可小觑的力量。故而，保险销售公司可以吸纳一定数量的保险营销员为其员工而与其签订劳动合同，或者与保险营销员之间签订代理合同。从而，将这些保险营销员纳入其公司管理的体系范围之内，取代保险公司现有的管理者角色地位，对其旗下的保险营销员负担管理职责，提供职场，进行业务培训，并为此制定各类规章制度，建立全面完善的公司管理制度，要求保险营销员履行员工的义务和责任，以公司的名义为公司的利益而从事保险产品的营销活动。同时，由保险销售公司统一为保险营销员购买社会保险，以公司的名义承担各类纳税义务。这不仅可以让保险营销员有一种归属感，提高开展保险产品营销的自信心和责任心，并从保险销售公司层面建立保险营销员入司的标准，提高保险营销员的从业素质和营销水平，并借助保险销售公司的资本实力和销售平台，开展网销、电销、交叉销售等多种新型销售方式。而对于保险监管机构来讲，可以将监管重点由对分散的保险营销员的直接监管变为对保险销售公司的规章制度的建立与运用的监管。

---

❶ 笔者认为，保险销售公司持有的保险单，因其不具备保险利益而在其持有期间处于效力待定状态而并未产生效力，只有在销售给保险消费者之后才因符合法定条件而生效。

# 论我国银行保险销售适当性制度的完善[*]

骆杰[**]

> **内容提要**：银行保险销售误导引起的消费纠纷日趋增多，保险产品与消费者需求错配导致的销售不适当是其重要原因。传统保险法先合同阶段说明义务一元模式主导的消费者权利保护体系的功能已无法满足现实的需要。应借鉴金融发达国家普遍规定的销售适当性义务，在先合同阶段扩大保险人的义务范围，完善现有法律法规体系，通过明确义务内容、扩大责任范围和加强销售适当性监管等手段，更好地维护保险消费者的合法权益。
>
> **关键词**：说明义务　适当性义务　先合同义务

银行保险作为保险渠道和产品创新的重要形式，已成为保险市场的重要支柱。该类保险产品销售误导问题一直以来成为制约其发展的顽疾，究其本质，销售产品与客户需求错配，即销售不适当的问题无疑是重要因素。在销售阶段，我国《保险法》建立了以保险人说明义务为主的先合同义务体系，其出发点在于对保险产品格式条款信息的披露，以避免因投保人在先合同阶段知识、信息劣势导致的风险和不利益。但在银保产品的销售实践中，在保险人说明义务一元模式下，单纯信息披露并不能解决销售不适当的问题。对此，国外保险市场发达的国家通过设定销售适当性义务规范，起到了较好的规范效果。本文分析了我国保险

---

[*]　本文为教育部2010年度人文社科青年基金项目"新保险法实施中若干重大疑难问题研究"（10YJC820089）与国家社会科学基金2011年一般项目"保险法的理念与制度实施研究"（11BFX032）的阶段性成果。

[**]　北京保监局职员，北京航空航天大学法学院博士生。

说明义务一元模式在银行保险领域的功能局限，阐述了增加保险人销售适当性义务的必要性，借鉴国内外的立法经验，提出完善我国银行保险销售适当性义务的相关建议。

## 一、保险人说明义务一元模式的功能局限

### （一）何为保险人说明义务一元模式

保险人说明义务一元模式是相对于保险市场发达国家当下普遍适用的先合同阶段保险人多元义务模式而言的。在先合同阶段，传统机制建立在消费者有较高理性的假设之上，主要依靠说明义务的规制，以期减轻信息不对称对消费者"缔约能力"❶的影响，实现缔约时实质的平等。我国《保险法》遵循该立法路径，立足于消除先合同阶段缔约双方信息不对称的角度，设计了保险人说明义务一元模式的义务体系，集中体现在第17条规定了保险人在订立合同时的说明义务，体现为提供格式条款、提示阅读和明确说明三项组成义务，规定保险人未提示阅读或者明确说明，免责条款无效。中国保监会颁布的《人身保险新型产品信息披露办法》强化了销售人员先合同阶段保险合同说明义务的履行，要求在提供条款的同时还需包含产品说明书、投保提示书❷，与说明义务的履行相呼应，该办法明确了保险人的新单回访义务，要求保险人对销售后的保单就说明义务履行情况进行询问❸。

---

❶ 此处缔约能力是指消费者根据所掌握的信息进行判断，作出符合自身利益的意思表示的能力，而非行为能力。

❷ 《保险法》第6条规定，保险公司销售新型产品，应当向投保人出示保险条款、产品说明书。向个人销售新型产品的，还应当出示投保提示书。

订立保险合同，采用保险公司提供的格式条款的，保险公司向投保人提供的投保单应当附格式条款，保险公司应当向投保人说明合同的内容。

向个人销售新型产品的，保险公司提供的投保单应当包含投保人确认栏，并由投保人抄录下列语句后签名："本人已阅读保险条款、产品说明书和投保提示书，了解本产品的特点和保单利益的不确定性"。

❸ 《保险法》第10条规定，保险公司对新型产品投保人的回访应当在犹豫期内完成。回访应当首先采用电话方式，并制作录音；电话回访不成功的，可以采用信函或者会见等方式，但必须取得投保人签名的回执；通过以上所有方式均不能成功回访的，保险公司应当就回访情况及不能成功回访的原因等有关内容进行详细记录。

保险公司应当妥善保管回访的录音及其他证明材料，保管期限自保险合同终止之日起计算，保险期间在1年以下的不得少于5年，保险期间超过1年的不得少于10年。

可见，在设定保险人先合同义务的范围时，无论是立法者还是监管者都将重心放在了保险人说明义务的实质履行上，其所追求的制度价值在于，通过保险人说明义务的充分履行，已足以使得消费者作出合乎自身需要的理性判断，导致的法律后果仅仅是未说明的特定条款无效和投保人对合同的"买者自负"。但伴随着保险市场的发展，产品的日趋复杂，保险人说明义务一元模式已经无法满足新形势下规范先合同阶段保险人销售行为的目的，暴露出其功能上的局限性。

（二）保险人说明义务一元模式功能局限的表现

1. 说明义务对银保渠道投资型保险产品的功能局限

保险人说明义务根植于传统保障型保险产品，对银保具有较强投资属性的新型产品有较大的功能局限，而此类投资型产品正是目前银行渠道保险销售的主力❶。从历史角度而言，说明义务作为保险人在先合同阶段的核心义务，是伴随着保险业的发展逐步完善起来的，是保险缔约双方长期相互联系、相互作用的结果。在传统保障型产品的保险交易中，通过保险人履行说明义务，将保险责任、保险期限、免责条款等内容向消费者说明，使消费者理解其所购买保险产品的内容，促使其真正了解产品的性质和风险并自我承担责任，保险人也应承担不履行说明义务导致的法律责任。这样的制度安排是符合市场规律的，从法经济学角度衡量，这样的制度安排能够充分保证缔约双方合同目的的实现并保证交易的效率。

但在银行保险领域，保险新型产品与传统保障性产品相比存在较大差异，此类产品在提供基本保障的同时，更多地体现其现金管理、投资理财等金融产品的特性，而金融产品的特性在于内容的高度抽象，未来获利的不确定和在购买时无法判断未来的盈亏，这就需要保险人在销售产品时主动了解消费者的知识、经验及财产状况，而不仅限于了解其风险管理需求。保险人说明义务一元模式的设定，能够约束销售人员向消费者说明产品内容，但并不需要销售人员在销售时了解消费者的情况，消费者对此类产品往往也欠缺判断力。说明义务一元模式下的义务中并不包含对产品是否适合消费者的说明义务。销售人员由于没有此方面的义务及法律责任的约束，不可避免地会出现误导等行为。即使不存在误导，现实中也有许多投保人在销售人员履行说明义务后仍投保了并不适合自己的产品。

2. 销售人员说明义务在履行中的功能局限

前文所述，我国《保险法》及保监会的监管规定中，对说明义务的范围和履行方式有较为详细的规定。但在履行过程中，销售人员说明义务的履行却呈现出

---

❶ 北京地区2012年的调研数据显示，全部377种人身险产品中，共有普通型产品32种，投连险产品33种，万能险产品65种，分红险产品247种。

较为明显的程序化趋向，本该发挥实质说明作用的制度已逐渐演变为程序义务。由于银行保险产品的金融特性，使得以说明义务为核心的先合同义务体系更难实现在传统保险产品中那样的目的价值。

在保险实务中，通常只要销售人员向投保人就保险条款进行了说明，并由投保人签署了说明文件，就算说明义务已经履行，后期若就销售中说明的情况发生争议，则主要依据签字和回访。最高人民法院《关于使用〈中华人民共和国保险法〉若干问题的解释（二）》认可了销售人员或机构履行说明义务方面的程序主义做法，明确了只要具备相应程序要件，就认定保险人尽到了说明义务❶，裁判的关注点在于程序说明本身，而不关注说明义务的实质效果，更谈不上销售的产品是否适合消费者。因此，说明义务一元的义务体系对银保新型产品交易中的消费者保护明显先天不足，暴露出制度的局限性，亟需引入新义务群予以补充。

3. 说明义务在法律责任追究上的功能局限

作为保险销售人员，在先合同阶段，履行说明义务只要完成程序义务即可，无需主动了解消费者的知识、经验和财产状况，更无需向消费者说明产品的适当性，这就使银行保险销售不适当的发生有了制度上的"必然性"和现实上的"可行性"。从民事救济角度，说明义务一元模式规定的法律后果仅限于未说明免责条款无效，而对于银保新型产品而言，该法律后果似乎已无足轻重。由于欠缺适当性义务规范，使得无论是法院裁判还是监管机关查处违法违规行为仅限于说明义务的程序化审查，对于银保产品更为重要的适合性审核则无法开展。

---

❶ 《保险法》第11条规定，保险合同订立时，保险人在投保单或者保险单等其他保险凭证上，对保险合同中免除保险人责任的条款，以足以引起投保人注意的文字、字体、符号或者其他明显标志作出提示的，人民法院应当认定其履行了保险法第17条第2款规定的提示义务。

保险人对保险合同中有关免除保险人责任条款的概念、内容及其法律后果以书面或者口头形式向投保人作出常人能够理解的解释说明的，人民法院应当认定保险人履行了保险法第17条第2款规定的明确说明义务。

《保险法》第12条规定，通过网络、电话等方式订立的保险合同，保险人以网页、音频、视频等形式对免除保险人责任条款予以提示和明确说明的，人民法院可以认定其履行了提示和明确说明义务。

《保险法》第13条规定，保险人对其履行了明确说明义务负举证责任。

投保人对保险人履行了符合本解释第11条第2款要求的明确说明义务在相关文书上签字、盖章或者以其他形式予以确认的，应当认定保险人履行了该项义务。但另有证据证明保险人未履行明确说明义务的除外。

## 二、银行保险领域引入销售适当性义务的必要性

金融危机后,"双峰理论"❶ 得到各国保险监管机构的认可,消费者保护已渐成为各国保险立法的根本出发点和监管机构重要的监管目标,各国法律界和监管机构在制定法律法规和设计保险制度时也已将该目标作为基本的价值导向,一致的做法是增加保险人的义务。对于银保新型产品,确保消费者的风险认知和风险承受能力与产品相适应,实现对消费者的保护,引入保险人的销售适当性义务就显得非常必要。所谓适当性义务就是指在保险产品销售中,销售人员应确信作出的建议对于消费者而言是适当的,且这种适当与否的判断应该基于消费者披露的其持有的其他证券财产、财产状况和需求等事实。引入适当性义务的必要性体现在以下三个方面。

（一）可以一定程度上解决新型产品与消费者需求错配的问题

分红、投连和万能等银行保险产品,与银行其他金融工具相比有较大的相似性,消费者关注的焦点已经从产品责任过渡到产品收益、资金流动性和自身经济承受能力等因素上来。从2013年全年的投诉数据来看,北京保监局共收到消费者反映保险公司的销售误导问题1 329件,其中涉及银保渠道857件,占到了投诉总量的64.48%。通过分析发现,很大一部分投诉销售误导的焦点不在于格式条款中保险责任、免责事项未说明等说明义务履行问题,更多是消费者由于对产品收益、资金的灵活度和自身的经济承受能力的错误判断,根源是保险产品与需求的错配。可见,说明义务一元模式在一定程度上解决了先合同阶段缔约双方信息不对称的问题,但并未解决缔约双方判断能力不对称的问题,产品销售者与消费者在判断能力上存在天然的不对称❷。销售适当性义务正好解决了消费者判断能力不足的问题,将根据消费者情况提供产品建议设定为一项法定义务,并规定了相应的法律后果,可以部分解决目前产品与需求错配的问题。

（二）可以弥补说明义务程序化导致消费者保护力度不足的问题

如前文所述,保险人说明义务的程序化已经成为保险实务和司法上不争的事实,目前说明义务一元模式显然已经无法满足对消费者的保护,特别是银保新型

---

❶ 由英国经济学家迈克尔·泰勒（Michael Taylor）于1995年提出,该理论两大目标为"审慎监管"和"金融消费者权益的保护"。

❷ "判断能力不对称,是指虽然有充分的信息,但一方当事人对信息的筛选、识别、乃至根据信息作出恰当决定的能力等（统称为判断能力）劣于另一方当事人,从而在从事交易时居于劣势地位的不对称状态"。李宪普:"在自由与管制之间——基于不对称理论的金融交易管制研究",吉林大学2006年博士论文,第116页。

产品缔约中对消费者的保护。销售适当性义务的设定无疑可以很好地弥补这个不足，通过设定适当性义务可以倒逼实务中保险人从程序义务的履行向实质义务的履行转化，由于适当性义务要求采用法定形式说明其推介的产品符合消费者的需求，这就使得保险人在销售时必须充分履行说明义务，对合同内容进行充分说明，而不仅限于程序环节的履行，实质的说明义务与适当性义务群一起，加强了消费者保护的维度和力度。

（三）可以满足民事救济与法律责任追究的需要

《保险法》规定保险人未履行说明义务的直接后果是免责条款无效，对一般条款未尽说明义务应依照《合同法》有关格式条款的规定，但也仅限于条款效力问题。而对于银保新型产品，由于产品与需求错位，造成的后果可能不仅限于合同内容。销售适当性义务，从产品与消费者属性的角度，增加了保险人的先合同义务，其义务范围已经超越了合同规定的权利义务，从民事救济上来看，丰富了救济的途径，除追究合同责任外，还可考虑损害赔偿等责任；从法律追责方面来看，拓宽了监管机构监管的范围，更有利于监管机构落实保险人主体责任，丰富了对销售误导等问题的查处手段。

### 三、境内外保险销售适当性义务规范评析

（一）境外保险销售适当性义务评析

金融产品的销售适当性义务规范在国外已经有较长时间的发展历程，从美国证券行业的自律规范[1]，到美国证券交易委员会（SEC）将其纳入监管规则范围，直至最后被判例确认成为具有法律约束力的规则。适当性义务已经随着金融产品的发展，成为各金融交易发达国家与地区规范金融商品销售者销售行为的一项普遍性规则，也成为保护金融消费者的重要准则。如日本《金融商品交易法》与《金融商品贩卖法》、欧盟《金融工具市场指令》（MIFID）、我国台湾地区"金融消费者权益保护法"中均将适当性义务纳入其中。有些国家虽未在法律中明文规定销售适当性义务，但已经具备了有类似功能的制度，如德国《保险合同法》中的建议义务。可见，设定以销售适当性义务为内容的先合同义务群已经成为各国金融立法的趋势，符合现代保险法倾斜保护消费者的进化轨迹。总结各国立法实践经验，销售适当性义务主要由以下几部分构成。

---

[1] 该规则起源于美国证券业自律组织——NASD（美国证券交易商协会）采取的公平做法准则（Rules of Fair Practice），该准则规定："向顾客推荐购买、出售或交换证券时，成员基于顾客向其披露的财产状况和需要以及其持有的其他证券的信息，应当有合理理由相信该推荐是适合该顾客的。"

1. 对投保人的信息搜集义务

销售适当性义务的目的在于将合适的产品销售给有实际需要的消费者，对消费者信息的掌握是其基础。信息内容应包括投保人的属性、受教育程度、财产状况、投资经验、投保目的和风险偏好等信息。各国对信息内容的规定在上述范围内略有差异，如日本《金融商品贩卖法》第8条规定，金融商品贩卖者推介方应列明的事项仅包括推介对象的知识、经验及参照的财产状况，不包括投资目的。一些国家还要求金融机构定期更新收集的投资者信息，如美国银行业指引中规定，银行应建立定期以电话或亲自回访客户的制度，以了解客户财务、业务变动的状况，及时更新客户资料，并配合检讨评估客户投资能力。此外内部稽核人员应定期查核客户的档案，以确保其一致性与完整性。❶欧盟MIFID虽然未明确规定投资者信息应当进行更新，但认为适合性义务已经暗含了更新信息的要求。我国台湾地区"金融消费者保护法"第9条规定，金融服务业与金融消费者订立提供金融商品或服务之契约前，应充分了解金融消费者之相关资料。

2. 销售主体的适合义务

销售主体的适合义务，也称为推荐义务或建议义务，要求销售主体应当根据消费者的需求和基本信息，为其推荐适合的保险产品并依据法定形式说明产品的适合性。如欧盟规定，保险人要向消费者提供产品的基本信息并明确将消费者要求作为推荐任何产品的依据。德国《保险合同法》第6条第1款规定，"如果投保人对相关保险产品产生疑惑，则保险人应当询问投保人的投保意愿和需求，并根据投保人将要支付的保费针对某项特定保险产品做出建议并就上述建议详细说明理由，为其推荐合理的保险产品"。美国保险业则要求保险机构在作出产品推荐时要进行适合性测试，并提出建议。可见，该项义务基本包含两个方面，其一是根据对投保人需求的分析确定产品是否合适，其二是采用法定形式对适合性予以说明。同时，对投保人主动放弃接受建议，或投保人在保险人认定不适合购买并告知或警告后仍坚持购买的，要以规定的形式提出并接受后期如发生相关损害的不利后果。

从适合义务的目的来看，保险人履行该义务，可以进一步消除投保人在先合同阶段知识、信息等方面的劣势，弥补投保人对产品判断能力的不足，帮助投保人作出正确的选择。较之单纯程序说明义务的履行，适合义务的实际意义在于，在合理建议基础上履行说明义务，可以使得保险人和投保人双方均能在合理预期的基础上对待保险合同的说明，增强说明义务的作用，保证消费者信息获取的客

---

❶ 校坚、任祎、申屹："境外投资者适当性制度比较与案例研究"，载《证券市场导报》2010年第9期。

观性和全面性。从适合义务的程序要求上看，建议过程有完整的书面文件记录，并规定了保存形式和时限，增加了后期发生纠纷时的证据保障。

3.违反义务规则的法律责任

对违反销售适当性义务的销售人员和机构，其违法行为法律责任的界定也是销售适当性义务机制构建的重要内容。

（1）行政责任。对违反适当性义务的销售人员追究行政责任是强制销售者履行适当性义务的有效工具。各国与地区均规定金融监管机构对违反适当性要求的金融商品销售者施加相当程度的处罚。如日本《金融商品交易法》第43条规定，主管机构对于从事违反适当性原则的推介行为的金融业者，应要求金融业者限期停止、改正其行为或采取必要的更正措施；期限届满金融业者仍未停止、改正其行为或未采取必要的更正措施，主管机构得继续限期命令其停止、改正其行为或采取必要的更正措施，并按次连续处以二倍到五倍的罚款，直至其停止、改正其行为或采取更正措施；情节重大的，责令限期撤换负责人或受雇人，停止全部或部分业务，甚至废止其许可。❶韩国《资本市场统合法》第63条规定，违反适当性原则的金融投资业从业者，应当承担停止全部或部分业务并解雇或免职其职员等行政制裁，但没有规定征收罚款的条款。❷可见，各国对违反适当性义务的销售主体，规定了较为严格的行政责任，销售主体违规成本较大。

（2）民事责任。销售主体违反销售适当性义务所承担的民事责任是直接对投保人救济的手段，是销售适当性义务体系的有机组成。在责任的属性上，有的国家认为应当从侵权责任角度考虑，如韩国民法认为合同谈判阶段或者准备阶段发生的所有损害，都能依据侵权责任法律规定得到救济。❸有的国家认为该责任从性质上应属于合同责任的范畴，应由合同法进行调整。如德国《保险合同法》规定销售主体无证据证明其履行了建议义务的，应当承担相应的合同责任。

综上，各国对销售适当性义务的规范，增加了销售主体先合同阶段的义务，弥补了说明义务单一模式功能上的不足，通过对违反义务行为责任的确定，对销售行为起到了很好的规范效果。

---

❶ 庄玉友："日本金融商品交易法述评"，载《证券市场导报》2008年第5期。

❷ 朴真龙："韩国资本市场统合法投资者保护法律制度研究"，复旦大学2010年硕士学位论文，第26页。

❸ 梁彰洙："合同缔约时的过失"，载《民法研究》（I），（首尔）博英社1993年版，第386页。

## （二）国内保险销售适当性义务规范评析

在销售适当性义务规范方面，我国银行业、信托业和证券业走在前列，均规定了相应的规则，较保险业规范体系更为完备，基本形成了监管规定、交易所义务规则、行业协会自律三个层面的销售适当性原则制度体系，如银行业出台的《商业银行个人理财业务管理暂行办法》、《商业银行个人理财业务管理指引》，证券业出台的《创业板市场投资者适当性管理暂行规定》、《关于建立股指期货投资者适当性制度的规定》等。

保险业在适当性业务规范方面起步较晚，我国银行保险的销售适当性制度集中于监管机关的规范性文件❶。其中北京保监局下发的《关于在北京地区建立投资连结保险产品销售适用制度的通知》中对投资连结保险产品的销售适当性的定义、范围和义务规范进行了规定，明确了销售适当性是指保险公司根据投保人的风险承受能力为其提供相应风险等级的产品，将适合的产品销售给适合的投保人。保监会与银监会联合下发了《关于进一步规范商业银行代理保险业务销售行为的通知》，要求建立投保人需求与风险承受能力评估制度，根据评估结果推荐保险产品，成为银行保险销售适当性制度的里程碑文件。但也应看到，上述规定的共同点是仅用行政手段明确销售人员的义务范围和履行方式，并通过相关技术手段予以保障，对违反义务的责任认定上，其法理基础仍未超出《保险法》中说明义务的范畴，在民事救济和行政责任的追究上仍欠缺针对性规定，与金融市场发达国家层次分明的适当性义务规范体系相比，我国目前适当性义务的整体规范体系尚不够完整，需要进一步完善。

## 四、银行保险销售适当性制度的完善建议

### （一）完善保险人销售适当性义务的相关法律法规

对传统保障型产品来说，保险人说明义务的履行可以有效弥补缔约时信息不对称的问题，而对银保新型产品而言，解决信息不对称的同时更应关注弥补判断力不对称的问题。因此建议在《保险法》中加入适当性义务的原则规定，并在《关于进一步规范商业银行代理保险业务销售行为的通知》的基础上出台"商业银行代理销售保险产品销售适当性管理办法"，明确销售适当性的定义、内容、界定标准等。

义务内容上，首先应当明确对投保人的信息搜集义务的信息范围，应至少包含消费者的实际需求、财务状况、投资的经验和其他用来达成适当性判断的信息

---

❶ 参见《商业银行代理保险业务监管指引》第33条和《关于在北京地区建立投资连结保险产品销售适用制度的通知》。

几个方面。其次是销售人员对产品适当性的判断义务，即销售人员应根据拟推介的保险产品的特性，如产品设计的复杂度、风险高低程度、现金流量方式、产品期限等因素，界定产品的风险等级。然后与消费者信息相比较，判断该产品是否适合投资者。再次是销售人员对保险产品适合性的说明义务，销售人员应根据产品适当性的判断情况，提供书面建议并解释原因，对不适合购买产品的消费者采取书面告知或风险警示。最后是对适当性文件的存档义务，销售人员应当记录其向消费者推介产品行为与提出推介的根据，并将其与所取得的消费者信息、适当性报告等适当性的相关记录一起妥善保存2年以上，以备监管机构事后查验。

（二）明确违反销售适当性义务的法律责任

确定违反销售适当性义务的法律责任，对说明义务程序化后消费者保护不足的问题是一个很好的解决途径，主要有以下两方面的内容。

1. 明确违反适当性义务的认定标准

在认定销售人员违反销售适当性义务时，应符合以下几个要件：一是客观上存在违反适当性义务的行为；二是行为给投保人带来了损失；三是行为和损害结果之间需存在因果关系；四是主观上需有可归责的事由，包括销售者知道或有理由相信投保人所购买的产品与消费者的风险属性、投保目的不相一致；或产品销售者为了获取高额的佣金或达成业绩故意推介消费者投保不适当的保险产品；或产品销售者推介金融商品时故意或轻率地忽视消费者利益。

在归责原则上，可考虑加重销售主体的证明责任，不再采用判定说明义务违反时的过错责任原则，采用过错推定原则，采取举证责任倒置的方式，由销售主体证明自己未违反适当性义务，不存在妨碍消费者对产品形成正确认识和积极劝诱消费者投保不适合自身实际情况产品的问题，如能证明自己无过错即可免责。同时可以规定，对于销售主体尽到注意义务后仍无法得知的事实免责。

2. 明确保险人违反销售适当性义务的法律后果

在行政责任的追究上，可比照国外经验，采取递进处罚的方式，对违规主体采取责令限期整改或采取必要的更正措施；期限届满销售者仍未停止、改正其行为或未采取必要的更正措施，主管机构得继续限期令其停止、改正其行为或采取必要的更正措施，并根据违规次数连续处以2倍到5倍的罚款，直至其停止、改正其行为或采取更正措施；情节重大的，责令限期撤换高管、停止机构全部或部分业务，直至撤销销售许可。

在民事责任上，销售主体应当承担违反销售适当性义务的损害赔偿责任，与保险人违反说明义务的责任一起，为投保人提供多元化的救济途径。

（三）完善监管机构对销售适当性义务履行情况的监督检查

监管机关的监督检查是保障销售主体销售适当性义务充分履行的有力手段。

在销售行为监管中，应将销售者适当性义务的履行情况作为常规性监督检查项目，完善目前以销售机构说明义务为中心的销售行为监管体系，将销售适当性义务检查作为银行保险销售误导治理的突破口。重在对消费者适当性评估过程的检查，可采用合理性判断标准，要求销售人员说明销售的合理性并出示过程文件，不仅仅以形式上签字为唯一依据，防止销售主体在销售时采用诱导或欺诈手段诱骗消费者在法律文件上签字。对于条件允许的机构，可以要求适当性义务履行过程采用录音录像的形式，方便以后备查，如后期发生投诉，也可作为有力的证据。

随着家庭财富的不断增长，公众对财富管理的要求不断增强，银行保险的金融化正迎合了该趋势。传统保险法以说明义务为核心的先合同义务体系已经无法适应时代发展的要求。销售适当性义务是对先合同义务体系的有力补充，不仅拓宽了消费者保护的广度，还增加了消费者权利受侵害时救济的维度。从监管角度而言，应完善适合性监管制度，将适合性监管与信息披露制度一起作为金融创新和金融服务业发展中消费者保护的基石。伴随着保险产品的不断发展，消费者在信息和判断能力方面的"劣势"可能会进一步加大，产品与需求错配的问题也将进一步增多，如何适应市场现状，更好的维护消费者的合法权益是今后保险法立法与监管实践的重要命题。

# 德国医疗保险法律制度研究

孙东雅[*]

> **内容提要**：本文从德国医疗保险法律制度入手，分析了健康保险的独特法律特点，对医疗保险的定价基础是否支持医疗保险适用补偿原则提出了质疑，进而指出我国城乡居民大病保险是基本医保的拓展和延伸，其本身兼具社会保险和商业保险的双重特点。
> **关键词**：德国医疗保险　健康保险　损失补偿原则　基本医保

## 一、德国医疗保障制度概况

（一）制度产生的背景

德国是现代社会保障制度的发源地，也是世界上第一个建立医疗保障制度的国家。一般认为，社会保障制度是从欧洲中世纪基于以救助为目的的行业协会互助制度发展演变过来的。在1883年之前，这些基金的运作和发展逐步得到当时国家有关法律的规范而得以进一步完善，为俾斯麦政府出台《疾病保险法》奠定了法律和实践基础。1883年俾斯麦时期的德国国会通过了《疾病保险法》，建立起全球第一个法定社会医疗保险制度，为职业人群提供健康保障。该法规定：对全体从事工业性经济活动的工人，一概实行强制性疾病保险，农业工人不包括在内。保险费的2/3由工人缴纳，1/3由企业主缴纳。

---

本文为教育部2010年度人文社科青年基金项目"新保险法实施中若干重大疑难问题研究"（10YJC820089）与国家社会科学基金2011年一般项目"保险法的理念与制度实施研究"（11BFX032）的阶段性成果。

[*] 法学博士，现就职于中国保监会人身险监管部。

这一制度之所以能够在德国得以实现，主要原因在于在于：一是19世纪中到19世纪末，德国社会经济状况发生了很大变化，人民生活水平提高；二是医学科技和健康理论在德国有了新发展；三是伴随城市化和工业化进程加快，社会矛盾加剧；四是德国新历史学派的社会改良主张为德国实施社会保险奠定了理论基础。

《疾病保险法》实施后的一百多年，德国对医疗保障制度的覆盖范围、待遇水平及费用控制等方面进行了多次改革，体系不断完善，但基本医疗保险始终是其医疗保障体系中最基本和最主要的制度。

（二）制度现状

德国的医疗保障制度是以强制性的基本医疗保险和法定护理保险为主，针对特定人群的福利性医疗保障❶、自愿性商业健康保险（私人保险）为辅的医疗保障体系。

这里简要介绍一下基本医疗保险和法定护理保险制度。

1. 基本医疗保险

基本医疗保险具有强制性。根据相关法律规定，按照2012年的标准❷，年收入低于45 900欧元的所有雇员及正在领退休金的公民被强制要求加入基本医疗保险，其家庭成员中的无业配偶和未成年子女将跟随在其名下，可免交保险费并享受同等的医疗保险待遇。收入高于这个标准的人士则可以在基本医疗保险和商业健康保险之间选择。原则上，选择退出基本医疗保险转而投保商业健康保险的人不得重新加入基本医疗保险❸，但已经加入基本医疗保险的人可以选择是否改为加入商业健康保险。公务员等特定人群不在基本医疗保险范围之内，不用缴纳基本医疗保险费，享受政府特殊的政策待遇❹。目前，基本医疗保险覆盖了德国总人口数的90%左右。

基本医疗保险的保障内容设计遵循力度充分、目的明确、经济合理的原则，主要包括：疾病预防和疾病的早期治疗；患病时的医疗保障，如门诊治疗，牙医

---

❶ 福利性医疗保障包括：公务员医疗补助、警察和联邦国防军医疗补助、战争受害者保险和社会救济等。

❷ 该标准每年由政府根据平均收入进行调整。

❸ 法律规定，55周岁或以上的人一旦加入商业健康保险，将无法再重新加入基本医疗保险。但是未超过55周岁的人，如果年收入低于加入基本医疗保险的工资标准或突然失业，将可以申请退出商业健康保险重新加入基本医疗保险。

❹ 德国公务员是终身制，他们的医疗费由政府财政直接报销。报销比例为：在职公务员50%，退休公务员70%。

治疗，住院治疗，康复治疗，提供药品费用等；孕产妇医疗保障，包括医生服务及助产、药品、急救用品及治疗用品、住院分娩、家庭护理、产妇津贴、分娩津贴等。

基本医疗保险基金主要由雇员和雇主缴纳，政府酌情补贴。2012年，德国民众每月需缴纳的基本医疗保险费为月收入的15.5%❶。对于无业人员则按其失业津贴的一定比例缴费，同时政府会酌情提供一定额度的补贴。基本医疗保险参保人缴纳的保险费根据个人的经济收入水平来定，不同缴费水平的参保人享受同等医疗保险待遇，体现了"高收入者帮低收入者，富人帮穷人、团结互助、社会共济、体现公平"的基本医疗保险宗旨。

近几十年来，在经济增长趋缓、人口老龄化、医疗技术提高、公众对自身健康的关注程度加强、基本医疗保险的覆盖率提高、医务人员数量增加等因素的驱动下，德国医疗保障制度资金匮乏的问题逐渐凸显。1997年德国颁布《疾病保险费用控制法》以来，医疗改革重点一直围绕着医疗保险的收支问题，主要包括控制费用增长、以收定支、稳定缴费率等方面。2004年开始实施的《基本医疗保险现代化法》，强调减少基本医疗保险责任，同时增加参保人责任。

基本医疗保险由非营利性的疾病基金组织经办管理。目前，经营基本医疗保险的疾病基金组织有145家，大致分为6大类：区域性基金会（AOK）❷、手工业基金会（IKK）、企业基金会（BKK）、医疗互助基金会（EK）、农业基金会(LKK3)、联邦矿业基金会(KNAPP)。这些基金组织由联邦保险监管局批准成立，并接受法律的管控。基金组织具有独立的法人地位，相互竞争。基金组织的管理经费按照国家规定，从基金中按比例提取，一般不超过各基金保费收入的5%。基本医疗保险经办遵循自由选择的原则，参保人有选择经办机构的自由。

2009年，德国通过《基本医疗保险改革法案》正式引进"疾病诊断相关组"支付系统（简称DRG系统），并将此系统与德国医疗服务情况结合，由法定疾病基金、商业健康保险协会和医院协会共同建立了"医院给付系统"。该系统拥有一套适用于德国的疾病分组规则和编码规则，通过统计出院人的费用数据来

---

❶ 根据法律规定，该部分费用由雇主承担7.3%，雇员承担8.2%，个人通常每月承担200多欧元，最多不超过350欧元。基本医疗保险费的缴费比例每年都会根据物价上涨指数进行调整。

❷ 区域性基金会（AOK）是德国最大的基金组织，遍布德国12个地区，近54万员工，1 250个服务中心。2010年共计有2 300万参保人，保费收入620亿欧元，占市场份额的34.2%。

确定DRG付费标准[1]。其支付流程是：法定疾病基金在收到医疗机构提供的医疗服务数据后，提交审查委员会审查是否存在不合理入院或欺诈行为。经审查完成后，由法定疾病基金按各疾病支付标准进行补偿。住院或者康复治疗的病人每天需承担10欧元的个人付费（每年最高28天）。

德国法定医疗机构内的医疗服务人员属于政府雇员，他们的工资作为医疗机构运营成本的一部分由所在机构负责发放。自主开业、提供门诊服务的医师，由法定疾病基金为其支付费用。德国法定疾病基金按照医师提供的医疗服务量根据医疗服务点数系统进行预付。但是法定疾病基金不直接对门诊医师支付费用，而是通过医师协会支付。其支付流程是：德国各地区的法定疾病基金与医师协会根据各地区参保人的人头费协商确定预算总额，医师协会根据各协会成员不同的专业构成以及服务人群的年龄和数量进行总额分配。医师会将每季度的医疗服务票据上报自己所属的医师协会进行审核，最终确定支付额。每张门诊处方参保人需承担5~10欧元的个人付费。

德国实行医药分离制度，病人可根据医师处方到任何一家药店取药。德国大多数医院没有药房，少数医院拥有专为住院患者使用的药房，但不得对外销售药品。法定疾病基金在审核费用清单后对药店进行支付，患者和医生、药店不发生直接的经济往来。德国在控制药品费用方面，主要有三种手段：一是严格控制药品目录；二是限制医生处方的价值量；三是实行药费共付机制，参保人在药店购买药品时，个人至少需承担10%的药品费用。

2. 法定护理保险

为应对日趋显著的人口老龄化问题，德国于1995年在全国建立起了法定护理保险制度。法律规定所有参加基本医疗保险和商业健康保险的参保人都必须拥有护理保险，并有义务交纳护理保险金。参加基本医疗保险的人必须参加法定护理保险，参加商业医疗保险的人必须参加商业护理保险。参保人需要投保法定护理保险两年以后才能享受护理服务。2012年，法定护理保险的缴费率为个人月收入的1.95%，雇员和雇主各承担一半。没有子女、年龄超过23岁且出生于1939年之后的参保人，需要多缴纳0.25%的保险费。无业人员在当地的工会注册以后，其

---

[1] 根据患者的年龄、性别、疾病、住院时间、诊断内容、治疗结果等不同情况，将患者分成若干组，每组根据病情的轻重分为若干级别，然后对每一组不同级别制定相应的付费标准。德国分有1 300个病种（精神病、心理病和特殊病种除外），每个病种都有相应的编号，并有不同"点数"和收费标准，该标准全国统一。例如，阑尾炎手术病例的"点数"为0.704，与该"点数"相对应的收费基值为2 687.99欧元，阑尾炎手术收费就是其收费基值乘于"点数"所得的值，即1 892.35欧元。

保险费由联邦公会基金承担。

法定护理保险金主要用于支付日常生活中需要他人持续照顾的人员所产生的医疗护理和生活服务费用，例如，护理服务机构人员全天候的上门护理或家庭护理；与护理安全有关的房屋改造、安装保护设施的有关费用；为参保人及其家人提供免费的护理课程；老人入住养老院或伤残病人在康复医疗机构所产生的护理费用等。

法定疾病基金都下设护理基金，法定护理保险由护理基金经办管理。

申请长期护理的流程，首先要求权威机构对申请人进行评估，依照申请人病情的严重程度，评估机构将他们分为三类：Ⅰ类需要家庭护理、Ⅱ类需要专业家庭护理、Ⅲ类需要在专业护理机构护理，每一类又细分为3个等级，申请人依照等级划分得到相应的月补贴❶。

## 二、德国商业健康保险发展情况

在德国，商业健康保险是医疗保障体系的重要组成部分。参加商业健康保险需要缴纳比法定保险更高的保险费用，但参保人相应地可享受到更高质量的医疗服务。

（一）市场概况

2012年，德国共有49家商业健康保险公司经营商业健康保险业务。由于全国近90%的人口参加了基本医疗保险，商业健康保险市场接近饱和，业务规模增长平稳、缓慢。

2012年，约2 200万人购买了商业健康保险。健康保险总保费收入356.7亿欧元，同比增长2.9%，占保险业总保费收入的19.6%❷。健康保险保险深度1.35%，保险密度443欧元。健康保险总赔付支出229亿欧元。

---

❶ Ⅰ类1级235欧元/月、2级440欧元/月、3级700欧元/月，Ⅱ类1级450欧元/月、2级1100欧元/月、3级1500欧元/月，Ⅲ类1级1023欧元/月、2级1279欧元/月、3级1550欧元/月。

❷ 2012年，德国保险业原保费收入1816.28亿欧元。人寿保险保费收入873.39亿欧元，占比48.1%；财产保险（含意外险）保费收入356.7亿欧元，占比32.3%。

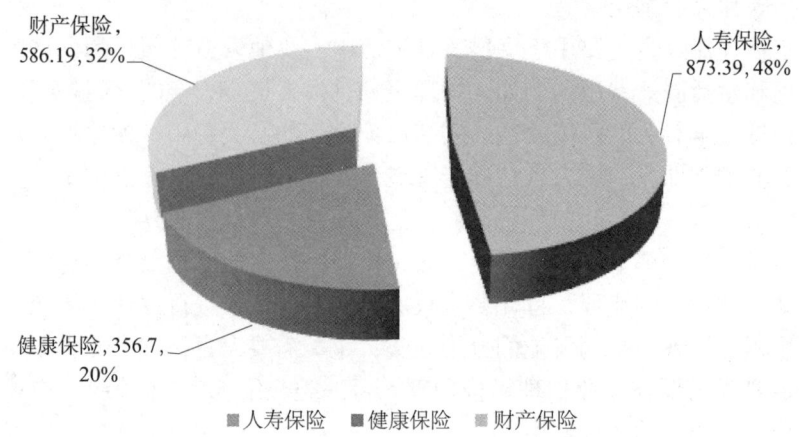

数据来源:Statistical Yearbook of German Insurance 2013

图1 2012年德国保险业保费收入情况

（二）产品类别

2007年生效的《法定健康保险强化竞争法》要求基本医疗保险和商业健康保险都要向参保人提供基本医疗保险合同，保费不能超过基本医疗保险中雇员缴纳的最高保费。

商业健康保险的保障内容比基本医疗保险更丰富、更灵活。目前，主要分为四大类：

（1）基本医疗保险替代型产品：保障范围与基本医疗保险完全一样，但参保人享有更好的医疗服务，如可自行选择主治医生和单间病房等。2012年，基本医疗保险替代型产品保费收入258.6亿欧元，占健康保险总保费收入的72.6%。

（2）基本医疗保险补充型产品：主要是为基本医疗保险参保人提供更高质量的医疗服务，既有终生保障的产品，也有短期保障的产品。保障内容涵盖了住院和门诊的检查费、诊断费、治疗费、手术费、康复费、住院津贴、病后疗养、海外治疗和急救、牙科和眼科治疗、健康体检和验光配镜。2012年，法定医保补充型产品保费收入70.3亿欧元，占健康保险总保费收入的19.7%。

（3）商业护理保险：商业护理保险的保障内容和费率的计算方式与法定护理保险一样，不与参保人的经济状况挂钩。2012年，商业护理保险保费收入20.1亿欧元，占健康保险总保费收入的5.6%。

（4）特殊保险：主要包括境外旅行医疗保险、再保险等。2012年，特殊保险保费收入7.3亿欧元，占健康保险总保费收入的2%。

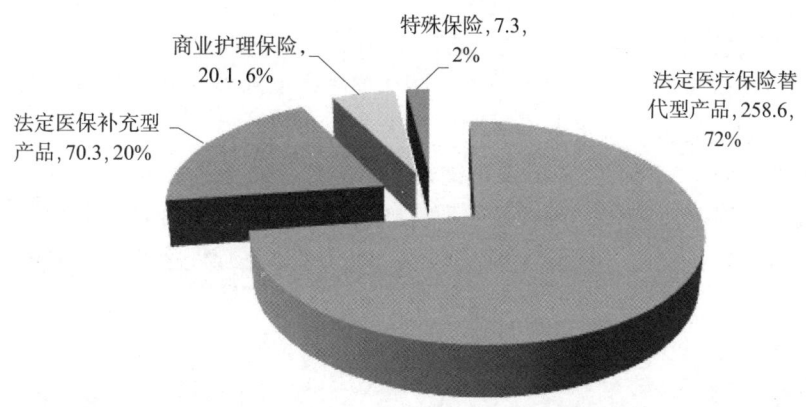

**图2 德国商业健康保险市场的主要产品**

与基本医疗保险依据支付能力设置缴费标准不同，商业健康保险根据个人的实际风险情况设定缴费标准，如性别、年龄、病史等，而且家属也要单独付费。

此外，为应对频繁的政策调整（如法定工资上限上调），商业健康保险公司更多地将目光转移到其他"蓝海"领域，开创全新的市场空间和全新的商机。例如，德国健康保险股份公司（DKV）❶作为德国最大的商业健康保险公司，在深入分析市场环境之后，于2001年提出了"关注健康"（Think Healthcare）的理念，将自己的战略确定为保险保障、健康服务和医疗护理服务三者互相促进的"三角战略"，成为当时第一家将三者整合在一个平台下的健康保险公司，并将发展目标定位于在全球任何地方、任何时间都可以向客户提供最好的医疗健康服务。十多年来，DKV已经在医疗健康服务领域建立了要素齐全、功能完整的医疗健康服务网络。

（三）覆盖人群

2012年，约2 200万人享受了商业健康保险提供的优质服务，总覆盖率约27%，其中约10%仅被商业健康保险覆盖，另外约17%同时拥有商业健康保险和基本医疗保险。德国医疗保障制度的改革虽然不直接针对商业健康保险，但也在一定程度上影响着商业健康保险的发展。例如，2004年开始实施的《基本医疗保险现代化法》，鼓励参保人积极参与疾病预防和及早诊治计划，并要求参保人个

---

❶ DKV成立于1927年，现有员工约6 300名，2012年保费收入49.27亿欧元，约占德国商业健康保险总保费的14%。

人承担部分医疗费用,这给商业健康保险的发展创造了机遇,2005年,商业健康保险的参保人数占总人数的比例从2004年的10%陡增至24.3%。

购买商业健康保险的一般为个人,团体保险占德国商业健康保险市场的份额很小。商业健康保险的购买者主要为以下人群:

(1)公务员。由于公务员未被纳入基本医疗保险范围,而政府为他们提供的医疗费用报销额度有限,因此几乎所有的公务员都购买了商业健康保险。

(2)高收入人群。包括私营业主和收入高于基本医疗保险准入限制的人群。

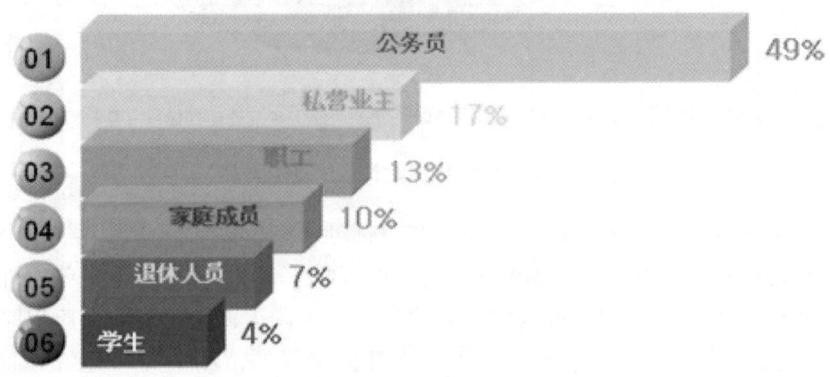

**图3 购买商业健康保险的主要人群**

虽然在德国工资收入超过法定界限的高收入者可以退出基本医疗保险,转入能够提供更加全面、优质、个性化保障服务的商业健康保险,但由于商业健康保险保费较高,且从商业健康保险转换至社会医疗保险非常困难,因此,选择退出基本医疗保险的决定非常慎重,尤其对于健康状况较差的人来说。研究表明,只有少于25%的高收入者选择退出基本医疗保险,转移到商业健康保险中。

### 三、德国鼓励商业健康保险发展的支持政策

#### (一)税收政策

长期以来,德国针对商业健康保险的税收优惠政策非常有限,民众参加商业健康保险无法享受到很好的税收优惠。2009年7月,德国颁布《公民减负法》,对现有税收政策进行了调整,投保人自2010年开始将享受更大程度的税收优惠。

1.提高特殊预防开支税前扣除限额

德国税法允许纳税人在个人所得税纳税申报时,将自己缴纳的各种保险费作为生活成本在税基计算中进行扣除。该部分开支被称为"特殊预防开支",是除

了基本保障以外所支出的特别预防费用,具体包括购买补充性医疗保险、护理保险、责任保险、工伤事故保险、无就业能力保险等所缴纳的保险费。目前的税前扣除限额是雇员与公务员每年可以针对该项目最高扣除1 500欧元,自由职业者可以每年扣除2 400欧元。如果夫妻进行共同纳税申报,则可将扣除限额进行简单叠加,即雇员与公务员的夫妻每年可以在特殊预防开支项目上扣除3 000欧元,自由职业者夫妻纳税共同申报可以税前扣除4 800欧元的特殊预防开支。这一扣除限额在2010年将得到进一步提高,所有纳税人在特殊预防开支上的可扣除限额都增加400欧元,即雇员与公务员个人所得税申报中特殊预防开支税法上允许不超过1 900欧元的扣除,夫妻共同申报者可以享受3 800欧元的扣除限额;自由职业者个人所得税申报的特殊预防开支扣除限额为2 800欧元,夫妻共同申报时可扣除限额增加到5 600欧元。

2. 取消商业医疗保险费的最高扣除标准

在德国,商业保险公司所销售的与社会保险类似或者具有可比性的产品,可以享受类似社会保险费的扣除,不过德国税法对商业保险公司销售的承保范围超出社会保险产品覆盖的附加服务设置了一定的扣除限制。自2010年开始,私人医疗保险公司销售的商业医疗保险取消相应的扣除限制,除了与社会医疗保险产品具有可比性险种可以进行费用的全额抵扣以外,对于超出社会医疗保险承保范围的服务也同样可以进行全额抵扣。不过由于各个商业医疗保险公司所提供的同一服务可能存在价格上的区别,为了保证社会的公平性,税法规定商业医疗保险公司产品附加服务的扣除额度以同行业的平均收费为标准,同一服务在各个商业医疗保险公司的可扣除保险费用应该是一致的。这导致了实际操作中可能出现德国财政局对部分商业医疗保险的保险费只给予低于100%的税前扣除额度。

3. 私人医疗投保人享受更多家庭税收优惠

2010年的税收优惠还包括允许父母为子女缴纳的私人医疗保险费也可以在纳税申报中作为生活成本进行税前列支。不过享受这一税收优惠政策的家庭必须满足有权利享受政府提供的儿童家庭补贴或者是儿童免税额的各种条件。为多名子女投保私人医疗保险产品,或者为子女选择更多附加服务和更高昂保险产品价格的家庭可以从这一新规定中获取更多的税收利益。不过鉴于德国拥有非常发达的社会保险体系,而且子女在未成年之前都可以免费在父母的名下参保社会医疗保险,免费享受社会医疗保险的各项服务,所以这一税收优惠对德国纳税家庭的影响相当有限。

(二)监管制度

(1)商业健康保险实行分业监管和专属经营。德国联邦金融监管局下设联邦保险监督局,以《联邦保险法》、《保险监督法》等法律为依据,对德国的商业保险公司进行监管。联邦保险监督局下设人寿保险监控部门、商业健康保险监控部门和财产保险公司监控部门，根据不同的监管对象进行分业监管。

德国《保险监督法》第8章规定，商业健康保险、财产保险和人寿保险必须分业经营。专业健康保险公司在法律允许范围内专属经营健康保险。

（2）商业健康保险市场受到法律严格的规范。德国商业健康保险公司的经营和运作是受到相关法律约束的。例如，德国《保险合同法》对投保人定义、投保期限、健康险保障范围、等待期、保费、合同等作出了明确的规定。德国《保险监督法》对开业许可、业务运营、企业监管、企业国外投资等进行规范。德国《护理保险法》详细规定了费率、保险金赔付范围和赔付比率、保险事故的定义、理赔条件、医疗费用的支付方法、费率调整、客户信息的利用和保密、病人病历的提供和查阅等内容。

（3）商业健康保险行业协会高度自治。德国现有的49家专业商业健康保险公司隶属于商业健康保险行业协会。行业协会不仅仅扮演行业自律、沟通交流、培训教育、数据统计的角色，而且还代表所有会员公司与医师、医院、药厂等利益集团就医疗服务价格、服务标准和质量、药品折扣进行谈判，争取和维护整个行业的权益。此外行业协会还建立了专业的研究机构和服务公司，研究全行业面临的问题，为全行业提供服务。

### 四、几点启示

（1）发展商业健康保险需要政府支持。德国的相关法律明确规定了商业健康保险的准入及退出标准，划分了基本医疗保险与商业健康保险的经营界限，为商业健康保险保留了发展空间。同时，政府对个人购买商业健康保险实行税收优惠政策。

（2）专业化经营是商业健康保险的发展方向。德国法律明确规定对健康保险实施单独监管和专属经营，建立了符合健康保险经营特点的监管体系和运营体系，使专业健康保险公司能够在本领域内练好内功、精耕细作，这有力地促进了健康保险市场规模和服务能力的提升。

（3）建立法定护理保险是解决老年人"老有所养，老有所医"问题的较好手段。随着我国老龄人口的不断增多，老年人的患病率居高不下，护理支出持续增长。为有效应对人口老龄化趋势，可借鉴德国推行法定护理保险的成功实践经验，适时选择建立适合我国国情的护理保险制度，并将护理保险交由专业健康保险公司经办管理。

# 日本渔船保险制度研究*

张长利**

> **内容提要**：日本渔船保险法律制度的构建先后经历了《渔船保险法》、《渔船损害补偿法》以及《渔船损害等补偿法》等阶段，不断得以完善，成为其渔业生产经营的安全网的重要组成部分。其渔船保险法律制度的主要内容包括设立渔船保险组合、组合的渔船保险事业、渔船保险中央会及其普通再保险事业、政府的特殊保险再保险事业、保险费的负担和补助金的发放。我国应确立渔船保险制度，须制定专门的渔船保险立法，发挥保险合作组织在渔船保险中的作用，国家应为渔船保险提供财政支持与税收激励，应建立渔船保险再保险机制。
>
> **关键词**：渔船保险法　《渔船损害等补偿法》　渔船保险组合　渔船保险事业制度构建

由于生产经营环境的特殊性，渔业的风险多，损失大，是世界上公认的风险最大、死亡率最高的产业。安全网制度在渔业经营健全化和渔业产业现代化的过程中具有极为重要的意义。日本是世界上渔业最发达的国家之一，对渔业和渔业安全生产非常重视，已构建起了包括渔船保险法律制度在内的完善的渔业生产风险保障制度体系。在2011年3月发生了东日本大震灾后，渔船保险制度在震后重建过程中起到了举足轻重的作用，取得了极大成效，受到渔民好评。作为渔业生

---

\* 本文系2013年度司法部国家法治与法学理论研究项目"食品安全责任保险法律制度研究"（课题编号：13SFB5027）阶段性成果。

\*\* 中央民族大学法学院教授。

产经营安全网的代表性制度，日本渔船保险法律制度历来受到关注，其经验值得研究和借鉴。

## 一、日本渔船保险法的产生与沿革

适应于不同时期政治经济社会发展的需要，日本渔船保险法律制度的建立和完善先后经历了《渔船保险法》阶段、《渔船损害补偿法》阶段以及《渔船损害等补偿法》阶段，最终实现从单一保险制度向综合性保险制度的转变。

### （一）1937年《渔船保险法》

日本近代的海上保险制度始于1880年东京海上保险公司的设立。但由于渔船事故率异常高、灾害统计不完备等原因，即使到了20世纪初期渔船开始实行动力化、谋求大型化，将渔船积极纳入海上保险的商业保险公司几乎没有。渔民对渔船保险的需求得不到满足，一旦发生事故，对渔业生产经营产生很大影响。此后，日本有关人士反复向政府和国会呼吁在政府的保护下设立以渔船为对象的专门保险制度。在此背景下，1937年6月，《渔船保险法》在国会获得通过，符合渔民心愿的渔船保险制度由此建立。❶

《渔船保险法》规定，渔船保险采取互保方式，事业主体应是由渔业从业人员组成的渔船保险组合，作为保险标的的渔船应以小于1 000吨为限，政府应承担再保险责任，对渔船保险组合给予免税优惠。这些规定成为现在日本渔船保险制度的原型。政府把渔船保险的作用定位在：发展渔业，谋求渔业经营的安定化，保持渔村经济的稳定；促进资金筹措简易化，能顺利开展渔业金融；推动技术革新，改良渔船、改善作业；提高渔业生产力以确保食物供给。

渔船保险制度建立后，渔船保险组合相继设立，数量达60个。加入的渔船数在1943年扩展到37 000艘。但随着日本对外侵略战争的激化和逐渐失利，加入保险的渔船数目急剧减少，渔船保险也陷入困境。至1948年，加入的渔船仅有1万艘。随着战后社会经济形势的变化和渔船保险业的发展，保险事业处于极为严峻的状况，保险制度亟待变革。

### （二）1952年《渔船损害补偿法》

1952年4月，国会通过《渔船损害补偿法》，取代了原来的《渔船保险法》。《渔船损害补偿法》制定后渔船保险的特点体现为：（1）引入义务加入保险制度；（2）义务入保渔船的保险费由国库补助一部分；（3）政府再保险业务费由国库全额负担；（4）渔业协同组合在承担收缴保险费义务的同时，由国库负担其部分业务费；（5）设立渔船保险中央会。渔船保险制度作为政策性保

---

❶ 同时期还制定了《渔船再保险及渔业共济保险特别会计法》，已于2005年废止。

险的特点进一步强化，小型渔船得到了充分保护。此后，该法又继续进行了修改。

1953年《渔船损害补偿法》进行了第一次修改：设立了满期保险制度，增加国家负担渔船保险费。1960年进行了第二次修改：使普通损害费用合理化；国家负担保险费的方式进行合理化改善；引入集体投保制度。这两次修改，不但奠定了渔船损害补偿制度的基础，渔船保险也由此顺利得到了渔民的认可。到1962年，入保渔船达12万艘之多。1966年进行了第三次修改，主要内容是：从渔船再保险特别会计中拨出12亿日元交付给中央会，作为振兴渔船保险业的资金；改善了全损满期储蓄保险费支付等的满期保险。1973年进行了第四次修改，增加以下内容：扩大保险范围，保险标的包括供油船等；扩大团体成员资格的范围，允许渔船使用者有资格加入保险；普通保险的再保险折扣可以灵活调整，包括满期储存部分；渔船再保险特别会计拨给中央会35亿日元作为渔船保险业振兴资金；促进其他渔船保险组织合并，规范组织关系。

1973～1981年期间是日本渔业未曾有过的大转折时期。一再发生的石油危机，使得高度依赖石油的渔业遭到沉重打击，渔船保险也被波及，收支恶化。各国相继发表12海里领海、200海里专属经济区的声明，新的海洋利用秩序被接受。日本远洋渔业和近海渔业被迫退出海外渔场，渔业发展的空间受到限制，渔业政策开始转变。在经济高速增长过程中，渔业从业人口迅速减少，渔业从业者高龄化。渔业生产还面临资源枯竭、海洋污染日趋明显的问题。在此情况下，渔业从业人员对渔船保险的需求也变得多样化。长期在海上航行的远洋外海渔业界对渔获物保险的需求高涨。渔业从业人员权利意识的不断提高，增强了对渔船船东赔偿责任保险的需求。为此，1973年7月颁布《渔船货物保险临时措施法》，试行渔船货物保险。1976年6月颁布《渔船船主责任保险临时措施法》，开始试行渔船船主责任保险和渔船船主船员责任保险。

（三）1981年《渔船损害等补偿法》

1981年10月，《渔船损害补偿法》修改为《渔船损害等补偿法》，将以前实施的渔船碰撞损害保险转变为渔船船东责任保险，再将渔船保险、渔船船东责任保险、渔船船东船员保险纳入该法中。试行5年的《渔船船东责任保险临时措施法》于1981年9月失效。

1983年9月，《渔船货物保险临时措施法》失效。当年10月对《渔船损害等补偿法》进行了第六次修改，将渔船货物保险纳入其中。

这样，渔船保险由以承保渔船船体损害为对象的保险制度转变为承保渔船营运中发生的各种海上危险的综合性补偿制度。

### (四)1999年《渔船损害等补偿法》

1999年10月,《渔船损害等补偿法》修改,把过去一直由政府实施的对渔船保险组合的再保险移交给渔船保险中央会,实行再保险的民营化;增加并开始实施游览船责任保险,渔船保险组合由此向非成员打开了大门。再保险的民营化,改变了从《渔船保险法》时代即确立的渔船保险组合受理以渔船为对象的保险,政府对此进行再保险的原则,体现公私协作,增强了制度的活力。这一转变也标志着在政府主导下,用市场手段聚集船东资金,共筑保障体系的实践已经成熟、稳定,渔船保险中央会的实力十分强大,政府的负担正在减小。法律修改后,渔船保险组合可以以渔船保险的补充形式,开展以非渔业从业人员为对象的游船责任保险、转载装载保险等任意保险,将业务范围扩大到渔业领域之外,适应了对海洋的多面利用的需要。这些修改使渔船保险制度迎来了新的时代。

## 二、渔船保险法律制度主要内容

### (一)渔船保险组合

法律规定设立渔船保险组合,作为实行渔船保险事业的主体。该组合为法人,分为按都道府县设立的地域组合和按所从事的特定业务设立的业态组合。地域组合必须有15人以上作为发起人,业态组合必须有5人以上作为发起人。发起人负责召集创立总会,通过章程、保险条款、事业计划及相关设立事项。会议结束后,由发起人向农林水产大臣申请批准设立。设立组合要办理设立登记。关于组合的登记,适用《商业登记法》的有关规定。

能拥有渔船保险组合成员资格的人包括渔船所有人或使用人。设立之初的组合成员,在组合保险条款规定的期限内未支付渔船保险的保险费时,即失去组合成员身份;组合设立后,欲加入组合的人,只要按保险条款规定向组合支付了渔船保险的保险费,即成为组合成员。

渔船保险组合设作为高管人员的理事与监事,理事5人以上,监事2人以上,通过组合总会选任,任期3年以内。理事中必须至少3/5是组合成员。理事不得兼任监事或组合的职员,监事不得兼任理事或组合的职员。组合的业务由理事的过半数决定。理事在业务上对外代表组合。监事负责监督组合的财产状况、业务执行情况,在认为组合违法或违反章程或有不正当事项时,应向组合总会或农林水产大臣报告,在必要时可召开总会。理事必须在每个事业年度召开一次定期总会;在认为必要时,可随时召开临时总会。成员在一定条件下也可以请求召开临时总会。理事应在各事务所内设置章程和保险条款,放置组合成员名簿,供查阅。组合可以设置成员代表会代替成员总会。代表必须是组合的成员,人数必须在15人以上。成员代表会行使总会的职权,但无权决议组合解散。

渔船保险组合的业务或财产状况受农林水产大臣的监督。农林水产大臣有权获得业务或财产情况的报告。在怀疑组合的业务或会计违法违规时，成员可以请求农林水产大臣进行检查，农林水产大臣必须检查组合的业务或会计状况。农林水产大臣在认为组合业务或会计违法违规，或根据业务或财产状况认为有必要进行监督时，随时可以检查组合的业务或会计状况。

对于依《渔船损害等补偿法》产生的渔船损害等补偿相关的文件（渔船船主船员保险事业和渔船船主船员保险再保险事业相关文件除外），法律规定不征收印花税。

（二）渔船保险组合的渔船保险事业

法律规定，渔船保险事业实行义务加入制，即加入区内的渔船所有者如有2/3以上同意加入时，则该区域内全部渔船都必须加入渔船保险。地区保险组合渔船保险的保险标的及业态保险组合渔船保险的保险标的，均是总吨数不满千吨的渔船。成为地区组合或业态组合其中一方的普通保险的保险标的渔船，不能成为另一方的普通保险的保险标的。作为特殊保险的保险标的的渔船，同样如此。组合成员或被保险人对作为渔船保险的保险标的渔船，除了必须努力进行管理外，还必须尽力防止和减轻其损害，为此所必须支出的费用，由组合补偿。

渔船保险组合经营的保险有六类九个险种：其一是渔船保险，是最基本的保险，具体分为普通保险和特殊保险。普通保险又分为普通损害保险和满期保险。普通损害保险是对因沉没、触礁、火灾等事故造成渔船船体、机械和设备等的损伤以及渔船救助费用等赔付保险金的保险。满期保险是在完全按照普通损害保险赔付保险金的同时，在保险期限满期时，给付相当于加入保险时的保险金额的满期保险金的累积式保险。特殊保险是对渔船因战争、动乱及其他政令规定的原因所造成的消失、沉没、损伤和其他事故造成的损害赔付保险金的保险。

其二是渔船船东责任保险，是赔付渔船发生碰撞时对其他船舶的损害赔偿责任以及渔船在营运中发生的对第三方的赔偿责任及费用的保险，属于普通保险的附加合同。申请者应已经加入普通保险，或与普通保险同时申请，否则不得加入。赔付损害的种类分为基本损害、乘客损害和人身损害三种类型。基本损害有以下特别约定：（1）渔具损害赔付特别约定。赔付加入渔船与其他渔船固定、捆绑在船体上正在作业的渔具发生直接碰撞造成的损害，或在外国200海里水域内对外国渔船作业中的渔具造成的损害。（2）海外油类污染损害赔偿特别约定。对在外国200海里水域内因油类和水污染物质造成损害时，根据外国的法令等应承担赔偿责任所承受的损害赔付保险金。（3）船员送还费用赔付特别约定。对渔船全损时根据船员法的规定终止船员雇用合同而应负担的船员送还费用赔付保险金。

其三是渔船船东船员保险，是渔船的船东船员（渔船的船东同时又是船员）在渔船上因意外事故死亡或失踪或致残时，对其给付一定金额的保险金的保险。该保险属于渔船船东责任保险的附加合同，申请者仅限于既是渔船的所有者或使用者，同时又是该渔船的船员的人。

其四是渔船货物保险，是对因渔船发生消失、流失、损伤和其他事故，使该渔船上装载的渔获物和采购物品受到损害而赔付保险金的保险。被保险人为渔船货物的所有人。该保险属于普通保险的附带合同，仅限定拥有无线设备、固定从事渔业的渔船的所有者或使用者。申请者必须已经加入普通保险，或和普通保险同时申请，否则不得加入。

其五是任意保险，包括游览船责任保险和转运装载保险。前者是对不足5吨的游览船在营运中发生赔偿责任、救助费等赔付保险金的一种保险；后者是对从渔船往冷藏运输船上扒载的渔获物等所受到的损害赔付保险金的一种保险。法律规定，组合只要没有实施障碍，即可以进行任意保险事业。组合实施任意保险事业时，要制定保险条款。

其六是渔船船员工资保险，是在渔船船员遭扣留时，保障该船员工资支付的保险。❶

（三）渔船保险中央会及其普通再保险事业

为了推进普通保险再保险事业，法律规定设立渔船保险中央会，为全国唯一团体。中央会设理事和监事等高管人员。理事的固定人数在10人以上，监事的固定人数在2人以上。理事的3/5以上人员，必须为会员组合的高管人员。根据章程规定，可以向会员征收经费。中央会的业务和会计状况要接受农林水产大臣的监督检查。中央会的登记、管理等事项适用渔船保险组合的法律规定。

中央会主要从事以下业务：渔船保险等的保险费率计算；预防渔船保险相关事故和损害的发生的有关事项的调查、指导和促进；渔船保险等的宣传普及；普通保险再保险事业；渔船船东责任保险再保险事业；渔船船东船员再保险事业；渔船货物保险再保险；前述事业附带的事业。中央会可以就渔船损害等补偿问题为农林水产大臣提供咨询，可以向相关行政部门提出建议。中央会对再保险事业必须分别进行单独管理。

中央会必须制定再保险条款，并得到农林水产大臣的认可。再保险条款包括以下内容：普通保险再保险事业等细节相关事项；再保险金额相关事项；再保险费相关事项；再保险责任相关事项；普通保险再保险事业等的实施方法相关事

---

❶ 该保险的法律依据是1952年6月制定的《渔船船员工资保险法》。

项；农林水产省令规定的事项。

组合与其组合成员之间的普通保险、渔船船东责任保险、渔船船东船员保险或渔船货物保险关系成立时，组合必须将该保险关系的相关事项通知给中央会。中央会与该组合之间的相关保险的再保险关系即同时成立。在保险事故发生时，组合必须立刻通知中央会。

（四）政府的特殊保险再保险事业

渔船保险组合根据特殊保险事业对被保险人负有的保险责任以及中央会通过普通保险再保险事业、渔船船东责任保险再保险事业和渔船货物保险再保险事业对组合负有的再保险责任的部分，由政府进行再保险。

渔船保险组合与其组合成员之间的特殊保险的保险关系成立时，政府与该组合之间的特殊保险相关的再保险关系成立。中央会与组合之间的普通保险、渔船船东责任保险或渔船货物保险相关的再保险关系成立时，政府与中央会之间关于普通保险再保险（满期保险累计部分除外）、渔船船东责任保险再保险（政令规定的补偿划分除外）或渔船货物保险再保险事业相关的再保险关系成立。

在特殊保险的保险关系或普通保险、渔船船主责任保险或渔船载物保险相关的再保险关系成立时，根据农林水产省令的规定，组合或中央会必须将该保险关系或再保险关系的相关事项向农林水产大臣通知。所通知了的事项发生变更时，或者该保险关系或再保险关系消失时，也应通知。在特殊保险相关的事故发生时，组合必须立刻通知农林水产大臣。根据农林水产省令规定，为了确保普通保险再保险事业、渔船船东责任保险再保险事业或渔船货物保险再保险事业相关的政府进行的再保险事业恰当顺利运营，组合或中央会必须将认为必要的事项，通知农林水产大臣。

（五）保险费的负担和补助金的发放

加入渔船中吨位不足100吨、义务加入（即船籍属于指定区域内的渔船应全数加入）保险的，组合成员所应该支付的普通损害保险和满期保险、渔船船东责任保险、渔船货物保险的纯保险费中，由国库按照法律规定比例负担相应部分。

集体加入（即船籍属于指定区域内不足20吨的渔船应半数以上加入且加入船数高于15艘）保险的，组合成员应该支付的普通损害保险、满期保险、渔船船东责任保险或渔船货物保险的纯保险费中，由政府财政负担前述义务加入时政府负担的1/2的金融。

渔船保险组合可以委托渔业协同组合收集和缴纳保险费，并向渔业协同组合支付劳务费。政府对此予以补助。政府还对渔船保险组合事务经费予以补助。为了支持渔船保险中央会普通保险再保险事业和渔船货物再保险事业的健康顺利运营，政府从渔船再保险和渔业共济特别会计中向中央会发放补助，作为再保险事业相关的准备金的一部分。

## 三、日本渔船保险法律制度变革对中国的启示

我国渔民组织化程度低，经济条件有限，防范和抵御风险的能力十分脆弱。我国渔船船员的死亡率高出煤矿24%，是建筑行业的35倍，渔船船员是我国最危险的职业。国家十分重视渔业安全生产。国务院办公厅印发的《安全生产"十二五"规划》（国办发[2011]47号）将渔业船舶列为17个安全生产重点领域之一。渔船保险是进行风险管理的重要措施。目前，我国亟需构建渔船保险制度。日本的经验带给我们诸多启示。

### （一）应制定专门的渔船保险立法

渔船保险属于政策性保险，体现国家的社会经济政策意图，构成一国水产产业政策的组成部分，商业保险法难以进行调整，需要单独立法加以规制。日本自1937年进行渔船保险专门立法，对农业保险中的渔船保险关系进行"精细化"调整，迄今已有77年，为渔船保险事业成功运行提供了法制保障，成为其农业林业渔业渔船灾害补偿法律制度体系的重要内容之一。我国《保险法》只调整商业保险，而不涉及互助合作保险。❶《农业保险条例》涉及渔船保险的方面规定十分简单，不够全面，缺乏可操作性。该条例只在第2条对农业保险的界定中包括了渔业，第32条对涉农保险的界定包括了渔船保险及涉及农民的生命和身体等方面的短期意外伤害保险，规定保险机构经营有政策性支持的涉农保险，参照适用该条例的有关规定。此外，个别规范文件对购买渔船船员人寿保险有规定。❷这种制度供给不足的情况完全不能满足现实的迫切需要。

渔船保险涵盖财产保险、责任保险和人身保险，具有综合性、特殊性和复杂性，与种植业保险、林业保险、畜牧业保险相比具有本质差别，《农业保险条例》实难以将其纳入调整范围进行有效规制。借鉴日本的经验，结合我国渔业互保协会渔船互保的探索，笔者建议我国应重视渔船保险制度的顶层设计，尽早制定专门的渔船保险立法，明确渔船保险的政策性保险性质，对渔船保险经营组

---

❶ 《保险法》第2条规定，该法所称保险，是指投保人根据合同约定，向保险人支付保险费，保险人对于合同约定的可能发生的事故因其发生所造成的财产损失承担赔偿保险金责任，或者当被保险人死亡、伤残、疾病或者达到合同约定的年龄、期限等条件时承担给付保险金责任的商业保险行为。

❷ 2002年11月20日，农业部、国家安全生产监管管理局联合下发的《关于加强渔业安全生产的紧急通知》（农渔发[2002]027号）要求："渔业船舶所有人必须履行为所有出海船员购买人身保险的义务。"

织、渔船保险综合保险业务、渔船保险再保险、国家财政支持与税收优惠、法律责任等做出规定，以确立起我国的综合化渔船保险制度。

（二）重视发挥保险合作组织在渔船保险中的作用

日本在设立渔船保险组合之前，也曾经寄希望于商业保险公司经营渔船保险，但实际却是商业保险公司不愿意承保渔船保险。在汲取教训的基础上，其1937年《渔船保险法》确立渔船保险组合为渔船保险事业的主体，并在此后一直坚持下来，取得了极大成功，在世界范围内也是独树一帜。

理论研究表明，农业保险合作组织经营农业保险业务具有独特优势。我国有关法律法规和政策中对农业保险合作组织已经有所规定。国务院于1985年制定、现已废止的《保险企业管理暂行条例》第5条曾规定，保险企业应支持农民在自愿基础上集股设立农村互助保险合作社，其业务范围和管理办法另行制定。❶《农业法》第46条规定，鼓励和扶持农民和农业生产经营组织建立为农业生产经营活动服务的互助合作保险组织。2006年颁布的《国务院关于保险业改革发展的若干意见》（国发[2006]23号）提出，要探索发展相互制、合作制等多种形式的农业保险组织。2012年中央一号文件指出，扶持发展渔业互助保险。2014年中央一号文件指出，鼓励开展多种形式的互助合作保险。《国务院关于加快发展现代保险服务业的若干意见》（国发[2014]29号）指出："健全农业保险服务体系，鼓励开展多种形式的互助合作保险。"《农业保险条例》第2条第2款规定，该条例所称保险机构包括保险公司以及依法设立的农业互助保险等保险组织。一些地

---

❶ 《保险企业管理暂行条例》颁布实施后，我国河南、山西、湖北、黑龙江等地方的农村互助保险合作组织曾一度得到发展，但最终未能坚持下来。相关管理办法并未制定。

方性法规也有所规定。❶但实践中包括渔船保险合作组织在内的各种农业保险合作组织发展缓慢。

20世纪90年代初期,原中国人民保险公司因商业化转型而退出渔船保险经营。❷1994年7月,在农业部和民政部支持下,参考中国船东互保协会的经验和模式,中国渔业互保协会(原中国渔船船东互保协会)得以成立,开始探索渔船(渔业)互助保险业务。此后,一些地方渔业互保协会也陆续成立,从事渔船(渔业)互助保险业务。这些协会是依据《社会团体登记管理条例》在民政部门登记成立的非营利性的社会团体法人,并非严格意义上的渔船保险合作组织。这些渔业互保协会存在着性质定位、市场准入、业务行为、偿付能力、治理结构等

---

❶ 如《浙江省渔业管理条例》第25条规定,县级以上人民政府应当扶持当地渔业生产者建立非商业性渔业互助保障组织,鼓励渔业生产者对船舶、船员或者养殖水产品进行非商业性互保。《浙江省渔港渔业船舶管理条例》第39条规定,沿海县级以上人民政府应当采取措施,鼓励、引导渔民参加保险或建立多种形式的非商业性互助保障制度。《广东省渔业管理条例》第30条规定,各级人民政府鼓励开展海上自救互救和船东互保业务。《广东省渔港和渔业船舶管理条例》第37条规定,县级以上人民政府应当鼓励、支持和引导从事渔业生产的单位和个人加入渔业专业合作经济组织,参加非商业性渔业互助保障组织。《辽宁省海洋渔业安全管理条例》第30条规定,鼓励、支持成立渔船船东协会和开展渔船船东互保业务。《福建省渔港和渔业船舶管理条例》第37条规定,鼓励、引导渔业船舶参加保险或者建立安全自救互救等多种形式的非商业性互助保障制度。《宁波市渔业安全生产规定》第12条规定,市和县(市)、区人民政府应当扶持建立渔业安全生产互助保障制度,鼓励渔业生产经营单位参加互助保障。《青岛市海洋渔业安全生产管理办法》第28条规定,鼓励渔业船舶参加渔业互助保险组织。渔业船舶的所有人或者经营人应当为渔业从业人员办理雇主责任保险,其投保额度应当与当地人均可支配收入相适应。

❷ 此后,在市场机制作用下,商业保险公司对渔船保险业务存在着"保大不保小、保钢不保木、保远不保近"的经营方针。远洋渔船、钢质渔船、大马力渔船是各商业保险公司竞争的对象,而船况较差的近海小马力木质渔船则由于效益差、风险大而无人问津。由于没有立法保障,形成了"有利润的争着保、没效益的无人保"的无序局面。参见孙颖士:"日本韩国的渔船保险制度及对我国的启示", http://www.cfmi.org.cn/index.php?a=show&c=index&catid=31&id=54&m=content 2014-08-02访问。

游离于保险监管之外的问题，亟待解决。❶笔者建议，在制定或完善有关立法的基础上，可对我国现有的渔业互保协会进行规范的合作制改造，使其成为真正的渔业（渔船）互助保险合作组织。笔者建议，可以将省级渔业互保协会改制为以渔业组织与个人为其成员的规范化的省级渔业保险合作组织，为面向成员提供渔船互助保险业务基层保险合作组织；将中国渔业互保协会改制为以各省级渔业保险合作组织为其成员的渔业保险合作组织的联合组织，在国家支持下，为成员提供再保险及相关服务。

（三）国家应为渔船保险提供财政支持与税收激励

在日本，农业补助金政策在明治后期就已出现。在第一次世界大战后又逐渐扩大推广，有所谓"有农政就有补助金"的说法。包括补助金在内的国家资金的投放，是国家通过财政政策介入经济，使之对经济循环过程带来影响，从而达到一定的经济政策目的的重要方法。把财政资金投放于经济，国家为鼓励渔民参加保险，支持渔船保险事业，法律规定政府为渔船保险提供保险费补助，并为渔船保险组合和渔船保险中央会提供经费补助。国家还有对渔船保险组合及渔船保险中央会提供免法人税等的优惠措施。

目前，我国未将渔业互保协会从事的渔船互助保险业务纳入中央财政保险费补贴范围，也未明确给予税收优惠。这影响了渔船互助保险的开展，也使得广大渔民不能像从事种植业养殖业林业的农民一样享受中央支农惠农政策带来的好处，难以体现农村基本公共服务均等化。笔者建议，应尽快将渔船互助保险业务纳入中央财政保险费补贴范围，并给予管理费补助，提供税收优惠。《安全生产"十二五"规划》提出，鼓励有条件的地方对渔业保险进行保费补贴。据此，地方政府可以先行提供财政支持。

（四）建立渔船保险再保险机制

合作制保险在分散风险方面存在弱点，其难以在尽可能大的范围内分散风险，风险相对比较集中，需要建立和完善大灾风险管理机制，尤其是再保险机制。日本渔船保险制度建构之始，即建立了再保险机制。早期由国家提供再保险，后经过不断改革，现在演变为"渔船保险中央会为渔船保险组合提供再保险、政府为中央会提供再再保险"的双重再保险制度。为此，政府依据《有关特别会计的法律》在中央预算中设立渔船再保险及渔业共济再保险特别账户预算，

---

❶ 2003年3月15日，中国保监会回复湖北省高级人民法院的《中国保险监督管理委员会关于船东互保协会问题的复函》（保监办函[2003]78号）指出，中国保险监督管理委员会依法负责对全国商业保险进行监督管理。船东互保协会从事的活动不属于《保险法》第2条规定的商业保险行为，因此，不属于中国保险监督管理委员会的监管范围。

由农林水产省管理。另外，中央会还把其分入的游览船责任保险再保险、渔船船东责任保险（乘客损害）再保险再向英国劳合社分出。

我国的中国渔业互保协会已初步为地方渔业互保协会安排了再保险，具有了国际上通行有效的保险合作组织之间提供再保险的雏形。❶笔者建议，今后可以逐步探讨采用多种再保险方式。国家（包括地方政府）应对渔业互保协会分出分入再保险提供财政补助，或用财政购买服务的方式支持渔业互保协会向国际再保险市场分出再保险。

### 结　　语

日本渔船保险法律制度是政策性互助合作保险制度，其特点是以渔船保险组合为保险经营主体，渔船保险中央会经营再保险；国家发挥主导作用，既提供保险费补贴、管理费用及准备金的补助，也提供再保险。我国渔船保险一度通过商业保险法进行调整，但未能成功。当前，我国需要尽快进行渔船保险立法，确立渔船保险制度，使农业保险制度体系逐步走向具体、精细和完善。我们可以利用制度后发优势，学习和借鉴日本渔船保险法律制度构建和运行的经验。

---

❶　《中国渔业互保协会章程》第45条规定："各省（区、市）渔业互助保险协会自留风险（含每一张凭证）份额比例上限为50%，其余份额全部向本会进行再保险。"

# 论意外伤害保险中意外之认定及其与疾病、近因的关系

王雁冰[*]

> **内容提要**：意外的认定理论，英美法系经历了原因说、结果说再到意外认定说三个阶段。我国很多学者在分析时多采纳英美法系的意外认定理论，但该意外认定理论的基础与中国的并不一致，我国大多数保险公司实际上并未将承保意外伤害保险的"意外"限定于必须是accidental means造成的，而是在保险条款中约定意外伤害是指遭受外来的、突发的、非本意的、非疾病的事件导致身体受到的伤害。本文认为，认定意外应通过近因原则来进行认定。审判实践中必须遵守认定近因的规则，即明确近因是事故发生的主要的有力原因，且是客观原因。在确定近因后，如果近因属于保险合同约定的承保风险，则保险人应负赔偿责任，否则，保险公司不应赔偿。
>
> **关键词**：意外伤害保险　意外　近因原则

## 一、问题的提出

我国保险法并未规定意外伤害保险，但实务中保险公司大多设置并承保意外伤害保险。德国2007年11月23日通过的保险法第7章规定了意外伤害保险。我国台湾地区的"保险法"（2012年12月8日修正）和韩国商法——保险编也规定了意外伤害保险。意外伤害保险，顾名思义，就是以人的意外伤害作为保险标的的保险，当被保险人遭受意外导致伤害时，如果符合保险合同的约定则保险公司应给付意外伤害保险金。意外伤害保险属于人身保险。作为法官在面对意外伤害保

---

[*] 北京市西城区人民法院民四庭法官。

险纠纷诉讼时，如何确定伤害的发生是否系意外导致，常常感觉十分困难，特别在涉及意外与疾病的区分的时候。各地法院对此的判决也常常是大相径庭，不同的法官也会有不同的裁判。不仅在我国，即使在保险法中规定了意外伤害保险的国家和地区对于如何认定意外也是常常有争议的。虽然关于意外认定的理论不少，具体分析意外认定的文章也很多，法律界对于具体案例中的意外认定的看法仍是众说纷纭，因此本文认为对于如何认定意外仍有探讨的必要。本文尝试对前人关于意外认定的理论或意见加以分析探讨，或许能够对解决实务中的意外伤害认定问题提供有益的帮助。虽然很多学者采纳英美法系的意外认定理论来分析我国实践中的意外认定问题，但笔者认为对于英美法系的意外认定理论仍需要仔细分析，其是否能适用于我国的意外认定实践仍需慎重对待。当然这不影响我们通过英美法系理论的学习加深对意外认定理论的理解。

## 二、意外之认定——对英美法系意外认定理论的分析与批判

### （一）意外认定理论的发展历程

#### 1.原因认定说

英美法系关于意外伤害的认定早期是依据原因认定说。因此，依据原因说，如果意外伤害的发生是意外原因（accidental means）造成的伤害就是意外伤害。否则就不是意外伤害。这是因为早期的英美保险公司仅仅承保accidental means造成的伤害，❶而学者一般将accidental means翻译为"意外原因"（见元照英美法词典）。因此就造成了当时的英美法系国家区分意外原因（accidental means）和意外结果（accidental results），并使得"意外"出现四种组合❷：一是原因和结果均属于意外，如地震导致房屋倒塌，房屋里的人被压死。二是原因不属于意外，但结果属于意外，如小孩吃东西哽噎致死。三是原因属于意外，但结果不属于意外，如心脏病患者乘坐飞机受到惊吓，心脏病复发身亡。四是原因和结果均不属于意外，如自杀。按照当时的保险单对于意外伤害的定义，只有第一种和第三种组合的原因属于accidental means。完全按照保险单的定义并运用这一理论的后果就是只有源于自然界的事故造成的伤害才可能获得保险公司的赔偿，而这是完全不合理的，因此英美法系国家在裁判实务中逐渐采纳了结果认定说的观点。

#### 2.结果认定说

结果认定说是指在认定意外伤害中，不论原因是否出于意外，只要结果是意

---

❶ 肯尼斯·S.亚伯拉罕著，韩长印等译：《美国保险法原理与实务》，中国政法大学出版社2012年版，第334页。

❷ 许崇苗、李利：《中国保险法原理与适用》，法律出版社2006年版，第248页。

外，即为意外伤害。按照结果认定说，上述组合中的第一种和第二种可以被认定为意外伤害，保险公司应当赔偿。应该说这是法院在裁判中放弃依据保险合同关于意外伤害的定义进行裁判的结果，但却是合理的、正义的。结果认定说的产生主要是基于美国的一起案件❶，其案情主要如下：被保险人barry自己从很高的平台上跳下，但并没有摔死，结果却因为着地导致身体扭曲，致使该被保险人十二指肠堵塞，并最终因此而丧生。如果按照"意外原因（accidental means）"理论，法院很明显不能得出该被保险人的死亡属于意外伤害，因为并非意外原因（accidental means）导致，但是陪审团却认为被保险人不能预料其从平台上跳下后会导致身体扭曲并最终丧生，既然他发生预料之外的着地方式，故其死亡属于意外。最后，法院判决保险公司支付保险金。

3.意外就是意外的意外认定说

美国法院采纳结果认定说后，事实上已不再采纳意外伤害的发生是否系意外原因（accidental means）造成，这就使得意外原因和意外结果的区分不再必要。

（二）分析与批判：英美法系意外认定理论不能直接适用于中国

前文论述了英美法系意外认定理论的发展历程，并指出这一发展的原因很大程度是因为早期英美法系保险公司只承保accidental means导致的伤害所致。但是，无论是采取原因认定说、结果认定说，还是"意外就是意外"理论，均需要有意外的事实发生，这是不可或缺的。因此，即使无需区分意外原因（accidental means）和意外结果（accidental results），但"意外"总需要认定。而认定是否发生意外，如果不对其原因进行认定是不可能。必须指出的是，此处论述的"原因"并不是accidental means，而是真正导致意外发生的原因。而accidental means在英美法系中只是指导致事故发生的不是被保险人自身的主动或可预见的行为，如前述组合中的第二种组合小孩吃东西哽噎致死，小孩吃东西就不属于accidental means。但是accidental means本身并不是意外发生的根本原因。小孩吃东西虽然是自身的行为，不是意外方式，但是哽噎却是意外，小孩的真正死亡原因就是哽噎，故小孩的死亡属于意外。因此，分析是否是意外不能只看事故是否是accidental means。我国学者将accidental means这一词汇翻译成"意外原因"本身也许是错误的，有的学者将accidental means翻译为"意外方式"❷，给人的印象就不太会与一般的"原因"一词相混淆。本文认为，即使翻译没有问题，英美

---

❶ 同上书。另参见蓝寿荣、熊玲："'意外伤害'的涵义及构成要件"，载《保险职业学院学报》2009年第2期，第59页。

❷ 肯尼斯·S.亚伯拉罕著，韩长印等译：《美国保险法原理与实务》，中国政法大学出版社2012年版，第334页。

法系的意外认定理论直接适用于中国的实践也是大有问题的。因为我国大多数保险公司实际上并未将承保意外伤害保险的"意外"限定于必须是accidental means造成的，而是一般在保险条款中约定被保险人因意外伤害导致受伤、残疾或身故的，保险公司承担赔偿责任，对于意外伤害的释义一般为："以外来的、突发的、非本意的、非疾病的客观事件导致的被保险人身体受到的伤害。"另外，只看结果也是片面的，上述被保险人从高台跳下，结果是十二指肠堵塞致死，结果法院人为割裂原因与结果，认为被保险人不能预料其从平台上跳下后会导致身体扭曲并最终丧生，既然他发生预料之外的着地方式，故其死亡属于意外。这是错误的。笔者认为从高台跳下本身就是一种极危险的行为，发生死亡后果有相当的可能性，其死亡的后果虽然是十二指肠堵塞，但本质原因还是跳下高台，不能认定其为意外。分析是否是意外应考虑其主要作用，而不应太具体分析因果链条中的细节以致忘了显而易见的致害因素。被保险人虽然无法预见跳下高台具体会如何受伤，但受伤乃至丧生的结果是可以预见的，故不能认定为意外。割裂的认定意外与结果是无意义的，按照上述barry案的分析思路，几乎任何案例都可以找出预料之外的因素。而不区分意外方式和结果，认为意外就是意外的前提还是认为意外方式是意外，意外结果也是意外，本质上还是建立在意外认定说和结果认定说的基础上，再对意外进行认定。

因此，英美关于原因说和结果说的发展是有其自身保险单约定的现实背景的。他山之石，可以攻玉，但前提是必须能够适用于本国的实践，而中国的保险并不同于早期的英美保险，因此不能完全教条化的采纳英美法系的理论而忽视中国的具体情况。但学界存在一种观点，认为可以直接根据意外结果来认定意外。但是，那些认为可以忽略对意外原因的认定而直接适用意外结果的人，首先是错误的将英美法上的accidental means一词等同于认定意外发生的"原因"一词，其次是没有认识到即使对于意外结果也是需要认定其是否属于"意外"，更何况在中国的语境下"意外原因"导致的意外伤害，其结果必然是"意外结果"。另外有人认为，认定意外伤害的发生如果寻找"意外原因"必然会加重被保险人的举证责任，并且意外原因的标准也是不统一的。

本文认为，由谁承担举证责任不影响原因的认定，而对于意外原因的标准，学界现在是有通说的，那就是近因原则。

### 三、近因原则

近因原则理论虽发源于英美法系，但由于近因理论简单明了，大陆法系国家现在也都使用该理论分析保险法中的事故原因。如前文所述，近因是指对保险事故的发生起主要支配作用的、有力的原因。❶因此，在认定近因过程中就不能以距离保险事故损害的发生时间最近的原因作为近因，而应仔细查找对保险事故发生主要有支配力的原因。近因并非只能是一个原因，在保险事故发生中起到同等作用的原因可以都是近因。

  在仔细分析如何确定近因之前，我们应该明白近因是客观存在的原因。因此，我们在查找近因时，应客观分析所有与保险事故发生相关的原因并从中确定近因，而不是首先看哪个原因与保险合同中约定的保险人的承保范围有关，只要是属于保险责任范围的风险就倾向于认定其为事故发生的近因。这种倾向也许短期对被保险人有利，但实际上是损害了保险原理，并不公平，最终导致保险公司增加保费反过来不利于维护保险消费者的利益。

  确定保险事故的近因有两种方法，一种是从纵向原因寻找，一种是从横向原因寻找。❷但无论如何，确定近因必须考虑事故发生的当时的时空背景，而不应泛的考虑各种因素。

  如果是从纵向确定近因，采用倒推法比较科学，此时事故的原因是一个链条。首先分析距离事故发生时间最近的原因是什么，然后再看该原因之前的原因，一一列举出来，形成链条，这时再具体分析。（1）最近的原因与前面的原因之间是何种关系，如果可以预见前面的原因会造成后面的原因，即存在高度的盖然性，在预料之中，或者前面的原因必然造成后面的原因，则可以认为前因是近因，而不用考虑前因本身是否可以造成事故的发生。我国著名法学家杨兆龙曾审判过这样一个案件，❸原告以装载于轮船上的货物向被告投保。后轮船行经宜昌上游时与小岛相撞，导致轮船受损，无法行驶。当时船长为防止乘客及海员出现生命危险，故嘱咐他们离船。附近居民目击后就登船抢夺行李，导致原告货物全部损失。杨兆龙经审理后判决认为：被告所负赔偿责任以轮船触礁为货物损失的原因为条件。在本案的特殊情形下，船长不得已嘱咐船上之人离船，此时既无警察也无人员监视，当地人员抢夺货物自然属于可预料的结果。因此原告货物的损失应为触礁之结果。触礁属于此案事故的近因。（2）如果最近的原因并不是前因的必然结果，前因也不会造成事故的发生，则最近的原因是事故的近因。例如，甲不慎跌倒摔伤，住院后医生不负责任从而治疗不当造成甲死亡，显然医生治疗不当是甲死亡的近因。（3）如果前面的原因虽然可以造成事故的发生，但

---

❶ 许崇苗、李利：《中国保险法原理与适用》，法律出版社2006年版，第95页。

❷ 参见王雁冰、张影："保险事故近因的确定"，载《人民司法·案例》2011年第10期。

❸ 杨兆龙：《杨兆龙法学文选》，中国政法大学出版社2000年版，第484页。

最近的原因与前面的原因没有关系，而是打断了前面的原因，之后独立造成了事故的发生，则最近的原因是近因。

如果从横向原因寻找近因，此时事故的原因是多重原因均对事故的发生产生了作用，但是必须分析作用力怎样，（1）如果每一种原因均能独立的造成事故的发生，并且事故的发生与每一种原因都有联系，则每一种原因均可认定为近因；（2）如果部分原因可以独立的造成事故的发生且造成了事故的发生，其他原因只是有促进作用，并不起决定作用，则能独立造成事故发生的原因为近因，其他原因不是近因；（3）如果每一种原因均不能独立的造成事故的发生，而是他们合起来造成的事故发生，则他们也都是近因。

在确定近因后，如果近因属于保险合同约定的承保风险，则保险人应负赔偿责任，否则，保险公司不应赔偿。

### 四、意外之认定——近因决定意外

（一）意外的构成要件

由于我国保险法并未规定意外伤害保险，自然也未对意外的构成要件进行规定。但是根据我国多数保险公司保险合同条款关于意外伤害保险的认定，一般认为意外的构成要件为：（1）外来性；（2）突发性；（3）非本意；（4）非疾病。包括德国、日本、韩国以及我国台湾地区在内的大陆法系理论认为意外包括突发性、偶然性、外来性三个要件，且缺一不可。本文认为大陆法系的三要件说具有合理性，而我国也属于大陆法系，故本文依据三要件说展开论述。

1. 突发性

突发性是指事故的原因与结果之间时间短暂，不存在时间间隔。而逐步进行或者经过逐步增强的行为导致的事故就不是突发性。例如，如果长期在有毒的工作环境下工作而慢性中毒死亡、长途跋涉所致脚部摩擦受伤或因长时间暴露寒地所致的冻伤[1]，就不具有突发性特征。韩国也有判例认为被保险人与朋友在长时间内持续四次大量饮酒后，因急性酒精中毒死亡时，不属于外来偶然突发性事故。[2]

2. 偶然性

偶然性是指事故的发生是被保险人事先无法预料的，是偶然的、非本意的行为。我国保险公司保险合同条款中约定的"非本意的"这一要件就是偶然性要件。值得注意的是，偶然性是指被保险人对事故的结果无法预料，而不是对可

---

[1] 许崇苗、李利：《中国保险法原理与适用》，法律出版社2006年版，第249页。

[2] 崔吉子、黄平：《韩国保险法》，北京大学出版社2013年版，第246页。

能存在的危险无法预料。例如，被保险人登山、骑马发生事故的，不能认为不属于偶然性。当然如果危险发生事故的可能性高度存在，则可以认为不属于偶然性。

3. 外来性

外来性是指保险事故的发生来自身体外部。虽然如此，在具体事例中如何认定外来性是有争议的，同样是酒后因呕吐物堵住气管，造成窒息致死的案例，我国台湾地区法院和韩国法院的判决是截然不同的，前者认为不属于外来性，后者认为属于外来性，当然在韩国也有不同的裁判结果。❶疾病属于身体内部的原因，不属于外来性。因此，我国保险公司约定保险合同条款中约定的"非疾病"这一要件可以被外来性这一要件涵盖。

（二）近因决定意外的认定

突发性、偶然性、外来性是认定意外的构成要件，但是对于具体的伤害是否是突发性、偶然性、外来性的事故造成的，即如何确定他们之间的因果关系是有争议的。关于因果关系的理论，大陆法系有相当因果关系说，英美法系有近因理论，但两者之间并无本质区别，在保险法中采纳近因理论已成通说。近因是指在引起保险事故发生的所有原因力中起主要支配作用的原因❷，该原因对事故的发生有独一无二的作用。因此，认定是否存在意外就必须寻找并确定事故发生的近因。❸近因是确定意外的标准。前述长期在有毒的工作环境下工作而慢性中毒死亡的案例以及长途跋涉所致脚部摩擦受伤或因长时间暴露寒地所致的冻伤的案例，其本质是因为伤害的近因明显是长期因素故不符合突然性。至于偶然性，前述跳下高台的案例从整体上看显然不具有偶然性，而对于整个链条中的某些预料之外的细节因素笔者认为不具有决定性，不是事故的近因，被保险人虽然预见不到十二指肠堵塞，但从高台跳下对身体造成这种影响显然是符合常理的。至于外来性的判断，才是经常性的争议之所在，下面会专门予以论述。前述酒后因呕吐物堵住气管，造成窒息致死的案例，其近因为窒息，是呕吐物堵住气管，虽然是内部呕吐，但本质上是外来物，故认定具有外来性是合适的。

在近因是单一原因时，如果近因符合突发性、偶然性、外来性，则其属于意外，否则不能被认定为意外。在近因是多种原因时，如果多种近因均独立的致使

---

❶ 崔吉子、黄平：《韩国保险法》，北京大学出版社2013年版，第247页。另参见刘宗荣：《新保险法：保险契约法的理论与实务》，中国人民大学出版社2009年版，第434页。

❷ 许崇苗、李利：《中国保险法原理与适用》，法律出版社2006年版，第95页。

❸ 具体确定近因的方法请参考王雁冰、张影："保险事故近因的确定"，载《人民司法·案例》2011年第10期。

伤害发生，而其中一种近因符合突发性、偶然性、外来性要件，则认定为意外伤害；如果多种近因共同致使伤害发生，其中一种近因符合突发性、偶然性、外来性要件，则可以根据比例因果关系理论，认定部分存在意外伤害事实。❶当然，由于是否构成意外伤害涉及保险公司应否赔偿及赔偿多少的问题，因此在可以通过鉴定确定单一近因是否属于意外以及在多原因力中意外的作用力大小的情况下，应通过鉴定确定，否则法官可以通过判断确定并根据比例因果关系理论具体酌定赔偿数额。

对于近因属于意外的举证责任一般属于被保险人一方，但被保险人只要初步证明存在意外即可，保险公司有不同意见的其应反证被保险人不属于意外伤害。

### 五、意外之认定——通过近因区别疾病与意外

由于意外伤害保险排除了疾病，故在实践中如何认定意外与疾病的区别是十分重要的，但区分两者并非易事。区分意外与疾病最有效的方法是认定事故的真正近因，而认定事故的近因就必须遵守认定近因的规则，明确近因是对事故发生起主要支配作用的原因，并且是客观的原因。

（一）事故引起的疾病

对于事故发生引起疾病的情况从而产生伤害的，必须分析到底是意外还是疾病是造成伤害的近因。一般来说如果意外事故同时造成疾病，并造成伤害，则伤害的近因是意外，但如果疾病在事故发生后已经经过了一段时间，则应认为疾病是近因。❷

（1）在一起中国某法院审理的案件中，被保险人出国前去安哥拉打工，两年后回国，并于回国后几日身体不适，十几日后死于恶性疟。该病的传播途径是蚊子，由于国内气温很低，没有蚊子出现，况且被保险人家乡地区自20世纪90年代中期已无恶性疟疾，恶性疟疾从蚊叮到发作具有一定的潜伏期，因此可以认定其系在国外被蚊虫叮咬后感染恶性疟致死。法院认定本案属于意外事故，其判决理由为被保险人所患恶性疟并非其体内原有疾病，即该疾病并非孤立存在，导致其感染恶性疟的直接原因系蚊虫叮咬，整个事件的发展过程应当是首先被蚊虫叮咬，然后感染恶性疟疾，最终导致死亡。上述因果关系链条中从最初原因发生到结果发生是完整、紧密的，蚊虫叮咬作为整个环节的启动因素，亦应当成为死亡结果的直接原因。

笔者原来认为王某所患恶性疟显然是在其被蚊虫叮咬后经过了一定的潜伏期

---

❶ 许崇苗、李利：《中国保险法原理与适用》，法律出版社2006年版，第95页。

❷ 陈欣：《保险法（第三版）》，北京大学出版社2010年版，第160页。

才发生的，首先不符合意外的突发性要件，其次蚊虫叮咬本身并不会致人死亡，再者病菌入侵最终还是在身体内部发生病变，故被保险人的死亡近因是疾病不是意外。但是，在本案的特殊情形下，蚊虫叮咬后的潜伏期过程中王某并未有其他患病表现，否则可以提前救治。其疾病发作后很快就死亡，是符合突发性的条件的，蚊虫叮咬本身不会致人死亡，但在本案王某的情况下，其在非洲工作遭受带有病菌的蚊虫叮咬并导致疾病是预料之中的，故应该认为此时王某的死亡属于意外而不是疾病。本案明显属于意外引起的疾病，此时蚊虫叮咬是近因。因此，分析近因必须考虑当时的时空背景，如果不这样考虑，则蚊虫叮咬显然一般人均不会认为会造成死亡。

（2）英国法院曾经审理过这样一个案件，被保险人不慎跌倒在地受伤并导致肩膀脱臼，他被人抬到床上休息后由于其身体虚弱且肩膀无法撑重，以致被褥常常滑落，最终受凉患上了肺炎，后因此而丧生。英国的法院判决本案被保险人的死亡属于意外事故，这是因为法院判决认定被保险人死亡的近因是意外伤害，即不慎跌倒，而不是后来的肺炎。❶但是本文认为，近因是事故发生的有力原因，在本案中，被保险人死亡的真正原因是肺炎，跌倒并不必然引起肺炎，被褥长期滑落更不能认为是跌倒的必然结果，肺炎作为打破因果关系链条的因素已经将跌倒排除在原因之外。

（二）疾病引起的事故也可以构成意外

本身属于疾病导致的事故显然不能认为属于意外，但是疾病也可以造成意外事故。

（1）关于猝死，实践中存有争议，但猝死本身是由于疾病导致还是有高度盖然性的。例如，吴某投保了意外伤害保险。某日，吴某突然倒地被送至医院经抢救无效死亡。当日，医院出具居民死亡医学证明书，载明：吴某致死的主要疾病诊断为："心源性猝死？"，发病到死亡的大概时间间隔为半小时。后公安局刑警大队出具证明，载明：死者吴某，尸表无外伤，无中毒迹象，面目青紫，符合猝死症状，可排除他杀、自杀可能。法院判决认为，由于吴某死亡后并未作尸检，故关于吴某死亡原因的判断，应以医院出具的诊断证明为准，现医院出具的死亡医学证明书载明的死亡原因为"心源性猝死？"虽然医院在心源性猝死后标注"？"，系对死亡原因的怀疑，但该判断代表了医院的倾向性意见。在吴某家属未能举证证明吴某死亡的确切原因的情况下，应承担举证不能的相应法律后果，故对于其关于要求给付保险赔偿金的诉讼请求，法院不予支持。此时，猝死

---

❶ 周学峰："保险法上的因果关系认定与司法推理——以意外死亡保险为例"，载《政法论丛》2011年第2期。

本身是造成事故的原因，是属于疾病而不属于意外。

（2）被保险人在过河时突发癫痫昏厥，溺水死亡，法院判决被保险人死于意外事件。❶笔者对此有不同意见，在此案件中，被保险人死亡的近因明显是癫痫而不是溺水，溺水只是事故的最近的原因而不是近因。在本案的特殊情况下，过河时发生癫痫导致溺水显然具有可预见性，是在预料之内的，没有癫痫发作是不可能溺水的，癫痫对于死亡的发生具有支配作用，故应认为癫痫是近因。

（3）在一起保险纠纷中，被保险人因自身所患癫痫病症发作，导致其摔倒进而受伤死亡。保险公司认为造成被保险人死亡的根本原因，是其自身所患疾病的发作，并非外来因素所致的意外伤害事件。疾病所致损害结果，不属于意外伤害保险的保障范畴。因此，保险公司不同意赔偿。法院经审理认为，此前被保险人亦曾有多次疾病发作的情形，但这些疾病发作并未造成死亡结果。因此，其患有癫痫病与其疾病发作导致摔伤并进而死亡之间，不存在必然性的或者高度盖然性的因果关系。在意外伤害保险的范畴内，被保险人自身所患的癫痫病症，固然是导致其在工作中摔倒的原因，但是癫痫病者发作所导致的摔倒，显然并不必然造成患者重型颅脑损伤并进而死亡的结果。该死亡结果对于癫痫患者而言，是一种"意外"，属于意外伤害保险的承保范围，保险公司的抗辩观点，在逻辑上不能成立，应当承担给付保险金的责任。本文同意法院的判决，此案属于疾病导致的意外事故，与前述案例癫痫导致溺水不同的是，此案中癫痫之前多次发作，本次发作导致的摔倒进而死亡之间不具有可预见性。

（三）事故发生时被保险人患有疾病

（1）意外事故发生时，如果被保险人患有疾病，则必须分析疾病在意外事故中的作用，如果疾病本身只是使得被保险人身体衰弱，结果被保险人更容易受到意外事故的伤害，但并没有实质促成事故的发生，那么事故发生时，不能认定疾病是伤害的近因。❷此时，意外是伤害的唯一原因，疾病本身与事故并无因果关系。例如，2012年6月13日原告李某下楼时不慎摔伤，于2012年6月14日去北京某医院治疗，经医院诊断为腰椎2、腰椎3由于外伤压缩骨折，暂时保守治疗。2013年6月27日原告李某在北京某医院住院治疗其病历记录记载的现病史为：行腰椎正侧位片示椎体压缩骨折。2013年7月6日原告李某在北京某医院入院治疗结束，其出院记录上记载：主要诊断为骨质疏松性椎体压缩骨折；其他诊断为严重骨质疏松症，在医院进行了椎体成形术。本次住院原告李某的医疗费：40 415.76元，扣除农村合作医疗范围内的报销数额，原告李某个人支付医疗费共

---

❶ 陈欣：《保险法（第三版）》，北京大学出版社2010年版，第159页。

❷ 同上书，第160页。

计：22 558.98元。李某在保险公司投保了意外伤害保险，之后李某向保险公司申请理赔。2012年9月29日，被告保险公司给原告李某出具的理赔决定通知书，该理赔通知书记载：经保险公司审核确认，原告李某本次出险治疗，诊断为病理性骨折，影像报告诊断显示胸椎退行性改变、腰椎间盘膨出，非意外责任，故本次理赔金不予给付。2013年6月6日，北京某医院骨科医生接受法院调查时陈述称：原告李某本次腰部骨折是由于意外造成的，一般老年人60岁以上都会有骨质疏松，摔倒后是可以引起骨折的。法院经审理认为李某此次骨折的根本原因不是因为骨质疏松造成的，其骨折的根本原因属于意外跌倒事件。在本案中，骨质疏松只是被保险人的个人体质状况，其本身只是更容易导致伤害，但与本案的伤害之间并不存在因果关系。

（2）在意外事故发生时，如果疾病和意外共同造成了事故的发生，则可以认定意外事故存在意外和疾病两个近因，此时保险公司仍应赔偿，但法院可以确定赔偿比例。

（3）如果事故的发生引发了或者是加重了被保险人自身的疾病发作并造成伤害的，而事故本身与伤害之间不存在高度盖然性的，则似乎应该认定伤害的原因是疾病。

## 六、结　论

英美法系的意外认定理论有助于我们加深对意外认定的理解，但本身不能直接应用于我们实践中的意外认定领域。我们认定意外应坚持以突发性、偶然性、外来性为要件来进行认定，在具体认定时应以近因为标准。对于近因，我们在认定时应坚持客观性，应先不考虑是否属于保险责任范围，而应客观认定，之后再考虑是否属于保险责任范围。对于近因应坚持其是对事故发生起主要支配作用的有力的原因，具体在确定近因时应考虑具体事件的特殊情况，是否必然以及是否属于可预见的存在高度的盖然性。近因理论是认定意外的原则理论，具体在分析意外时，需区分其与疾病。具体区分的方法就是要找准近因，对于事故引起的疾病，如果意外本身与结果没有因果关系，其近因是疾病则显然不是意外事故，则事故不是意外。如果疾病引起了事故，则也需具体分析近因，伤害的近因是疾病则不属于意外，但疾病也可以引起意外，此时伤害的近因不是疾病。利用近因原则可以有效的认定意外，但是事故的具体细节只有仔细分析才能有助于近因的认定。近因原则虽然有助于意外的确定和减少认定意外过程中的争议，但这本身并不能代替意外的具体认定，也不会消除对于意外认定过程中存在的不同观点。因为如何确定近因本身也是有争议的，我们所能做的就是完善原则，然后具体问题具体分析。一劳永逸的幻想并不可取，当然也是不可能实现的。

# 补偿型医疗保险代位求偿权诸理论问题探究

史卫进[*] 付 昕[**]

> **内容提要：** 最高人民法院在《关于适用〈保险法〉若干问题的解释三（征求意见稿）》中提出，补偿型医疗费用保险合同中，保险人理赔后可行使法定代位求偿权。但最高法院的补偿型医疗保险代位权规则与我国现行保险法的规定相左，根据司法解释不得违反法律规定的原则，本文提出在医疗费用保险中可以适用约定代位求偿权的主张，这不仅使司法解释的内容不与保险法直接产生冲突，而且用约定代位求偿权的方式引入当事人意思自治，使其较法定代位求偿权适用更灵活。建议最高法院采用补偿型医疗保险约定代位求偿权规则实现与保险法的衔接，以弥补现有保险法自身的不足。
>
> **关键词：** 医疗保险 损失补偿原则 补偿型医疗保险 约定代位求偿权

## 一、补偿性医疗保险与医疗保险

所谓医疗保险是指保险人以保险合同约定的医疗行为的发生为支付保险金条件，为被保险人接受诊疗期间的医疗费用支出提供保障的保险。在医疗保险中，其保障范围是保险合同约定的被保险人因疾病的发生或意外伤害所致的医疗行为；其保险责任是指被保险人在接受诊疗期间所支出的医疗费用，包括住院费、诊疗费、检查费、手术费、医药费、护理费、残疾辅助器具费和医院杂费等。根

---

[*] 烟台大学法学院副教授、硕士生导师。
[**] 烟台大学法学院民商法硕士生。

据被保险人因医疗行为获得保险金是否适用损失补偿原则,医疗保险可以划分为补偿型医疗保险和定额给付型医疗保险。

所谓补偿型医疗保险又称为费用补偿型医疗保险,是指根据被保险人实际发生的医疗费用支出,按照保险合同约定的标准确定保险金赔偿数额的医疗保险。在补偿型医疗保险合同项下,若被保险人实际发生的医疗费用已经从第三方处获得补偿,保险人仅补偿其差额部分;若被保险人由多家保险人承保,各保险人则根据约定比例分摊保险金。补偿型医疗保险的保险金赔偿金额不得超过被保险人实际发生的医疗费用金额。补偿型医疗保险与给付型医疗保险的区别为,补偿型医疗保险为事后补偿,即根据被保险人实际发生的医疗费用计算保险赔偿金额,在治疗行为结束后进行补偿;而定额给付型医疗保险则是一旦发生保险合同约定的事项即给付保险金额,无需在治疗行为结束后凭相关资料索赔,因此给付型医疗保险又称为费用给付型医疗保险,是指按照保险合同约定的数额给付保险金的医疗保险。

因补偿型医疗保险能够根据被保险人实际发生的医疗费用计算保险赔偿金额,能够使有限的医疗保险保障基金得到最大化的运用,所以英德法日等发达国家多以补偿型医疗保险作为其社会医疗保险的险种;其商业健康保险(或医疗保险)所提供的是补充医疗保险,有补偿型医疗保险和给付型医疗保险两种险种,如德国的补充医疗保险险种主要有:补充性门诊保险、护理保险、收入损失补偿保险和住院日额津贴保险等。❶美国虽没有建立社会医疗保险,其医疗保险计划是以商业保险方式运行,美国的商业医疗保险计划是以补偿型医疗保险方式确立的,其主要险种为医疗费用险、长期护理险和伤残收入损失险等。在其综合医疗保险中,保险人提供全面的健康护理保障,包括住院费、门诊费、治疗费、诊断费、特别治疗费(包括物理治疗、放射治疗)以及处方药费。在其大宗医疗费用保险中,其保障范围是全部医疗费用在扣除免赔额和共保额后,计算出的补偿金额;近年来,对于住院费、医生的诊断费和出诊费多取消了免赔额和共保的规定,手术费不高于正常费用标准的也实报实销。❷

我国的商业健康保险包括疾病保险和意外伤害保险,其中以被保险人因疾病或意外伤害而发生的医疗费用为保险责任范围的保险就是医疗保险。我国保监会在《健康保险管理办法》规定:"健康保险是指保险公司通过疾病保险、医疗保险、失能收入损失保险和护理保险等方式对'因健康原因导致的损失'给付保险

---

❶ 刘京生:《中国健康保险发展研究》,中国社会科学出版社2011年版,第9页。

❷ Kenneth Black,jr.Harold D.Skipper,jr:《人寿与健康保险》(第13版),孙祁祥、郑伟等译,经济科学出版社2003年版,第141~142页。

金的保险。"其是试图以定义的方式，将"因健康原因导致的损失"作为保险人按损失补偿原则承担医疗保险责任的依据。但在这一《办法》中规定"医疗保险是指以保险合同约定的医疗行为的发生为'给付'保险金条件，为被保险人接受诊疗期间的医疗费用支出提供保障的保险"和"定额给付型医疗保险是指按照约定的数额'给付'保险金的医疗保险。"此所使用的"给付保险金条件"和"给付保险金"词语，没有将补偿型医疗保险中的"损失给付"与给付型医疗保险中的"金钱给付"进行区分，使医疗保险仅具有给付保险金的特征，从而无法全面地将损失补偿原则引入到医疗保险中。

我国《保险法》第2条后段规定，人身保险是指投保人根据合同约定向保险人支付保险费，保险人"当被保险人死亡、伤残、疾病或者达到合同约定的年龄、期限等条件时承担给付保险金责任的商业保险行为"。法律的这一规定，明确限定在人身保险险种组成的健康保险和意外伤害保险中，保险人是在被保险人死亡、伤残、疾病时承担"给付"保险金责任；而财产保险等损失保险则是在保险事故发生后，保险人承担"赔偿"保险金责任。因此在保险法上明确区别"给付"保险金责任和"赔偿"保险金责任这两种责任形态分别适用于人身保险和财产保险时，就使以损失补偿原则适用为核心的补偿型医疗保险处于没有法律保障的状态。所以，补偿型医疗保险作为以被保险人实际发生的医疗费用支出为基础，按照保险合同约定的标准确定保险金"赔偿数额"的医疗保险，作为我国医疗保险中的主力险种，其所约定的"以被保险人实际发生的医疗费用支出确定赔偿保险金数额"的损失补偿规则只是被行政规章承认，而在法律上仍处于法无据的状态。笔者认为，应当修改我国现行保险法，直接承认损失补偿原则在医疗保险中的适用。

## 二、补偿型医疗保险代位权概述

补偿型医疗保险代位求偿权是保险代位求偿规则和理论运用于补偿型医疗保险的结果，它是指在补偿型医疗保险中，被保险人因第三者原因致疾病或伤害而产生的医疗费用，保险人依保险合同约定向被保险人支付保险金之后，在支付金额范围内代为行使被保险人对第三者请求赔偿的权利。关于医疗保险是否适用保险代位权的问题，学者和立法上存有争议：

持否定说的学者认为，按照传统保险法理论，代位权作为损害补偿原则的具体表现形式，原则上不适用于人身保险，而只适用于财产保险。被保险人对第三人的损害赔偿请求权，不因保险人对被保险人支付保险金而转移给保险人。因此，医疗保险作为人身保险的险种之一，基本属于允许被保险人双重获利的给付性的保险，因此，一旦发生请求权的竞合，被保险人可以分别行使请求权，且无索赔顺序的约束。❶我国保险立法采否定说，一是我国保险法将保险代位求偿权仅规定于财产保险合同之中，因而不能适用人身保险（包括医疗保险合同）；二是我国保险法第46条规定的"被保险人因第三者的行为而发生死亡、伤残或者疾病等保险事故的，保险人向被保险人或者受益人给付保险金后，不享有向第三者追偿的权利，但被保险人或者受益人仍有权向第三者请求赔偿。"明确排除了保险代位求偿权在人身保险合同（包括医疗保险合同）中的适用。

遵循着商业医疗保险的保险金实际上是用于填补被保险人为恢复身体健康而花费的实际医疗费用的原理，我国商业保险实务中的医疗保险除约定为定额给付保险金的外，均具有填补实际医疗费用的补偿性保险特征。我国《健康保险管理办法》将医疗保险明确规定为定额给付型和损失补偿型两种健康保险，这就是承认损失补偿原则适用医疗保险等具有补偿性的人身保险。持同意说的学者认为，作为损失补偿原则的保障规则之一的保险代位求偿权，应当在补偿型医疗保险中加以适用。因为在意外伤害医疗保险中，被保险人的身份权、人格权本身虽不得让与，但因其侵害所生的赔偿请求权，原则上得为让与。❷现行保险法中规定的人身保险禁止追偿，是不区分定额保险和损失保险的性质，尚非无误。❸因此，最高法院在《关于适用〈保险法〉若干问题的解释（三）（征求意见稿）》中提出，"被保险人因第三者的行为发生、伤残或者疾病等保险事故支出医疗费用，保险人向被保险人或者受益人给付费用补偿型医疗费用保险金后，在给付金额范围内向第三者请求赔偿的，人民法院应予支持，保险合同另有约定的除外。""被保险人因第三者的行为发生死亡、伤残或者疾病等保险事故支出医疗费用，被保险人已经从第三者获得赔偿的，保险人在给付费用补偿型医疗费用保险金时要求扣减被保险人从第三者已取得的赔偿金额，人民法院应予支持，保险合同另有约定的除外。"该条的前段规定是，被保险人因第三者的行为发生、伤残或者疾病等保险事故支出医疗费用，补偿型医疗保险人在向被保险人支付保险金后取得保险代位求偿权，这是对保险代位权行使的条件作出的规定；该条后段规定是，保险人向已从第三者处获得赔偿的被保险人支付保险金时可以扣减相应

---

❶ Efic Mills Holmes&Mark S.Rhodes.Holmes Appleman on Insurance.New York:West Pub. Co. ,1996;363.转引自焦红丽："意外伤害医疗保险的重复赔偿问题探讨"，载《渤海大学学报》2012年第3期。

❷ 温世扬，武亦文："论保险代位权的法理基础及其适用范围"，载《清华法学》2010年第4期，第37~38页。

❸ 江朝国：《保险法逐条释义（第二卷保险契约）》，台湾元照出版公司2013年版，第233页。

的金额，是关于保险代位权行使的救济。但是，应当注意的是，最高法院提出的法定代位求偿制度适用补偿型医疗保险的观点与我国《保险法》第46条规定所存在的冲突和矛盾应当予以解决，是不容回避的。

遵守我国保险法的同时，如将法定代位求偿权纳入补偿型医疗保险中适用存在以下困境：保险法第2条所规定的人身保险完全适用"给付"保险金规则，即保险人依照保险合同中约定的保险金额向被保险人承担给付保险金的责任，而非以被保险人所遭受的实际损失（实际医疗费用）为准。但从域外保险法立法来看，保险金给付规则并不能适用于全部人身保险，只是完全适用于人寿保险，部分适用于约定给付的意外伤害和健康保险，而其他的约定补偿实际医疗费用支出的意外伤害和健康保险则属于损失补偿性保险。因此，德国和日本保险法分类中认定医疗保险亦是补偿性保险，故医疗保险当然适用法定代位求偿权。我国若要在医疗保险中适用法定代位权，必须先对保险法加以修改，从立法上承认部分意外伤害和健康保险具有补偿性，并将保险代位权规定于保险合同一般性规定之中，并在人寿保险合同中规定排除代位求偿权的适用。但在我国目前立法境况下，修改保险法是不现实的，只能通过最高法院的司法解释的方式，来弥补我国保险立法的漏洞。为解决最高法院《征求意见稿》中采法定代位求偿权与现行保险法的冲突，笔者提出以下观点，以供参考。

保险代位求偿权在理论上有法定代位求偿权与约定代位求偿权之分。法定代位求偿权因法律规定而产生；约定代位求偿权则是因当事人双方合意而产生，只要这种约定不违反国家法律的强制性规定即为有效。由于法定代位求偿权只能依照法律规定而产生，故基于当事人合意即可产生的约定代位求偿权在适用上更为灵活。我国保险法第46条排除了人身保险中代位求偿权的适用，笔者认为这只是排除了法定代位求偿权在人身保险中的适用；而约定代位求偿权是保险合同当事人双方意思自治的体现，法律对投保人同意让渡自己权利的行为应当予以承认，保险法第46条的内容中并没有排除约定代位求偿权。所以，笔者建议将最高法院在征求意见稿关于法定保险代位求偿权的规定修改为约定保险代位求偿权的内容，即"被保险人因第三者的行为发生、伤残或者疾病等保险事故支出医疗费用，保险人向被保险人或者受益人给付费用补偿型医疗费用保险金后，根据'保险合同的约定'在给付金额范围内向第三者请求赔偿的，人民法院应予支持。"

### 三、补偿型医疗保险约定代位求偿权的行使

#### （一）补偿型医疗保险代位求偿权的行使条件

在德国保险法上，保险代位求偿权被规定在补偿保险一章的一般规定一节中，该法第86条规定："如果投保人对第三人享有损害赔偿请求权，则在保险

人向投保人赔付保险金后，上述请求权应转移给保险人。但上述请求权之转移不得不利于投保人。"德国的健康保险规定于意外伤害保险一节中，该节第194条明确规定，"凡是按照损害补偿原则签订的保险合同，则本法第74~80条，及第82~87条应予适用。"❶可见，德国保险法的代位求偿权的行使条件为被保险人（投保人）对第三人拥有损害赔偿请求权并且保险人已向被保险人（投保人）赔付，被保险人（投保人）对第三人享有的损害赔偿请求权直接转移给保险人，此当属法定代位求偿权。因此，补偿型医疗保险代位权的行使条件为被保险人对第三人拥有损害赔偿请求权且保险人向被保险人赔付保险金。在日本保险法中，补偿型医疗保险属于损害保险，故应适用补偿型保险的一般规定，关于代位求偿权也规定于损害保险一章中的保险金给付一节中，"保险人在履行保险给付后，以保险人履行的保险给付金额或者被保险人债权的金额二者中最少的金额为限，当然代位取得被保险人因保险事故导致的损害而享有的债权。"❷故在日本法上补偿型医疗保险代位权的行使条件为保险人履行保险金给付。日本也采法定代位求偿权理论，故只要保险人履行保险金赔付，即可在赔付范围内行使医疗保险代位求偿权，并不需要被保险人为转让对第三者损害赔偿请求权的意思表示。

与德日保险法的规则不同的是，在美国保险法中，立法和判例表明人寿保险不适用代位权，对于健康保险和意外伤害保险，原则上也不适用代位求偿权；但美国法院允许当事人在保险合同中扩大代位权的适用范围，对于保险合同中已约定代位权的，则可以适用。在医疗费用保险、住院保险等领域的实践中，约定代位求偿权的办法被大量采用。❸

鉴于我国保险法的立法现状，补偿型医疗保险代位权应当与财产保险合同中的代位求偿权略有不同，财产保险合同中的代位求偿权为法定代位求偿权，保险人只要承担保险责任即可向第三者行使；而补偿型医疗保险代位求偿权则因其应当采约定代位求偿权才能与现有保险法相协调，故首先须有被保险人转移其对第三者债权的意思表示，即双方须有保险合同约定为基础，如此医疗保险人的代位求偿权才会产生，才有行使的可能性；没有了保险合同约定代位，则会因我国保险法第46条的规定，使保险人无从获得代位求偿权。

根据保险合同有关于补偿型医疗保险代位求偿权的约定，保险人需要依照保险合同约定赔付保险金后，在保险人赔付金额范围内，被保险人对第三人的债权才会依照保险合同的约定转移给保险人。因此，补偿型医疗保险代位求偿权的

---

❶ 孙宏涛：《德国保险合同法》，中国法制出版社2012年版，第80页。

❷ 沙银华：《日本保险经典判例评释》，法律出版社2011年版，第184页。

❸ 约翰·F.道宾：《美国保险法》第4版，梁鹏译，法律出版社2008年版，第265页。

行使条件是"保险人已向被保险人赔偿了保险金",对于这一条件,从其内部观察,被保险人对第三人享有的损失赔偿请求权发生了变化,仅就其未从保险人处获得补偿的部分有权向第三人提起损害赔偿之诉,对于保险人已经承担保险责任的部分,保险人在承担责任的份额内基于合同的约定而取得了对第三人的求偿权;从外部特征来看,这已经是一种新的法律关系,保险人承担保险责任的行为与保险合同中有关代位求偿权的约定使得原来的债权在范围上发生变化,并且其中一部分从原有债权脱离而为保险人所有。虽然原债权被一分为二,但诉因并未被分割。因此,补偿型医疗保险代位权的核心是使得本属于被保险人的赔偿请求权部分让渡于保险人,这种让渡的约定代位权是基于当事人之间的合意;保险人与被保险人相比,也拥有更强的能力与更多的经验来应对与第三人的诉讼。因此,保险人以自己的名义行使保险代位求偿权更为便利。

(二)补偿型医疗保险代位求偿权的行使限制

德国保险法上规定将被保险人对第三人的债权转移给保险人,从表面上来看,保险人代位求偿权的范围与被保险人对第三者的损害赔偿请求权范围一致,但实质上并非如此,其法律规定的"保险人行使代位求偿权不得损害被保险人的利益",表明保险人行使代位求偿权依然要以其向被保险人履行的保险赔付为限,否则当保险人追偿所得数额高于被保险人所获得的保险金时,被保险人未从保险人处获得补偿的部分亦为保险人获得,被保险人便无法就其所受损害的剩余部分向第三者请求赔偿,故保险人只能在其履行保险赔付范围内进行追偿。日本保险法上则规定"以保险人履行的保险给付金额或者被保险人债权的金额二者中最少的金额为限"❶,因为保险人的赔偿金额高于被保险人债权金额(指实际支出的医疗费用),则被保险人多获得的金额为不当得利,应当返还给保险人,保险人不能就此部分向第三人行使代为求偿权,所以此时代位权的金额应以被保险人债权金额为限而不是以保险人实际履行的保险金额为限。

在我国补偿型医疗保险实务上,经常会出现保险人理赔金额远高于被保险人对第三人所有的债权数额(实际支出的医疗费用)的情形,因为在补偿型医疗保险中,虽常为根据原始单据实报实销,并且保险人有时会约定有一定的免赔率,但是在保险法规定医疗保险适用"给付保险金"规则的前提下,被保险人所获得的保险金通常会远远高于被保险人对第三人所有的债权数额。故对我国的补偿型医疗保险应当引入损失填补原则,规定保险人行使约定代位求偿权的范围以保险人对被保险人履行的保险赔付金额为限,保险人依照约定行使代位请求赔偿的权

---

❶ 沙银华:《日本保险经典判例评释》,法律出版社2011年版,第184页。

利,不影响被保险人就未取得赔偿的部分向第三者请求赔偿的权利。

(三)补偿型医疗保险代位求偿权的行使期间

关于保险代位追偿权的行使期间与起算时间,我国保险法并未规定;最高法院在《适用〈保险法〉若干问题的解释(二)》第16条中规定,保险人代位求偿权的诉讼时效期间应自其取得代位求偿之日起算。这一规定,主要是考虑到保险理赔可能会因为鉴定、诉讼等事由拖延很长时间。❶补偿型医疗保险属于事后补偿,即被保险人在保险事故发生之后,住院治疗需要花费一段时间,有时时间相对较长,至身体康复出院之后,所花费的费用才能确定,才可以向保险公司索赔,保险公司还需要对被保险人所遭受的损失进行核定。如果仍将被保险人对第三人拥有损害赔偿请求权的时间点作为代位求偿权行使时效的起算点,必然会损害保险人的利益,故在此问题上,应采财产保险代位求偿权行使时效的起算点相同的立场,均以保险人具备行使条件时开始起算。

关于代位求偿权的诉讼时效,各国都是将原赔偿请求权的诉讼时效适用于代位求偿权。笔者认为,由于补偿型医疗保险代位求偿权本质上是被保险人将本人对第三人的人身损害赔偿请求权转移给了保险人,因此,其时效长短也就应当以被保险人对第三人的人身损害赔偿请求权而定,依照我国《民法通则》第136条的规定,人身损害赔偿请求权的诉讼时效为一年,故补偿型医疗保险代位权的诉讼时效也应为一年,自保险人取得代位求偿权时开始起算。

(四)补偿型医疗保险代位求偿权的救济

补偿型医疗保险中,保险人代位行使的是被保险人对第三者的债权,该债权在转移前对于被保险人而言可以放弃,被保险人弃权的行为会导致保险人在被保险人弃权范围内免责,否则保险人赔付之后便无从行使代位权,使保险人利益受损,导致真正的责任人免责,这对保险人而言不公平,故此时保险人可以在履行赔付时扣减被保险人放弃请求权部分的数额;在保险人已经履行保险赔付的情形下,被保险人放弃对第三者的请求权不对保险人发生效力,被保险人此时并不能够支配该债权,其弃权行为成为"无源之水",保险人依旧可以依据保险合同在其承担保险责任的限额内对第三者进行追偿。

最高法院在《征求意见稿》中提出,"被保险人因第三者的行为发生死亡、伤残或者疾病等保险事故支出医疗费用,被保险人已经从第三者获得赔偿的,保险人在给付费用补偿型医疗费用保险金时要求扣减被保险人从第三者已取得的赔偿金额,人民法院应予支持,保险合同另有约定的除外。"这一意见的内容

---

❶ 奚晓明:《最高人民法院保险法司法解释(二)理解与适用》,人民法院出版社2013年版,第375页。

出自于我国《保险法》第60条第2款的规定,"被保险人已经从第三者取得损害赔偿的,保险人赔偿保险金时,可以相应扣减被保险人从第三者已取得的保险金额"。比较两者不难发现《征求意见稿》中对保险人代位权的救济方式与保险法基本相似,只是增加"另有约定的除外"。这是因为补偿型医疗保险与财产保险均为损失保险,对补偿型医疗保险代为求偿权的救济与财产保险代位求偿权的救济措施应当是相同的。

# 台湾问题保险公司强制退场个案与法制之研究
## ——以立即纠正措施为论述核心

卓俊雄[*]

> **内容提要**：美、日等国保险法规中订有立即纠正措施或类似规定，其目的在于针对问题保险公司之处理即早发现问题、即早解决，以维持保险契约之有效性，确保保户权益最大化。因此，2014年9月我国台湾地区"保险法修正草案"中便参酌美、日经验，增订立即纠正措施相关规定，此应属合宜之举。惟有争议者是，我国台湾地区"保险法"中赋予主管机关得直接为退场之处分，此与美日等国需经司法审查之规定有所不同。再者，此次立即纠正措施仅以RBC做为判断依据，亦有不妥之处。因此，本文认为本次"保险法"有关立即纠正措施相关规定，应有重新检讨之必要。本文建议有关保险公司退场法制程序应兼顾程序正当性与利害关系人权益之保护，立法者似应思考在避免公司资产快速流失与维护程序正当性间寻求平衡，适度调整上开规定为宜。
>
> **关键词**：立即纠正措施　保险公司退场法制程序

## 前　言

由于经营环境日渐严峻等因素，导致部分保险公司因业务或财务状况显著恶化，不能支付其债务，或无法履行契约责任或有损及被保险人权益之虞，主管机

---

[*] 台湾地区东海大学法律学系专任副教授。

关基于确保消费者之权益，为"接管"或"勒令停业清理"等处分(即本文所称强制退场)(我国台湾地区"保险法"第149条第4项参照)。然而无可讳言者是，由于国人对金融机构具高度信赖感，加上保险契约多为长期契约，倘保险公司经主管机关强制退场者，因攸关保户与其他利害关系人权益❶，若无法实时并妥适加以处理，恐危及国人对保险业之经营信心，保险市场交易秩序恐生动荡。因此，有关保险法授权主管机关所为之强制退场处分相关规定，其规范内容是否妥适，实以必要加以厘清。

复查我国台湾地区保险主管机关有意推动修改"保险法"❷，研议比照我国台湾地区"银行法"，推动立即纠正措施（Prompt Corrective Action；PCA。下称立即纠正措施），将问题保险公司退场标准更明确化❸。换言之，如该修正条文通过后，未来主管机关将依保险业资本适足率等级得采取之立即纠正措施❹，对问题保险公司及早加以处理，以期能减少损害之发生并稳定金融市场交易秩序。惟查2001年7月我国台湾地区"保险法"增订第143条之4，第1项即明定"保险业自有资本与风险资本之比率，不得低于200%；必要时，主管机关得参照国际标准调整比率。"主管机关并基于该条第3项之授权，于同年12月公布"保险业资本适足性管理办法"❺，明定保险业自有资本与风险资本之计算比率（下称

---

❶ 因保户（policyholder）与保险公司之间具有强烈信赖关系，故保险事业之经营性质实与一般生产事业有别。当保险业被迫退场，无论保险契约是否能顺利移转给他保险业，因原保险契约之保险人与保户间关系发生重大变更，对保户权益势必产生若干影响。参卓俊雄："保险契约转让与保户权益保护之研究"，载《寿险季刊》第146期，第26~47页。

❷ 2014年"保险法修正草案"，增订以保险业资本适足率作为主管机关采取相关监理措施及执行问题保险业退场事务规范，以及增订保险业资本适足率等级为严重不足，且未依限完成增资等者，主管机关应于一定期间内予以接管等规范，并配合订定保险业违反限制措施之罚则，上开规定自2016年1月1日施行。(修正条文第143条之4、第143条之5、第143条之6、第149条、第168条及第178条)

❸ 目前银行规定是净值占资产总额低于2%、或亏损逾资本额1/3者，若无法改善，金管会必须在90天内接管，参见"金管会拟建保险立即纠正措施"，载《工商时报》，2013-10-02。

❹ 参见2013年12月保险法第143条之4至第143条之6、第149条、第149条之6、第168条之8修正草案条文内容。

❺ 参见2011年12月20日财政部门（90）台财保字第0900751413号令订定发布全文6条；并自2003年7月9日施行。

"RBC"），并于2007年12月修正"保险业资本适足性管理办法"❶，于第6条中明定将保险业RBC分成三级，其中不足200%者，得限制其特定行为并于适当之处罚。上开规定是否可称为立即纠正措施，抑或有修正之必要，实可讨论。

又查本次保险法修正理由可知，系参酌美国纽约州保险法相关规定所生。另观察日本保险业退场法制可知，该国自1997年日产生命相互保险公司声请破产宣告，至2009年大和生命保险股份有限公司声请企业重整为止，也有多家保险公司退场个案❷。其中日本保险业法中虽设有立即纠正措施规定，惟其相关程序与规范内容似与本次"保险法"修正内容有所不同。有关立即纠正措施相关规范与处理经验之特色何有，实值探究。

综上，本文主要讨论议题有三，其一说明我国台湾地区问题保险公司处理个案以及方式；其二为说明立即纠正措施之发展沿革，并分析美、日二国对保险业有关立即纠正措施相关规范与处理经验之特色何有；其三为我国台湾地区现行保险法规中有关立即纠正措施相关规范之妥适性，并提出具体建议。

## 一、台湾地区问题保险公司处理个案之介绍

回顾台湾地区保险业经主管机关强制退场个案，主要有四，财产与人寿保险公司各有二家。其中财产保险业分别是2005年以及2009年国华产物与华山产物遭主管机关勒令停业清理；至于人寿保险业则有1970年国光人寿保险公司勒令停业并声请破产宣告案以及2009年国华人寿遭接管处分案。因上开个案之处理方式有所不同，兹先将其处理方式整理如下，以利后续讨论。

（一）1970年国光人寿保险公司勒令停业并声请破产宣告案

1970年国光人寿财务发生问题，因当时"保险法"对保险公司退场规范有所不足，故主管机关系依据当时"保险法"第19条先勒令国光人寿停业，并协调其

---

❶ 参见2007年12月28日金管会金管保一字第09602506421号令修正发布全文9条；并自2008年1月1日施行。

❷ 经查共有8家问题人寿保险公司以及2家产险公司退出日本保险市场之经营。其余6家人寿保险公司分别是，1999年东邦生命相互保险公司、2000年第百生命相互保险公司、2000年大正生命保险公司、2000年千代田生命保险公司、2000年协荣生命保险公司以及2001年东京生命相互保险公司。2家产险业分别是2000年的第一火灾保险股份有限公司以及2001年的大成火灾保险股份有限公司。相关说明，参见财团法人保险安定基金，"保险公司退场机制"研究报告，2011年，第103~107页。

他同业承受国光人寿长期契约❶。再依据"公司法"之规定,向法院声请破产宣告,进行破产程序,以了结公司现务❷。并于1972年经法院裁定破产宣告,直到2007年始经法院裁定破产终结❸。

(二)2005年国华产物遭主管机关勒令停业处分

2005年国华产物保险股份有限公司因经营不善致亏损日益扩大,经"金融监督管理委员会"(下称"金管会")命其限期改善仍无力增资补足,因其业务、财务状况显著恶化,流动性已无法履行契约责任,在多次给予自救机会而未能完成自救之情况下,有不能支付债务而损及被保险人权益之虞,"金管会"遂依据当时"保险法"第149条第3项规定,于2005年11月18日以金管保二字第09402526590号函❹宣布国华产物保险公司因经营不善、财务状况显著恶化遭勒令停业派员清理处分,并委托财团法人保险事业发展中心担任清理人。此为我国

---

❶ 分别为当时的台湾人寿、中信局人寿处(2007年改称台银人寿部,2008年改制台银人寿)、第一人寿(1995年更名庆丰人寿、2000年更名为保诚人寿、2009年让与"中国人寿")、华侨(1981年更名"中国人寿"),南山(1970年股权由AIG承受)、国华(接管中)、新光、国泰等8家人寿保险公司。

❷ 查国光人寿保险公司勒令停业并声请破产宣告,主要是因其违反保险法经营转投资事业,及佣金支出漫无限制所造成。国光人寿在1962年成立,台湾地区财政部门在1968年派员检查时发现,国光除了1967年度账面亏损殆尽外,还透支了六百万元,财政部门下令国光限期改善,于1970年4月仍未见起色,财政部门遂勒令国光停业,该公司保险契约前后转由同业承受。1972年2月法院裁定国光人寿破产,参见林莹婳:"保险安定基金相关法律问题之研究",政治大学风险管理与保险学系2005年硕士论文,第69页。

❸ 参见"国光人寿破产案女法官超级寻人清掉35年老案",载《联合报》2007年7月9日。资料来源:http://udn.com/.

❹ 发文字号:金管保二字第09402526590号,主旨:公告国华产物保险股份有限公司勒令停业清理,依据:保险法第149条第3项及第4项规定。

公告事项:

一、国华产物保险股份有限公司因业务财务状况显著恶化,不能支付其债务,及无法履行契约责任,有损及被保险人之权益,爰依保险法第149条第3项及第4项规定予以勒令停业清理,并委托财团法人保险事业发展中心为清理人,依据保险法行使有关清理人之职权并办理相关清理之工作。

二、国华产物保险股份有限公司应将其业务之经营及财产之管理处分权移交予清理人,原有股东会、董事及监察人之职权,依保险法第149条之8准用第149条之1之规定,即行停止。

三、该公司之保险商品自即日起依法不得再行销售,消费者为保障自己之权益,请勿购买。

台湾地区35年来保险公司首度遭接管并动用产险安定基金的案例。其中资产净值为亏损37.9亿元。主要处理经过说明如下：

（1）2006年4月6日台湾人寿于公开标售中，取得国华产险营业及资产。

（2）2006年4月25日台湾人寿转投资成立龙平安产险公司(2008年10月更名为台寿保产险公司)。

（3）2006年5月国华产险除消费者信用贷款信用保险及国外分进再保险业务外之各项业务移转予龙平安产险(移转40余万张)，至少重新聘用国华产险178名留职员工，使其享有一年之聘任期。

（三）2009年华山产物遭主管机关勒令停业处分

2009年华山产物保险公司因资本适足率未达保险法的法定标准，在"金管会"多次要求限期办理增资及给与多次自救机会仍无效之下，"金管会主委"陈冲宣布，勒令停业清理处分，并委托保发中心担任清理人，并组成清理小组，进驻华山产险清理。华山产险业主权益为负八点七亿元，累计亏损28亿元。主要处理经过说明如下：

2009年3月26日第五次清理委员会通过《华山产物保险股份有限公司资产负债及营业标售计划书》：

（1）2009年4月22日公告标售全部或部分资产、负债及营业。6月1日流标。

（2）2009年6月26日通过委外办理所有赔案及追偿事项（不含1090住宅抵押保证保险及消费者贷款信用保险之追偿案件）服务招标。7月29日流标。

（3）2009年6月1日第一次员工大量解僱公告，解僱232人，留任99人。2009年9月14日第二次员工大量解僱公告，解雇99人。

（4）2009年10月7日办理遴选人力派遣公司协助办理华山产险后续清理工作招标案，并由怡东人事顾问股份有限公司得标。

（四）2009年国华人寿遭主管机关接管处分案

至于第二家受主管机关强制退场处分则是国华人寿保险股份有限公司(下称国华人寿)。有关国华人寿遭接管处分案主要处理过程有❶：

（1）2009年8月4日国华人寿因财务发生问题❷，遭金管会接管并委托财团法人保险安定基金(下称保险安定基金)担任接管人，另指派财团法人保险事业发

---

❶ 参见国华人寿保险股份有限公司接管工作说明，财团法人保险安定基金网页资料。资料来源：http://www.tigf.org.tw/index.aspx.

❷ 其接管处分原因主要系因国华人寿资本适足率未达法定标准，且未能完成限期增资要求，加上董监事更动频仍，日前因法人股东股权移转，甚导致无监察人的情况，有损及被保险人权益之虞。净值负数缺口逾500亿元。

展中心派员协助，共同组成接管小组。接管期限以9个月为原则，但必要时可缩短、或延长。此为台湾地区第一家遭金管会接管的国内寿险业者。

（2）办理增、减资程序。保险安定基金受金管会委托接管国华人寿后，即委托安永财务咨询服务股份公司（Ernst & Young）研拟财务改善计划，该公司提出减资并同增资之规划建议❶。

（3）办理国华人寿引资或合并案第二次公开招标流标。2010年7月办理国华人寿引资或合并案第二次公开招标，因无人投标，故宣告流标❷。

（4）接洽台湾金融控股股份有限公司参与国华人寿引资或合并交易相关事宜，洽商期间双方进行多次研商，惟未能达成共识，故确定台湾金控参与国华人寿引资或合并交易案不再进行❸。

（5）宣布公开标售作业并接连延长接管期限。为利国华人寿保险股份有限公司接管人财团法人保险安定基金赓续办理有关引资或合并相关交易等事宜，主管机关自2009年8月4日由金管会予以接管处分以来，已连续四次公告延长接管期间，接管期限至2013年8月3日止。并规划将国华人寿案之处理方式比照问题金融银行，采取全部出售或切割出售模式，并给予得标厂商监理宽容，以吸引潜在买方投标❹。

（6）2012年10月29日，第三度标售的国华人寿再生波澜，台北地方法院裁定，暂停处分的裁决。惟经法院审查后，于2012年11月2日裁定驳回假处分之声请，安定基金重启标售案❺。

---

❶ "金管会"于2009年9月25日函核准上开方案。当时国华人寿实收资本额30.1亿，减、增资后资本额达60.1亿。资料来源：http://www.tigf.org.tw/（最后浏览日：2014年10月01日）。

❷ 有关国华人寿引资或合并案第二次公开招标程序，当时虽然三商美邦人寿保险股份有限公司(下称"三商美邦")有完成注册并进行实地审查评鉴，惟该公司表示，国华人寿之中长期财务、业务状况应可有所成长，然对于参与引资或合并案，其评估目前不易产生立即具体综效，不符合该公司目前短期发展之策略，故于审慎评估后，最后放弃投标。本基金将持续推动国华人寿各项业务之经营与强化财务结构，并依原规划进行洽询公股金融机构事宜。

❸ 参见财团法人安定基金2012年02月16日新闻稿。资料来源：http://www.tigf.org.tw/（最后浏览日：2014年10月01日）。

❹ 查国华人寿标售案倾向采整体出售，同时金管会也同意得标者可在监理保有弹性，如给与10年监理宽容期，以吸引潜在买方。参见"国华人寿再延长接管1年4度延长估赔付千亿 新得标者享监理宽容"，《苹果日报》2012年08月01日。

❺ 参见财团法人安定基金2012年11月5日台北地方法院第2400号民事裁定书本基金新闻稿。资料来源：http://www.tigf.org.tw/（最后浏览日：2014年10月01日）。

（7）2012年11月27日全球人寿保险股份有限公司就"整体出售"方案以新台币883.68亿元得标❶。

（五）2014年国宝人寿以及幸福人寿遭主管机关接管处分案

在处理国华人寿标售案后，一般认为主管机关恐囿于经费短缺，对于部分清偿能力不足之人寿保险公司将暂缓处理。然而，2014年8月12日"金管会"为维护保户权益及金融市场稳定，再次发布接管国宝人寿保险股份有限公司(以下简称"国宝人寿")及幸福人寿保险股份有限公司(以下简称"幸福人寿")行政处分❷。金管会强调，该二家公司被接管后仍继续营运，保户权益依保险契约约定内容不受影响，仍持续受理保户之缴费、保险给付、保单借款、有效保险契约之变更或终止等业务，并继续承接新业务。

然而，从国华人寿处理过程可知，因主管机关为确保保户之权益，故保险安定基金以"补偿"得标者883亿元的金额加上监理宽容等措施，标售国华人寿全部资产与负债。此举虽可达稳定金融市场之目的，惟经历此事件后，台湾安定基金所能动用之资金已经全部告罄❸。再者，内、外投资环境不佳，主管机关未来处理此二家问题人寿保险公司是否能完全比照国华人寿案，值得持续观察。

（六）小结

另观诸上开问题保险保险业退场处理过程可知，我国台湾地区主管机关对问题财产保险公司以及人寿保险业之处理有明显之不同。前者，财产保险契约保险期间通常为一年期且负债金额较少，故主管机关选择以清理程序为之。后者，人寿保险契约保险期间较长，且负债金额较高，主管机关则选择以接管方式为之。

另因法令变迁，台湾主管机关对问题人寿保险业之处理也已有明显之不同。分析如下：

首先，就程序之选择而言，有鉴于国光案发生时，当时"保险法"对问题保险业之处理规定仅于第149条中规定"保险业因查有违背法令，或其资产不足清

---

❶ 参见"金管会"2012年11月27日国华人寿标售结果新闻稿。资料来源: http://www.ib.gov.tw/ (最后浏览日: 2014年10月01日)。

❷ 参见"金管会"2014年08月12日发布金管会接管国宝人寿、幸福人寿新闻稿。资料来源: http://www.ib.gov.tw/ (最后浏览日: 2014年10月01日)。

❸ 此次国华人寿标售所需补偿之金额扣除保险安定基金与金融营业税特别准备金后，尚不足五百七十亿元。据报将寻求银行团联贷来补足。预估至少需要七、八年始能清偿银行团。参见刘宗志，"国华人寿标出 20年行政宽容压低赔付金额"，载《中国时报》2012年11月28日。资料来源: http://news.chinatimes.com/focus/501012383/112012112800091.html，搜寻日期：2012年12月31日。

偿债务，并返还责任准备金或保险费时，主管机关得令于一定期间内依法改正。或变更执行业务之方法，并为保护要保人被保险人或受益人之权利，得令其停业或一定期间之停业或解散。(第1项)保险业因前项之规定而解散时，由主管机关选派清算人。(第2项)"基此，主管机关遂依据该条之授权对国光人寿为停业之处分，随后因该公司履行清偿义务，并于1972年经法院裁定破产。至于，国华案发生时，因"保险法"对问题保险业之处理规定已历经多次增修(如分别1974年、1992年、2001年、2007年等增修)，其中主管机关对问题保险业之处理程序除得为"监管、接管、勒令停业清理、命令解散"外("保险法"第149条第3项参照)，尚增设接管中如有重建更生之可能时，得向法院声请重整。("保险法"第149-2条第3项参照)因此，主管机关便以接管方式作为国华人寿之处理方式。之后，国宝人寿以及幸福人寿亦同。

再者，对保户权益之保障方面，因国光案发生时，当时"保险法"中仅规定保险业需提存保证金，如保险业营业损失达保证金额时，主管机关得令其以现金或提供其他财产补足之❶。因此，国光人寿遭法院裁定破产时，保户对国光人寿所享有之债权，仅得依循破产法分配，并无其他任何保障。至于，国华案发生时，因1992年对问题保险业之保户权益则因"保险法"增订安定基金机制❷，而有明显之不同(参照"保险法"第143-1条至第143-3条)。

最后，从主管机关处理问题人寿保险业之经验观之，由于法制之建立与处理经验之累积❸，然而需注意者是，安定基金之设置并非完全免除保险业无法清偿

---

❶ 参见1963年保险法第141条规定"保险业于设立时，应按资本或基金实收总额15%，缴存保证金于国库。"另第143条亦明定"保险业营业损失达保证金额时，主管机关得令其以现金或提供其他财产补足之"。

❷ 查1992年保险法增订安定基金之前，对保险业万一发生失却清偿能力而有无法偿还责任准备金或履行契约责任情事时，寿险业当时已有安定基金之设置，产险业则无，爰予于保险法第143-1条中增列安全基金之设置，以期减轻或免除要保人或被保险人之损失。

❸ 如回顾台湾保险业经主管机关强制退场个案，除本文所介绍之2家人寿保险公司外，尚主管机关尚分别于2005年以及2009年对国华产物与华山产物为勒令停业清理之处分。

保户权益之损失❶。故本次国华案之处理，安定基金全部承受国华人寿无法清偿之责任，似应仅是个案。未来主管机关处理类似个案时，是否参照援引，仍有待观察。

## 二、立即纠正措施之介绍

（一）立即纠正措施之制定背景

查立即纠正措施源起于美国，于20世纪80年代末期，当时美国面临银行及储贷机构大肆倒闭之严重金融危机，致使国会对于金融监理之主管机关逐渐失去信心。然随着美国金融业营运状况持续恶化，严重侵蚀"存款保险基金"，因此国会认为财政部的改革重点应以重建存款保险基金、改进存款保险制度及强化金融监理为首要，即于1991年时，以明文立法之方式，制订通过"联邦存款保险公司改进法"（FDICIA），而该法案之核心宗旨，即为"监理机关在处理问题银行时，应以存款保险基金长期损失最小的方式来处理"。而于该法案中，要求金融主管机关须制定"银行业稳健经营"之规范，针对资本低于一定标准之银行，即要求金融主管机关应采取"立即纠正措施"，该措施将依情况程度之不同，而将采取相应之措施，另可分为"强制性措施"与可视情况自由裁量的"选择性措施"两种，以降低问题银行倒闭之可能，及减少存款保险基金之损失。

而自20世纪90年代以降，于欧、美、亚洲等地各国银行业之危机经验表示，主管机关对于资本适足率不足之银行，如未立即采取"立即纠正措施"者，将与日后处理金融危机时其成本提高，具有高度密切关联性。如于1998~1999年期

---

❶ 按"金管会"2006年7月18日金管保一字第09500096890号函准照办之人身保险安定基金动用范围及限额 的规定，人身保险安定基金动用范围及限额依据我国台湾地区"保险法"（以下简称本法）第143-3条第2项规定订定之，且限制安定基金垫付适用于依台湾法律设立许可之本（外）国人寿保险业在台湾境内销售之有效保险契约，但不包括未经台湾法令许可之保险业在国内所销售之保险契约、国内寿险业之国外（总）分支机构在国外销售之保险契约、保险商品之专设帐簿部分、依据劳工退休金条例年金保险实施办法规定销售之劳退企业年金保险契约及劳退个人年金保险契约，以及再保险契约。其中有关人身保险契约对保户垫付的限制如下，身保险安定基金对每一保险公司单一动用事件依据人身保险安定基金动用范围及限额，按险种别给予不同的垫付标准，如为身故、残废、满期、重大疾病（含确定罹患、提前给付等）保险金，以每一被保险人计，每一保险事故；或每一被保险人之所有满期契约（含主附约），为得请求金额之90%，最高以新台币300万元为限。参见有关台湾保险安定基金动用范围及限额，参见财团法人保险安定基金："'保险公司退场机制'研究计划"，2011年，第322~327页。

间，日本政府为协助银行处理相关资本不足之状况，陆陆续续投入高达9兆5 248亿日元，但因银行业并无针对负债企业采取相应措施，导致困境并未因此解决，反使日本政府数年来再投入之金额有增无减，而被认为系日本经济持续衰退之原因。对此加拿大、日本及台湾地区金融业等均已纷纷跟进，实施类似于美国之PCA计划。

（二）美国NAIC相关规定之介绍

美国NAIC为了让最低资本能依保险人的规模与风险而定，而规范风险基础资本比率（RBC_Ratio），其计算方式不在此赘述。而在计算出风险基础资本比率后，为排除主管机关监理宽容（forbearance）的情形，订有立即纠正措施，分别依风险基础资本比率而对监理官设有对应的行动水平。依RBC Model Act，若风险基础资本比率介于70%与100%之间，监理官可以重整或清算公司(Section 5 B)、若风险基础资本比率低于70%，保险监理官必须重整或清算公司(Section 6 B)。由于用数字来决定监理官的行动较为清楚、明确，一旦有保险公司的风险基础资本比率落于行动水平内，监理官必须依法行政，没有规避的空间，从而降低监理宽容的可能性。

惟需注意者是，美国保险监理官如发现保险公司有符合立即纠正措施之条件时，保险监理官需向法院声请取得对保险公司接管（Conservation）、重整（Rehabilitation）或清算（Liquidation）的命令。换言之，美国保险业退场法制中有关立即纠正措施仅是赋与保险主管机关向法院声请退场处分之启动机制，保险业法并无授权保险主管机关得直接为退场处分。

（三）日本保险业法相关规定之介绍

查日本有关保险业立即纠正措施❶，主要系规范于该国《保险业法》第130条(健全性基准)、《保险业法》第132条（保险金清偿能力之基准）以及主管机关基于《保险业法》第132条第2项授权订立之《保险业法》第132条第2项区分规定之命令。其中《保险业法》第130条(健全性基准)即是主管机关判断保险业者经营是否健全以及保险金等支付能力是否充分之基准。至于，同法第132条第1项则规定，内阁总理大臣依照保险公司业务或财产状况或保险公司及其子公司等之财产状况，为确保保险公司业务健全且适当营运、谋求要保人等之权益保护，认为有必要时，得对该保险公司，提示应采取措施事项及期限，要求其于期限内，提出为确保经营之健全性之改善计划；或命其就已提出之改善计划进行变更；或于必要限度内订定期限，命其停止全部或一部分之业务；或命其采取财产提存；

---

❶ 参见财团法人安定基金："'保险公司退场机制'委托研究案"，2011年，第168~170页。

或其他监督上所必要之措施。另外第132条第2项则针对该条第1项所规定之命令，认为有必要充实保险公司之保险金支付能力时，应依保险公司之保险金清偿能力充足之状况分别依内阁府令、财务省令办理之❶。

另依据日本《保险业法》第132条第2项之授权，日本保险业主管机关以《保险业法第132条第2项区分规定之命令》为名，制定行政命令，针对保险金清偿能力是否充足，制定早期预警系统，将"清偿能力比率"（Solvency Margin Ratio）按照级距分类为4个等级，主管机关得依其清偿能力比率，勒令该公司采取不同程度之改正行动（参表一：日本保险业主管机关对于清偿能力比率制度下的改正行动）。

表一 日本保险业主管机关对于清偿能力比率制度下的改正行动

| 分类 | 清偿力比率 | 方针 |
| --- | --- | --- |
| 无 | 超过200% | 无 |
| 类别一 | 100%~200% | 主管机关为确保经营健全性，得命令该公司提出具有实行合理性之改善计划并实行。 |
| 类别二 | 0~100% | 主管机关得命令采取下列充实保险金清偿能力之相关措施：<br>(1)命令该公司提出具有实行合理性之改善计划并实行。<br>(2)禁止配发股利，或限制其金额。<br>(3)禁止配发保单红利或限制其金额。<br>(4)变更新契约保单之保险费计算方法。<br>(5)禁止配发高级主管奖金，或限制其金额，限制其他之事业费用。<br>(6)禁止部分类型之资产运用，或限制其金额。<br>(7)缩小部分营业处所之业务。<br>(8)废止除总公司外之部分营业处所。<br>(9)缩小子公司业务。<br>(10)处分子公司股票或持分。<br>(11)限制其他业务。<br>(12)其他金融厅认为必要之措施。 |
| 类别三 | 0以下 | 限定期限命令该公司停止部分业务或全部业务。 |

---

❶ 有关日本保险业法相关规定，参见廖淑惠：《日本保险业法》，保险事业发展中心2003年11月。

## 三、我国台湾地区保险业立即纠正措施之立法沿革与内容

### (一)"保险业资本适足性管理办法"相关规范

关于现行"保险法"中,针对问题保险公司已经有类似金融业"立即纠正措施"之规定。其主要系依据"保险法"第143条之4规定而来,并依据同条第3项授权制定"保险业资本适足性管理办法",为其相关规范,并整理如表二:台湾地区现行保险业"立即纠正措施"。

表二: 台湾地区现行保险业"立即纠正措施"

| 监理措施 / 资本适足率 | 强制性措施 | 选择性措施 |
|---|---|---|
| 200%以上者 | 无 | 无 |
| 150%以上,未达200%者 | 1.不得买回其股份,且不得分配该申报年度之盈余。 | 1.主管机关并得视其情节轻重为其他必要之处置或限制<br>2.对未依命令提出增资或财务业务改善计划,或未依其计划确实执行者,得采取资本适足率未达150%之相应监理措施。<br>3.命令保险业及其负责人限期增资或提出其他财务业务改善计划<br>4.命令其停售保险商品或限制其保险商品之开办。<br>5.限制其资金运用范围,或为其他必要处置。<br>6.限制其对负责人有酬劳、红利、认股权凭证或其他类似性质给付之行为。 |

续表

| 监理措施 / 资本适足率 | 强制性措施 | 选择性措施 |
|---|---|---|
| 未达150%者 | 1.不得买回其股份，且不得分配该申报年度之盈余。 | 1.主管机关并得视其情节轻重为其他必要之处置或限制<br>2.得采取与资本适足率150%以上，未达200%之关于选择性措施中3、4及5之相同监理措施。<br>3.解除其董（理）事、监察人职务，并通知公司登记主管机关注销其登记。<br>4.停止其董（理）事、监察人于一定期间内执行职务。<br>5.保险业取得或处分特定资产，应先经主管机关核准。<br>6.命令其处分特定资产。<br>7.限制或禁止其与利害关系人之授信或其他交易。<br>8.命令其负责人之报酬予以调降，且不得逾该保险业资本适足率低于150%前十二个月内对该负责人支给之平均报酬。<br>9.限制增设或命令限期裁撤分支机构或部门。<br>10.派员监管或为其他必要处置。 |

（二）2014年9月"保险法修正草案"

而针对该次"保险法修正草案"中，参酌美国保险监理官对问题保险公司采取行动的启动时点之规范，并配合国际标准及金融市场变化予以调整，及参考我国台湾地区"银行法"第44条之2规定及现行"保险业资本适足性管理办法"第6条规定，明定主管机关并得依保险业资本适足率等级采取之措施，整理如表三:2014年9月我国台湾地区"保险法修正草案"。

表二　2014年9月"保险法修正草案"

| 监理措施＼资本适足率 | 强制性措施 | 选择性措施 |
|---|---|---|
| 资本适足<br>(200%以上者) | 1.如果以股票股利或以移充社员增认股金以外之其他方式分配盈余、买回其股份或退还股金，将致资本适足率降低者，不得为之。 | 无 |
| 资本不足<br>(授权主管机关订定) | 1.不得以股票股利或以移充社员增认股金以外之其他方式分配盈余、买回其股份或退还股金。<br>2.不得对负责人发放报酬以外之给付。 | 1.令其或其负责人限期提出增资、其他财务或业务改善计划。届期未提出增资、财务或业务改善计划，或未依计划确实执行者，得采取次一资本适足率等级之监理措施。<br>2.令停售保险商品或限制保险商品之开办。<br>3.限制资金运用范围。<br>4.限制其对负责人有酬劳、红利、认股权凭证或其他类似性质之给付。<br>5.其他必要之处置。 |
| 资本显著不足<br>(授权主管机关订定) | 1.不得以股票股利或以移充社员增认股金以外之其他方式分配盈余、买回其股份或退还股金。<br>2.不得对负责人发放报酬以外之给付。 | 1.得采取资本不足时之选择性措施。<br>2.解除其负责人职务，并通知公司（合作社）登记主管机关废止其负责人登记。<br>3.停止其负责人于一定期间内执行职务。<br>4.令取得或处分特定资产，应先经主管机关核准。 |

续表

| 资本适足率 \ 监理措施 | 强制性措施 | 选择性措施 |
| --- | --- | --- |
| 资本显著不足<br>(授权主管机关订定) | 1.不得以股票股利或以移充社员增认股金以外之其他方式分配盈余、买回其股份或退还股金。<br>2.不得对负责人发放报酬以外之给付。 | 5.令处分特定资产。<br>（1）限制或禁止与利害关系人之授信或其他交易。<br>（2）令其对负责人之报酬酌予降低，降低后之报酬不得超过该保险业资本适足率列入资本显著不足等级前十二个月内对该负责人支给平均报酬之70%。<br>（3）限制增设或令限期裁撤分支机构或部门。<br>（4）其他必要之处置。 |
| 资本严重不足<br>(50%以下者；或保险业净值低于零) | 不得以股票股利或以移充社员增认股金以外之其他方式分配盈余、买回其股份或退还股金。<br>不得对负责人发放报酬以外之给付。<br>若未依主管机关规定期限内完成增资、财务或业务改善计划或合并者，主管机关应自期限届满次日起九十日内，为监管、接管、勒令停业清理或命令解散之处分。（但保险业系因国内外重大事件显著影响金融市场之系统因素，致未能如期完成增资、财务或业务改善计划或合并者，主管机关得另订期限，限期完成之。❶） | 得采取资本显著不足时之选择性措施。 |

---

❶ 关于台湾地区"保险法修正草案"第149条第3项第1款部分，或有认为其应属强制性措施一环，因若未完成增资、财务报告等，主管机关即须于90日内为相关处分。

### （三）小结

而依上述关于保险业及银行业针对立即纠正措施之比较，于2013年12月保险法修正草案版本中，系以参考现行"银行法"之规定所制定，规范程度上大抵相同，除依其行业特性外。而于修正草案版本与现行"保险法"之规定，明显不同者即在于判断标准更加细致化，对于保险业之资本等级，即仿照"银行法"之规定，分列成四个资本等级；并且针对立即纠正措施之规定，不在授权由主关机关制定，而于"保险法"中明订之；及主管机关关于立即纠正措施之实行与否，似乎在限缩其裁量权，于该草案中即明订为"应"，而不再如同保险业资本适足性管理办法中，以"得"之用语规范，使主管机关享有裁量之空间；最后虽修正部分行政机关所得采取之措施，但变动规模不大。

然对于现行"保险法"之规定，实际上与2008年修正前之"银行法"规定模式相同，而于该次"银行法"修正后始产生差异，因此早期"银行法"对于立即纠正措施主管机管所得采取之措施等，亦系授权由主管机关制定，而非于"银行法"中明订，且其亦系使用"得"之方式规范。因此，如果修正"保险法草案"，将"得"改为"应"，系在限缩主管机关之裁量权，避免主管机关掉入监理宽容之陷阱中，致问题保险公司财务状况持续恶化，而或许有其实益存在；但有疑义者，保险业与银行业性质虽相近，但是否可等同视之，以几近无弹性之作法，适用于保险业中，是否妥适并非无疑。再者，于该草案中针对资本严重不足之情况，于"银行法"第44条之2及第62条第2项规定中，系采强制措施方式，主管机关应于期限内派员接管；但于"保险法草案"第143条之6规定中，却并未采相同程度之规范，而系以选择性措施，赋予主管机关裁量权，得派员接管、勒令停业清等处分，于此是否系保险业与银行业不同，所为不同相应规范之情况。对于上开议题，本文将于参酌外国立法例后提出分析。

### 四、结论与建议

从美国与日本对问题保险公司之退场法制规定可知，问题保险公司之处理首要之务便是在即早发现问题、即早解决，始能维持保险契约之有效性，确保保户权益最大化。因此，2014年9月"保险法修正草案"中参酌美日经验，增订立即纠正措施相关规定，应属合宜之举，对主管机关勇于任事之心态应给予鼓励。

惟有争议者是，我国台湾地区"保险法"中赋与主管机关得直接为退场之处分，此与美、日等国需经司法审查之规定有所不同。因此，本次"保险法"增订有关立即纠正措施，其程序之进行似否能兼顾程序正当性与利害关系人权益之保护，似有讨论之空间。立法者似应思考在避免公司资产快速流失与维护程序正当性间寻求平衡，适度调整上开规定为宜。

基此，本文建议有关立即纠正措施相关规定应明定主管机关对于符合一定条件之问题保险公司，需经法院审查后为接管或清理等处分，如此，实符合程序正义原则，换言之，我国台湾地区现行"保险法"对问题保险公司之处理，赋予主管机关得为强制退场处分之权力。因此，现行"保险法"仅增订立即纠正措施却未对是否需经法院审查加以检讨，此规定对人民财产权之侵害实有过当之嫌，似有斟酌之必要。另处理方式应可在法律允许之下，选择成本较少之程序，惟需注意利害关系人权益之保障。

又本文认为针对台湾所谓行政部门于2014年9月所提"保险法修正草案"，依资本适足率之程度不同，将保险业者依前述标准区分成不同层级，而依各层级不同，采取不同监管措施等，然仅以单一标准，即自有资本与风险资本之比率，作为唯一判断基准，对此该标准本身是否妥适，尚有疑虑，且此单一性标准认定，是否有效达成将保险业区分不同层级之目的，亦非无疑。

最后，就本次"保险法修正草案"版本内，主管机关不仅作为认定保险业之资本适足率等级，且亦为相关监理措施之处分机关，于严重侵害人民重大财产之相关处分作成前(监管、接管等)，并未有其他中立第三者之介入，对此，涉及人民重大财产性之相关事件，处分作成前，皆仅由主管机关为之，是否符合程序正义之概念，实有疑虑，且美国虽有类似之相关规定，但针对主管机关之接管等，尚需向法院声请等，始得为之，于此应可作为将来立法之重要参考。

# 审判前沿聚焦

# 保险人惩罚性赔偿责任之课加可能性
## ——评台湾地区"高等法院台中分院"103年保险上字第9号判决

张冠群[*]

> **内容提要：**关于保险契约是否适用我国台湾地区"消费者保护法"及是否适用"消费者保护法"三倍惩罚性赔偿责任制度，本文认为，保险契约关系之成立即系为达成安全与保障目的而为，非属单纯理财，契约成立后，唯于事故发生有损失时发生保险金给付，应属不再生产之最终消费，应属消费关系无疑，故保险应有"消费者保护法"之适用。在分析美国惩罚性赔偿制度基础上，本文认为保险人基于故意拒绝理赔，而该拒绝理赔乃欠缺合理基础，或基于自身获利之目的或有其它恶意者，即足课加惩罚性赔偿。但本文认为不应直接以"消费者保护法"作为课加保险人惩罚性赔偿之法源。建议以修法方式明文对金融业者违反我国台湾地区"金融消费者保护法"上义务者全面规定其实际损害赔偿责任与惩罚性赔偿责任。
>
> **关键词：**惩罚性赔偿责任　消费者保护法　金融消费者保护法

## 一、事实摘要

上诉人（即要保人兼被保险人）向被上诉人（保险人）投保"团体伤害保险契约"。上诉人于2009年12月发生意外工伤，其后约14个月间，持续治疗后，右手姆指、食指、中指及无名指共4指之中手指节关节活动仍仅余18度、45度、25度、30度；右腕关节活动则仅余50度，故上诉人主张应可合并向被上诉人请求投保金额35%之残废保险金即105万元。而上诉人于2010年7月及2011年7月分别备

---

[*] 台湾政治大学法学院暨风险管理与保险学系教授，台湾保险法学会理事兼秘书长。

妥相关证明文件申请系争保险金理赔经被上诉人拒绝给付。上诉人爰主张，被上诉人于上诉人依系争保险契约备妥相关证明文件后，并未进行任何调查，即率然拒绝给付保险金予上诉人，显属"恶性"之企业经营者；依据我国台湾地区"消费者保护法"（下称"消保法"）第51条"……维持消费者利益，惩罚恶性之企业经营者仿效，并吓阻其它企业经营者"之立法理由，本件应有适用该条之情事。而因被上诉人不给付其第8级残废保险金90万元，致上诉人受有该90万元保险金之损害，被上诉人之行为与上诉人损害间显具因果关系；爰于本件并依消保法第51条规定，请求被上诉人应给付三倍惩罚性违约金270万元。

被上诉人则抗辩谓：参照台湾地区"最高法院"2012年度台上字第122号❶及2012年度台上字第744号等判决❷意旨，依"消保法"第51条请求惩罚性赔偿金者，应限于依"消保法"提起之诉讼，则上诉人或以系争保险契约请求给付保险金，或以"民法"第184条第1项侵权行为规定请求损害赔偿，均非依之规定主张，依上开判决意旨，自不得依"消保法"第51条请求被上诉人给付上开惩罚性赔偿金。再按"消保法"第51条引进惩罚性赔偿制度，其目的并非在于规范企业经营者违反契约时，对消费者所负之债务不履行损害赔偿责任；其乃侵权行为之特别形态，故必须企业经营者于经营企业本身有故意或过失，致消费者受损害，消费者始得依"消保法"第51条规定请求惩罚性赔偿金。另按"给付迟延与侵权行为，性质上虽属相同，但因债务人之迟延行为侵害债权，在民法上既有特别规定，自无关于侵权行为规定之适用"，则被上诉人拒绝理赔至多该当给付迟延，非属对上诉人构成侵权行为。故上诉人以被上诉人迟延给付为由请求赔偿，自属无据。

## 二、判决理由

依"消保法"所提之诉讼，因企业经营者之故意所致之损害，消费者得请求损害额三倍以下之惩罚性赔偿金；但因过失所致之损害，得请求损害额一倍以下之惩罚性赔偿金。该法第51条定有明文。所谓"依本法所提之诉讼"，于当事人提起之诉讼，倘系消费者与企业经营者间，就商品或服务所生争议之法律关系，

---

❶ 该号判决要旨谓："按'消保法'第51条规定：依本法所提之诉讼，因企业经营者之故意所致之损害，消费者得请求损害额三倍以下之惩罚性赔偿金；但因过失所致之损害，得请求损害额一倍以下之惩罚性赔偿金。消费者与企业经营者间就商品，或服务发生争议，消费者团体或消费者个人依消保法之规定起诉者，虽均有该条规定之适用，但以按该法所提之诉讼为限。"

❷ 该号判决要旨谓：本条所谓"依本法所提之诉讼"，于当事人提起之诉讼，倘系消费者与企业经营者间，就商品或服务所生争议之法律关系，而依"消保法"之规定起诉者即属之。

而依"消保法"之规定起诉者即属之。是以，依"消保法"第51条请求惩罚性赔偿金者，以依"消保法"所提之诉讼为限。上诉人于原审提起本件诉讼，原仅依系争保险契约请求被上诉人给付其保险金，嗣于2013年5月原审审理中，追加以"消保法"第51条规定为请求权基础，对被上诉人追加起诉，就被上诉人故意不给付第8级残废保险金请求三倍惩罚性赔偿。

"消保法"第51条引进惩罚性赔偿制度，其目的并非在于规范企业经营者违反契约时，对消费者所负之债务不履行损害赔偿责任，而系在促使企业经营者重视商品及服务质量，维护消费者利益，惩罚恶性之企业经营者，并吓阻其它企业经营者仿效。该条规定责令企业经营者就因不实广告所致消费者之损害负赔偿责任，乃侵权行为之特别形态，主要在维护交易安全，保障填补消费者因信赖广告所受之利益损害"（台湾地区"最高法院"97年度台上字第2481号判决意旨参照）。复按"给付迟延与侵权行为，性质上虽属相同，但因债务人之迟延行为侵害债权，在民法上既有特别规定，自无关于侵权行为规定之适用"（"最高法院"43年台上字第639号判例意旨参照）。经查，本件两造签订系争保险契约，上诉人享有于保险事故发生时，对被上诉人主张给付保险金之权利，惟同时负有给付保险费之义务；被上诉人则享有收受保险费之权利，并承担于保险事故发生时，负给付保险金义务之风险。而上诉人于其认定保险事故已发生，而对被上诉人拥有保险金给付请求权时，固得对被上诉人为请求给付保险金之意思表示，但被上诉人就上诉人给付保险金给付之请求，本有审核是否合乎契约约定而应予理赔之权利，此由系争保险契约第20条第2项明文约定："受益人申领残废保险金时，本公司得对被保险人的身体予以检验，必要时并得经受益人同意调阅被保险人之就医相关资料，其费用由本公司负担"。因此，被上诉人于判定上诉人请求理赔有理由时，固应给付保险金，然于其认上诉人请求不符合保险契约之要件时，即得为拒绝理赔之意思表示，仅被上诉人之拒绝理赔如于事后争讼经法院认定其为无理由时，其依法应负给付迟延之责任而已。本件诉人之伤势是否符合系争保险契约之残废标准，确实有详加审究之必要。准此，被上诉人拒绝理赔固有给付迟延之情事，惟尚难遽而认定被上诉人有何故意或过失不法侵害上诉人权利，致上诉人受有损害之情事，即无关于侵权行为规定之适用，亦即并无消保法之适用。

### 三、主要争点

系争保险契约有无消保法之适用？上诉人主张依"消保法"第51条规定，请求3倍惩罚性违约金270万元，有无理由？

## 四、评析

### （一）问题之提出

在1997年上映之电影"造雨人"（The Rainmaker）中，法院对无理由拒赔之保险人以违反善意与公平交易义务（Implied Covenant of Good Faith and Fair Dealing）之独立侵权行为为理由，除1万余元之实际损害赔偿外，尚对之课加5000万美元之惩罚性赔偿❶。该片纵因属戏剧，其中脱误或夸饰难免，惟其传述之核心法律议题——对保险人得否课加惩罚性赔偿、其构成要件及惩罚性赔偿之金额以若干为当，则为美国法长久以来之争议问题。而台湾地区"高等法院台中分院"上开"判决"，为近年鲜见之以"消保法"为据，向保险人请求惩罚性赔偿者，法院纵以保险人拒绝理赔属债务不履行责任及被保险人未依消保法起诉为由判决被保险人败诉，然关于下列问题，尚待厘清：课加保险人惩罚性赔偿于现行台湾地区"法制"下是否有其可能？若可能，其法律依据为"消保法"或其他"法律"？其构成要件如何建构？又，对保险人课加惩罚性赔偿之妥当性为何？凡此，均本文欲探讨之对象。

### （二）消保法于保险契约之适用

#### 1. 保险人是否属"消保法"规范之对象

"消保法"第2条第2款将企业经营者定义为：以设计、生产、制造、输入、经销商品或提供服务为营业者。依台湾地区"行政院消保委员会"（现为"消保处"）函释，"消保法"对于适用对象之行业别并无加以限制之规定❷。亦即，"消保法之""企业经营者"相较于其他法令，如"金融消费者保护法"，系采最广义之定义，依"消保法"第2条第2款及"消保法施行细则"第2条规定，任何个人、团体或法人，只需有营业行为，弗论是否以营利为目的，均属"消保法"上的企业经营者，纵其他法令明定排除之金融服务业，仍应受"消保法"规范❸。而依人寿保险商业同业公会发布之"保险业招揽广告自律规范"❹第二条，

---

❶ Alan I. Widiss, Bad Faith In Fact and Fiction: Ruminations on John Grisham's Tale About Insurance Coverages, PunitiveDamages, and the Great Benefit Life InsuranceCompany, 26 U. Mem. L. Rev. 1377, 1401（1996）.

❷ "行政院消费者保护委员会"（84）台消保法字第00351号函。

❸ 黄明阳："金融消费者保护法 VS 消费者保护法"，载《消费者保护研究》2013年第17期，第42页

❹ "金管会"102年（2013年）9月23日金管保寿字第10202100420号函准予备查修正。

保险业销售商品之招揽广告，应遵守"公平交易法"、"消保法"、"金融消费者保护法"及"保险法"等相关法令❶，足见保险业肯认其属"消保法"中之"企业经营者"。

准此，举凡参与设计、提供、输入、经销保险服务之保险人、保险经纪人、保险代理人与保险公证人，均应该当于从事保险营业之"企业经营者"❷，于与契约相对人有消费关系之前提下，均为"消保法"适用之对象。

2. "保险"是否该当于"消保法"之消费关系

"消保法"第2条第3款定义之消费关系，乃指指消费者与企业经营者间就商品或服务所发生之法律关系。此所称之"消费"系指为达成生活目的之行为，凡基于求生存、便利或舒适之生活目的，在食衣住行育乐方面所为满足人类欲望之行为且属不再用于生产之最终消费而言❸。

台湾地区"司法"实务上，对保险是否该当于"消保法"第2条第3款之"消费关系"，纵未直接肯认，于判决理由中将"消保法"是用于保险关系者，所在多有。有认为以电话营销方式招揽保险，符合"消保法"第2条第10款"邮购买卖"定义者❹，乃间接肯定保险关系为消费关系。另有"法院"指出，进行保险条款内容控制之司法审查时，"消保法"乃可补充"保险法"第54条之1规定之不足，于判定保险条款是否无效时，不以同条规定为限，于保险条款有违诚信原则及其它显失公平，诸如违反平等互惠原则或契约主要权利义务因受条款限制致契约目的难以达成时，该保险契约定型化条款应属无效，而一部无效之效果，乃可依"消保法"第16条之规定，定其法律效果，亦间接承认保险契约关系属消保法之消费关系❺。然需注意者，对单纯之理财行为，司法实务对"消保法"之适用采否定见解，其指出投资行为本身即伴随着亏损即财产价值贬降、甚至全部灭失之风险，故所投资金融商品本身价值有所减损，致投资者财产损失或减少者，与"消保法"所欲保障消费生活质量之目的无涉，是单纯投资理财行为应无"消

---

❶ "金管会"102年（2013年）9月23日金管保寿字第10202100420号函准予备查修正。

❷ 黄明阳："保险消费权益之探讨"，载《消费者保护研究》2008年第13期，第8~9页。

❸ "行政院消费者保护委员会"（84）台消保法字第00351号函。

❹ "最高法院"103年（2014年）台上字第2038号判决参照。

❺ "高雄地方法院"101（2012年）年保险字第4号判决参照。

保法"之适用余地❶。惟投资型保险商品中关于保障部分，其仍具一般保险之性质，因其所生之争议，仍属消费案件而有"消保法"之适用❷。

学说上对保险关系（消费性保险）属消费关系，而有"消保法"之适用则采肯定见解❸。论者进一步指出：保险关系除具有保险特性，有"保险法"之适用外，即以消费为目的，属消费关系之一种，自亦有"消保法"之适用，此乃法律竞合现象，消费者得择有利自身之法律予适用❹。

本文认为，消费者（被保险人）购买保险，乃为分摊损失风险于承担相同危险之团体成员，并以支付保险费为风险移转之对价，并于约定事故发生而有损失时取得补偿之行为❺，则保险契约关系之成立即系为达成安全与保障目的而为，非属单纯理财，契约成立后，唯于事故发生有损失时发生保险金给付，应属不再生产之最终消费，应属消费关系无疑。

3. 小结

综上，保险人属消保法第2条之企业经营者，消费性保险契约又该当于同法之消费关系，故保险应有"消保法"之适用，应依"消保法"第7条要求，就保险商品之设计、生产及提供，确保其无安全或卫生上之危险，而于商品或服务具有危害消费者生命、身体、健康、财产之可能者，应于明显处为警告标示及紧急处理危险之方法，违反该些义务，致生损害于消费者或第三人时，应负连带赔偿责任。另，保险人有采广告方式营销者，依"消保法"第22条，应确保广告内容之真实，其对消费者所负之义务不得低于广告之内容。

（三）美国法关于保险人课加惩罚性赔偿责任之课加

1. 单纯不履行契约不得课加惩罚性赔偿

美国法上，惩罚性赔偿不适用于契约不履行（Breach of Contract），对契约

---

❶ "台湾高等法院高雄分院"101（2012年）年重上字第15号判决；"台湾高等法院"98年（2009年）上易字第6号判决参照。另，"行政院消费者保护委员会"消保法"字"第0980010052号函指出："投资型金融商品之定型化契约适用消费者保护法之前提，须其商品或服务之性质非属纯投资型者方得为之；而购买连动债金融商品之法律关系系属特定金钱指定信托关系，即为投资行为，故其所生之争议非属消费事件。"

❷ 详见"金管会"，95年（2006年）6月12日，金管保（三）字第09502047370号函。

❸ 汪信君、廖世昌：《保险法理论与实务》，台北元照出版社2010年第2版，第3页；江朝国：《保险法基础理论》，台北瑞兴图书2002年修订4版，第51页。

❹ 黄明阳："保险消费权益之探讨"，载《消费者保护研究》2008年第13期，第7页。

❺ Emeric Fischer et. al., PRINCIPLES OF INSURANCE LAW 14（2006）.

不履行之损害赔偿，仅限于足以回复受损害之一方至如同契约已履行之状态❶。而对契约不履行之当事人得课予惩罚性赔偿之场合，则需契约不履行同时构成侵权行为，且该侵权行为有惩罚性赔偿责任始可❷。惟保险契约之不履行，原则上不构成侵权行为，其与一般契约不履行无异，不得课予惩罚性赔偿❸。

美国判例法上自20世纪下半叶起，将违反默示诚信义务（Implied Covenant of Good Faith）列为独立之诉因（Cause of Action）❹。早期，保险人违反此一义务者，既构成契约法上之诉因亦属侵权行为法上之诉因❺，惟判例法上迅速将违反默示诚信义务视为独立之侵权行为类型，故保险人违反此一义务者，除应负侵权行为之损害赔偿责任外，亦有被课予惩罚性赔偿之可能性❻。此一趋势，亦令美国许多州于其保险法立法中，将履行保险契约时违反诚信义务入法，并列为独立之侵权行为类型，如加州保险法与佛罗里达州保险法均对保险人倘以诚实与适切注意处理理赔请求即不致生理赔争议惟未以诚信为之者，赋予被保险人、受益人或其他有请求权之人单以此理由起诉请求赔偿之权❼。

2. 独立侵权行为之构成要件

关于以违反默示诚信义务作为课加惩罚性赔偿之基础独立侵权行为其具体构成要件，莫衷一是，各州判例法上容有差异，惟可确定者，仅证明保险人有过失（Negligent）、法律上错误（Legally Erroneous）或不关心（Callous）之情形，

---

❶ Anthony W. Morris et. al., Limitations On Punitive Damages Against Insurers Since State Farm V. Campbell, Vol. 31 No. 2 J. of Ins. Issues 75, 78（2008）.

❷ Restatement（Second）of Contracts § 355.

❸ Roger C. Henderson, The Tort of Bad Faith in First-Party Insurance Transactions: Refining the Standard of Culpability and Reforming the Remedies by Statute, 26 U. Mich. J.L. Reform 1, 5（1992）.

❹ Id, at 21-26.

❺ Robert E. Keeton & Alan I. Widiss, Insurance Law: A Guide to Fundamental Principles, Legal Doctrines and Commercial Practices, § 7.10（a）（1988）.

❻ Norman's Heritage Real Estate Co. v. AETNA Cas.& Sur. Co., 727 F.2d 911, 915（10th Cir. 1984）.

❼ Fla. Stat. § 624.155〔"Any person may bring a civil action against an insurer when such person is damaged…By the commission of any of the following acts by the insurer…not attempting in good faith to settle claims when, under all the circumstances, it could and should have done so, had it acted fairly and honestly toward its insured and with due regard for her or his interests"〕. Also see Ca. Ins. Code § 790.03（h）（5）.

尚不足构成义务之违反❶。关于构成违反诚信义务之情形分述如后：

（1）明知或重大欠缺注意（Knew of Recklessly Disregard）。宾夕法尼亚州高等法院于MGA Ins. Co. v. Bakos❷一案中，指出被保险人吁请求惩罚性赔偿者，应举证证明保险人无合理基础（Reasonable Basis）拒绝被保险人依保险契约提出之理赔请求，且保险人明其无合理基础知或重大欠缺对该合理基础之注意❸。另，同法院并对保险人之恶意定义为：任何明显欠缺注意或无理由之拒绝给付行为，而该行为系出于不诚实之目的，且具有为自己利益计算或其他非良善之意图者❹。亦即，保险人不得有为自身利益或为传递给投保大众同类案件将遭拒赔之讯息而限制其自身之责任❺，否则即构成善意义务之违反。

（2）恶意（Malice）。于Tomaselli v. Transamerica Ins. Co.❻一案中，加州法院认为被保险人纵已证明保险人未继续追踪被保险人提供之信息、对被保险人进行不必要之询问、以未交付与被保险人之批单作为拒赔基础且未与被保险人继续沟通，仍不构成诚信义务之违反，必被保险人能证明保险人有恶意、利用其优势地位压迫（Oppression）或明显恶劣（Despicable）之行为始足当之❼。

（3）诈欺行为（Fraudulent Act）。在Dawkins v. Nat'l Liberty Ins. Co.❽一案中，哥伦比亚特区最高法院认为，保险人无论以何动机拒绝给付保险金，倘未伴随诈欺行为者，不构成课加惩罚性赔偿之基础❾。申言之，倘契约不履行型为伴随诈欺作为者，即得课加惩罚性赔偿，反之则否❿。至于契约不履行仅系单纯基于诈欺之意图而未有诈欺之行为者，仍不足构成课加惩罚性赔偿责任之依据⓫。

（4）需有对公众反复同样之行为（Similar Conduct Aimed at General Public）。纽约州对保险人惩罚性赔偿之课加采最严格标准，且几乎允许保

---

❶ A. S. Klein, Insurer's Liability for Consequential or Punitive Damages for Wrongful Delay or Refusal to Make Payments due under Contracts, 47 A.L.R.3d 314 at §12（1973）.

❷ 699 A.2d.751（Pa. Super. 1977）.

❸ Id, at 754.

❹ Adamski v. Allstate Ins. Co., 738 A.2d 1033, 1036（Pa. Super. 1999）.

❺ David C. Pulice, Insured Awarded PunitiveDamages, Attorney Fees in Bad Faith Action, 4 No. 5 Lawyers J. 2（2002）.

❻ 31 Cal. App. 4th 1766（1994 4th Dist.）.

❼ Id.

❽ 252 F. Supp. 800（1996 DC SC）.

❾ Id, at 802.

❿ West v Service Life & Health Ins. Co. 66 SE2d 816（1951）.

⓫ Blackmon v United Ins. Co., 105 SE2d 521（1958）.

险人于准备程序之"答辩"（Pleading）阶段即可驳回被保险人之请求❶。于 Rocanova v. Equitable Insurance Society❷一案中，纽约州最高法院对是否课予保险人惩罚性性赔偿创设以下三要件：（1）需直接对被保险人有独立且恶名昭彰（Egregious）之侵权行为；（2）保险人之作为需又故意不诚实且其违反民事义务之情节已接近犯罪，且该行为需课予惩罚性赔偿始得矫正（the insurer's conduct must show wanton dishonesty approaching criminal indifference to civil obligations demonstrating that a public wrong would be vindicated by the award of punitive damages）；及（3）该侵权行为需为对公众有反复同样之行为❸。

（5）小结。综上分析，本文认为恶意、故意与重大欠缺注意与诈欺行为三者有其相似性，可归纳为：保险人基于故意拒绝理赔，而该拒绝理赔乃欠缺合理基础，或基于自身获利之目的或有其他恶意者，即足课加惩罚性赔偿。至于对公众有反复同样之行为一项，本文以为，惩罚性赔偿之课加，具个案性质，故此一要件乃系决定保险人之可责性重大程度，影响者系惩罚性赔偿金额之多寡，而不宜作为是否课加惩罚性赔偿之要件，否则得对保险人之惩罚性赔偿责任之课加，将极其有限，惩罚性赔偿之惩罚与抑制机能，恐难发挥。

3.惩罚性赔偿数额之决定

兹因惩罚性赔偿之功能为惩罚侵权行为人并抑制日后相同之行为，故传统上均认为惩罚性赔偿之金额须达足"刺痛"（Sting）侵权行为人程度，以发挥效果，惟亦因如此，惩罚性赔偿向无上限，且决定标准亦欠明确❹，此于对保险人课加惩罚性赔偿之情形亦同❺。惟美国联邦最高法院于BMW of N. Am., Inc. v. Gore❻及State Farm Mut. Auto Ins. Co. v. Campbell❼二案中，前者就惩罚性赔偿数额之决定后者专对保险人惩罚性赔偿数额之认定，建立标准。

---

❶ Peter J. Johnson, Jr.&James P. Tenney, Neither PunitiveDamages nor Attorneys' Fees AgainstInsurers—New York Restricts First Party Insurance Bad Faith, 68-DEC N.Y. St. B.J. 24（1996）.

❷ 83 N.Y. 2d 603（1994）.

❸ Id, at 613.

❹ James W. Carbin, PunitiveDamagesand the Significance of Recent Trends for Insurers, Vol. 6 No. 4 Int.I.L.R., 122, 123（1998）.

❺ 如在Trinity Evangelical Church v. Tower Ins. Co., 661 N.W. 2d 789（Wis. 2003）一案中，威斯康星州最高法院判决恶意拒赔之保险人应赔偿高达实际损害200倍之惩罚性赔偿金。

❻ 517 U.S. 559（1996）.

❼ 538 U.S. 408（2003）.

于BMW一案中，联邦最高法院提出三点惩罚性赔偿金额多寡之决定标准：（1）被告错误行为（Misconduct）之可责性（Reprehensibility）程度；（2）原告所受实际与潜在损害予惩罚性赔偿间之差距（Disparity）；（3）陪审团决定之惩罚性赔偿金数额予相同或类似案件中行政机关所为之裁罚金额之差异❶。而于Campbell一案中，责任保险人因错误处理第三人对被保险人过失致死之诉讼，致被保险人受有损失，为法院认定其处理诉讼过程中有恶意，故课加惩罚性赔偿。惟于数额决定上，联邦最高法院引用BMW of N. Am., Inc.认为应依保险人之可责性程度定之。至于可责性之判定，最高法院提出以下五点：（1）其损害系针对身体（Physical）或经济上者；（2）侵权行为系出于故意或仅重大欠缺注意；（3）侵权行为被害人之财务脆弱性（Financial Vulnerability）；（4）侵权行为属独立个案或相同反复之行为；及（5）损害系意外结果或系直接由恶意、诈欺或欺罔行为造成者❷。

论者或有谓，Campbell一案之标准，无以达真正惩罚恶意保险人之目的，反对诚实之保险人造成市场竞争上之不利益。本文以为，市场上之保险人绝大多数应多惟诚实之保险人，惩罚性赔偿之课加，对保险人均会造成竞争上之不利益无可厚非，为既对多数保险人造成之风险相当，应无不公平之情事。至于对少数恶意之保险人，Campbell一案已赋予法院依保险人恶意之可责性情节，决定金额多寡之裁量权，而非机械式直接规定惩罚性赔偿之倍数，已兼顾比例原则与惩罚性赔偿之惩罚与抑制功能，其是否无以成就惩罚性赔偿之机能，于未有确切实证研究之际，恐不宜遽为论断。

（四）台湾地区课加保险人惩罚性偿责任之辩证

1.课加惩罚性赔偿之妥当性辩证

课加承罚性赔偿之要目的乃在借该责任之课加，令侵权行为人因惩罚之威胁，而改变其未来之行为，发挥对不正行为之抑制效果（Deterrence Effect）❸。抑制效果之发挥，在于能将侵权行为人之成本内部化（Internationaliztion），即透过诉讼方式对侵权行为人发生法律则责任与经济成本，然因惩罚性赔偿之数额不确定，故使侵权行为人无法事先透过风险移转机制安排该责任风险，使之需自

---

❶ 517 U.S. 575.

❷ 538 U.S. 419.

❸ Anthony J. Sebok, PunitiveDamages: From Myth ToTheory, 92 Iowa L. Rev. 957, 983（2007）.

行承担该成本，产生对错误行为之经济上惩罚❶。然亦有论者以为，惩罚性赔偿之课予无法发挥抑制机能，盖惩罚性赔偿课加之对象若系公司，则真正可归责之为侵权行为之个人（可能为公司受雇人），仍未受到惩罚❷。然此一争执忽略二事实：公司虽具独立之法人格，然其行为乃一群人行为之结果，故惩罚性赔偿对公司课加，透过公司内部之内控内稽制度之运作，乃足发挥一次对"一群具自主性之人"（The Group of Autonomous Individuals）之抑制机能❸。又有谓：倘惩罚性赔偿之倍数属可预期，潜在侵权行为人即得操纵此风险（Risk Arbitrage），已予相对人和解之方式规避此一成本，盖实证研究显示，侵权行为人为法人时，原告（被害人）较侵权行为人之风险规避属强烈，亦较不欲承担诉讼风险，故法人侵权行为人即得以促使原告和解方式规避惩罚性赔偿责任❹。然如前述，惩罚性赔偿之数额倘非可预期，潜在侵权行为人即无从事先转嫁风险，被害人亦较有优势与侵权行为人已较合理之成本达成和解，盖侵权行为人不欲承担一旦诉讼解决争端时不确定之惩罚性赔偿责任之风险也❺。综上以言，不定额惩罚性赔偿之课加对保险人足发挥抑制机能，并对消费者之和解磋商有利。

2. 法令之限制

我国台湾地区"立法例"中，设有数倍惩罚性赔偿金之"立法者"，如"证券交易法"、"公平交易法"、"专利法"、"营业秘密法"、"消保法"等。然其立法目的，或系因事件性质之特殊，或系为解决举证困难，无法适用一般民事侵权行为及债务不履行损害赔偿之法则❻。故"最高法院"对美国课予惩罚性赔偿之一般民事侵权行为判决于台湾地区请求承认时，采否定见解。其认为："系争判决乃两造因共同投资所衍生之商业纠纷，为一般民事侵权行为，就上诉人有关惩罚性赔偿金之请求部分，系属美国普通法上处罚错误行为、预防再犯之制度，并以行为人财产之多寡决定其赔偿金额，该金额既不固定亦无上限，此与我国一般民事侵权行为，并无得请求惩罚性赔偿金规定，且损害赔偿以填补损害及回复原状为目的，不具有制裁功能者，尚有不同。况我国就惩罚性赔偿之立法例中，皆以损害之一定倍数为赔偿上限，非以行为人财产为度，亦与美国法制

---

❶ Robert J. Rhee, A Financial Economic Theory of Punitive Damages, 111 Mich. L. Rev. 33, 56（2012）.

❷ Pac. Mut. Life Ins. Co. v. Haslip, 499 U.S. 1, 16（1991）.

❸ Rhee, supra note 45, at 58.

❹ Id, at 62.

❺ Id, at 63.

❻ "最高法院"100年度台上字第552号民事判决。

不同。又美国惩罚性赔偿制度，足使受害人获得意外之财，复非举世公认之法则，则系争判决就惩罚性赔偿之宣示，与我国法律秩序之基本原则相违背，亦与我国公共秩序不合，自不应准许其强制执行。❶"

准此，我国台湾地区关于惩罚性赔偿之课加之原因及其与实际损害之倍数比例，以法令有明文者为限，未如美国对一般民事侵权行为符合一定要件者，皆可课予惩罚性赔偿。故纵肯认对保险人课加惩罚性赔偿之妥当性与实益，其课加之现行法上依据为何，仍属待解之问题。

### 3. 法令依据与构成要件

（1）试觅对保险人课加惩罚性赔偿之实订法依据。参酌美国法及我国台湾地区法制架构，对保险人课予惩罚性赔偿需有法律明文规定作为独立请求权基础。保险契约既属最大诚信契约，保险人相对于被保险人而言有缔约地位与专业上之优势，倘保险人滥用此一优势成为非善意之优势（Unconscionable Advantage），即属违反保险人基于保险契约衍生之"默示诚信义务"❷。由于此一义务内容范围不确定，且与"消保法"第7条"因未确保商品或服务，符合当时科技或专业水平可合理期待之安全性或关于足危害消费者生命、身体、健康、财产危险之事项标示不清，致生损害于消费者或第三人"之责任成立要件，纵有重合，究属有别，且消保法又无如关于"民法"第148条关于诚信原则之概括规定，实不足以作为保险人违反诚信义务之损害赔偿请求权基础。再者，依金融消费评议中心统计，2014年度保险类非理赔争议中，业务招揽争议约占33%❸，而若是关于违反投资型保险之风险告知义务或适合度者，其可能被定位为"投资"争议，即非属消保法之消费关系。故本文以为，直接以"消保法"作为课加保险人惩罚性赔偿之法源，诚有窒碍。

本文建议，"金融消费者保护法"或有适用之可能。首先，依金融消费者保护法第3条，银行业、证券业、期货业、保险业、电子票证等金融行业提供之商品或服务，均受金融消费者保护法规范。而依金融消费评议中心统计，2013年全年度之争议案件件数，合计收受3 804件申诉案件及2 231件申请评议案件。在3 804件申诉案件中，银行业占519件、保险业3 240件、证券期货业45件，比率分别为13.64%、85.17%、1.18%，而于2 231件申请评议案件中，银行业253件、保

---

❶ "最高法院"100年度台上字第552号民事判决。

❷ Keeton & Widiss, supra note 21, at §6.2（a）（2）。

❸ 财团法人金融消费评议中心消费争议类型统计表—保险业—人寿保险公司—非理赔，http://www.foi.org.tw/InfoShare/rpt/Rpt_1_3.aspx?YEAR=103&SEASON=5&Industry=1&Rpttype=4（最终浏览日：2015年2月10日）。

险业1 945件、证券期货业33件，比率分别为11.34%、87.18%、1.48%；再就保险业1 945件申请评议案件加以细分，人寿保险业1 495件、产物保险业416件、保险辅助人（含保险经纪人、保险代理人及保险公证人）34件。显见保险争议于金融消费争议中占绝大多数，则以金融消费者保护法作为课加保险人惩罚性赔偿之法源基础，至为适当。

至于"诚信义务"之法源，"金融消费者保护法"第7条第1项规定，或有适用之可能。该条规定，"金融服务业与金融消费者订立提供金融商品或服务之契约，应本公平合理、平等互惠及诚信原则。"关于此之"诚信原则"之内涵，法无明文，应与民法之诚信原则同，指每人对其所为承诺之遵守，乃形成法律关系所无可或缺之信赖基础，亦即在善良思考之行为人间，相对人依公平方式所得期待之行为❶。诚信原则乃法律关系之最高原则，于是用其他法条而产生与原则不符之结果时，有限制其他法条之效力❷。诚信原则之实践为：要求义务人履行义务时，不仅依契约关系之文句，亦应依其精神予履行，尤其系契约之目的与基本宗旨；要求权利人行使权利时，据特别约束之种类，依他方之正当信赖为之❸。此些实践，有赖于各类案例之适用，使之具体化与类型化❹。保险契约为最大诚信契约，保险人应负之诚信义务，乃要求保险人与一般消费者交易时，基于一般人（laymen）地位为之，而非以法律与核保专家之身分为之，且于此义务下，保险人不得有任何欺罔或损害被保险人以获取利益之行为❺。保险人有此些行为，乃破坏诚信原则下，双方当事人之信赖基础，亦不符被保险人对保险人以公平方式交易之期待，于保险法无特别规定时，自足认保险人违反金融消费者保护法下之诚信原则。

成问题者，"金融消费者保护法"仅对对金融服务业违反适合性调查义务及说明义务条规定，致金融消费者受有损害者，课予损害赔偿责任，对有违反诚信原则作为者，未有任何损害赔偿责任之规定，更遑论惩罚性赔偿。本文认为，"金融消费者保护法"既得对金融业者（含保险人）课予损害赔偿责任，以修法方式明文对金融业者违反金融消费者保护法上义务者全面规定其实际损害赔偿责任与惩罚性赔偿责任，较勉强适用"消保法"，应属适当可行且一劳永逸之计。

（2）构成要件之建构。承前述，诚信原则既赖各类案例予以实践并充实其举体内涵，本文参照美国判例法与法理，认为保险人单纯拒绝履行契约上义务，纵属故意，仍不足构成课加惩罚性赔偿之基础。必保险人基于诈欺、为自己利益

---

❶❷　黄立：《民法总则》，台北元照出版社2005年修订4版，第521页。

❸❹　同前注，第522页。

❺　Bowler v. Fidelity and Casualty Co. of N.Y.，250 A.2d 580，587-88（1969）。

计算之意图或其他恶意，明知或无法委为不知其依契约依负担之义务而故意拒绝履行该些义务者，始足当之。本文建议，"金融消费者保护法"第11条应增订第2项："金融服务业有诈欺、为自己利益或其他恶意，明知或无法委为不知契约义务存在，而故意不履行其契约上义务，致生损害于金融消费者者，并得课予实际损害一至三倍之惩罚性赔偿"。

（五）综合评析（代结论）

本判决之被保险人纵因未依消费者保护法提起诉讼而未符"消保法"第51条之要件，因而于惩罚性赔偿之请求为法院认定无理由，惟值思考者为：倘被保险人初始及基于保险法请求保险理赔，遭拒绝后，并以保险人违反消保法为独立请求权基础，请求实际损害赔偿及惩罚性赔偿，则本案判决结果会否不同？此际，法院恐即不得仅如本案以程序未符为理由判决被保险人败诉，而需就保险人拒绝理赔之事实，有无于商品或服务之提供上，有致生损害于被保险人情形，为实质审酌。倘法院为实质审酌，美国法上保险人侵权之要件，即具参考价值。惟本文以为，为建构对保险人课加惩罚性赔偿之制度，明确定义金融消费者保护法第7条之"诚信原则"为保险人提供保险商品与服务实之义务，并对义务违反之情形，允被保险人请求实质损害赔偿及惩罚性赔偿，始属长远之方❶。

---

❶ 我国台湾地区"行政院"于2014年11月20日第3425次院会通过"金融消费者保护法"部分条文修正草案，其中第11条之3即规定："金融服务业因违反本法规定应负损害赔偿责任者，对于故意所致之损害，法院得因金融消费者之请求，依侵害情节，酌定损额三倍以下之惩罚性赔偿；对于过失所致之损害，得酌定损害额一倍以下之惩罚性赔偿。前项惩罚性赔偿请求权，自请求权人知有得受赔偿之原因时起二年间不行使而消灭；自赔偿原因发生之日起逾五年者，亦同。"其立法理由即谓：依"消费者保护法"第51条规定："依本法所提之诉讼，因企业经营者之故意所致之损害，消费者得请求损害额三倍以下之惩罚性赔偿金；但因过失所致之损害，得请求损害额一倍以下之惩罚性赔偿金。"惟消保法之适用系以"最终消费"为限，并不包括以非消费为目的所为之金融交易行为（例如投资行为），故非消费为目的之金融交易行为，并无上开规定之适用。为保护金融消费者权益，爰参考上开消保法规定，于第一项定明由法院酌定惩罚性赔偿之规定。

# 论投保欺诈背景下的保险人合同撤销权
## ——以两起投保人故意欺诈案件的判决为线索

任以顺[*]

**内容提要**：2009年《保险法》新增的"不可抗辩条款"因未作除外性适用规定，在体现保险立法进步同时，也使得司法界对逐步凸显的投保欺诈案件的处理无所适从。《保险法》司法解释（二）制定中对保险人受欺诈后撤销合同之诉求的支持，先定后删，使学界对保险合同撤销权与解除权竞合时的"排除说"与"选择说"之争更趋激烈。本文认为，在投保欺诈背景下，应当保障保险人享有保险合同撤销权。理由包括：现行有效的合同法律规范应当得到尊重与实施；公正的司法不应当以任何理由和方式支持恶意欺诈行为；目前的保险人合同解除权制度对保险人的司法救济已经形同虚设，不足以发挥惩恶扬善的作用；"特别法优于一般法适用"规则在投保欺诈案件中缺乏适用前提；带病投保欺诈行为背离了保险的本质属性，破坏保险的社会功能。

**关键词**：投保欺诈　合同撤销权　合同解除权　不可抗辩条款

近年来我国保险业的快速发展，在发挥"经济助推器"和"社会稳定器"功

---

本文为国家社会科学基金2011年一般项目"保险法的理念与制度实施研究"（11BFX032）与教育部2010年度人文社科青年基金项目"新保险法实施中若干重大疑难问题研究"（10YJC820089）的阶段性成果。

[*] 中国海洋大学保险法研究中心主任、中国海洋大学法政学院教授，北京市盈科（青岛）律师事务所保险法务部主任、首席律师，中国保险法学研究会常务理事，山东省法学会保险法学研究会会长。

能中一路高歌猛进，同时也出现了一些不和谐的音符。以投保为手段欺诈保险公司，被保险人带病投保人寿保险，骗取保险金的案件屡屡发生。在投保欺诈被保险人发现的情形下，按照《保险法》第16条第3款规定，当保险人因保险合同成立超过两年而丧失合同解除权时，可否依据民法及合同法之规定，申请裁判机关撤销合同？这是一个法无明文规定、理论争议激烈、司法实践混乱、亟待尽快解决的难题。最高人民法院2012年3月22日在其官网发布《关于适用〈中华人民共和国保险法〉若干问题的解释（二）（征求意见稿）》，向社会公开征求意见时，在其第9条中对保险人的合同撤销权作了明确规定——"投保人投保时未履行如实告知义务构成欺诈的，保险人依据《合同法》第五十四条规定行使撤销权的，人民法院应予支持。"然而，2013年5月31日最高人民法院在最终公布的"司法解释（二）"中又取消了这一规定。这一举措使得法学界、司法界对保险人合同撤销权问题的争论及猜测更加扑朔迷离[1]。据悉，最高人民法院民二庭保险法司法解释起草小组已经起草的"司法解释（三）"，主要是针对人身保险合同的，据悉，其向社会有关各方征求意见的活动，分别于2013年4月11～12日在重庆、2014年4月28日与中保协联合、2014年5月20日在陕西进行过三次[2]。将来出台的"保险法司法解释（三）"，是否保障保险人在受到欺诈之后可以名正言

---

[1] 最高人民法院虽然没有公布在"临门一脚"时断然取消该条规定的原因，但笔者以为不外乎三种情形：一是认为合同法是保险合同法的上位法，在保险法对保险合同撤销问题没有规定，合同法规定却又十分明确的情形下，处理相关案件理所当然地适用合同法之规定即可，另作司法解释实属画蛇添足，多此一举；二是当投保人投保时未履行如实告知义务构成欺诈时，保险人依据《合同法》第54条规定行使撤销权的，人民法院不该支持。但因这样规定明显违反合同法，不宜作出与征求意见稿第9条相反的司法解释；三是目前对保险人是否依法享有保险合同撤销权的问题，各种意见分歧太大而暂时取消该条规定，待将来理论研究趋于成熟、司法实践进一步探索清楚时再作明确规定。

[2] http://www.court.gov.cn/spyw/mssp/201304/t20130425_183636.htm；http://www.iachina.cn/content_f862384c-d001-11e3-8806-a421b733dbae.html；http://sxfy.chinacourt.org/public/detail.php?id=39642。最后访问时间：2014年10月6日。

顺地依据《合同法》第54条❶规定行使保险合同撤销权❷，必然成为其议定的重点内容之一，保险法学界与司法界都翘首以待。

## 一、笔者代理两起人身保险欺诈案件引发的法理性思考

2009年11月26日，山东济宁邹城市投保人张某某，为其28岁的配偶苗某在中国平安人寿保险股份有限公司济宁中心支公司邹城营销服务部（以下称平安寿险公司）投保了"平安鑫盛终身寿险"一份，附加"鑫盛重疾"和"附加意外"、"医疗意外"等1年期短险，约定基本保险金额6万元，被保险人指定的身故保险金受益人为投保人及其与投保人的独生女。2011年12月21日，被保险人苗某因肾功能障碍综合症，慢性粒细胞白血病住院治疗，并于2011年12月23日零点经抢救无效死亡。之后，张某某要求平安寿险公司向其支付保险金6万元。平安寿险公司核赔人员对被保险人投保刚满两年即突然离世感到惊诧，经到当地医院查阅病例发现，被保险人苗某在投保前的2009年2月6日、2月17日、3月6日即已在当地人民医院3次住院，被确诊患有慢性粒细胞白血病，而且病历中多处有张某某的知情签字。然而，投保人张某某和被保险人苗某填写投保单时，面对平安寿险公司的"健康询问"，并未如实告知被保险人已经患有慢性粒细胞白血病的病情。根据二人在投保书"健康告知"之"03、04、05、06、07G条"的书面回答和"投保人、被保险人声明和授权"中的签名确认，可见张、苗夫妇投保时在5个方面对被保险人的健康状况作了虚假告知：（1）投保前1年内没有去医院进行过门诊的检查、服药、手术或其他治疗；（2）投保前3年内没有医学检查结果异常；（3）投保前5年内没有住院检查或治疗；（4）投保前1年内体重下降没有超过5公斤，身体没有感觉异常；（5）投保前没有患白血病。

平安寿险公司了解实情并审慎核定张某某提供的有关资料与证明后，向其发出拒赔通知书，告诉张某某：根据保险条款及相关法律，拒付苗某的身故保险

---

❶ 《中华人民共和国合同法》第54条规定："下列合同，当事人一方有权请求人民法院或者仲裁机构变更或者撤销：（一）因重大误解订立的；（二）在订立合同时显失公平的。一方以欺诈、胁迫的手段或者乘人之危，使对方在违背真实意思的情况下订立的合同，受损害方有权请求人民法院或者仲裁机构变更或者撤销。/当事人请求变更的，人民法院或者仲裁机构不得撤销。"

❷ 严格说来，所谓合同撤销权实乃撤销合同请求权。因为按照我国现行民商事法律规范，合同撤销权并非形成权，需要由权利人向人民法院或者仲裁机构提出撤销合同的请求，最终由相应的裁判机构作出准予或不准撤销合同的裁决结论。这与可以依法自行解除的合同解除权存在天壤之别。

金。并说明理由为：投保人与被保险人在投保时故意隐瞒已患慢性粒细胞白血病的重要事实，使其违背真实意愿作出缔约决定。2012年2月20日，张某某向邹城市人民法院提起诉讼，请求法院判决平安寿险公司给付其身故保险理赔金6万元等。笔者在开庭前接受平安寿险公司委托后，代理公司向法院提出了"请求撤销该保险合同"的反诉，同时估计张某某极有可能在其他寿险公司也有过类似的投保欺诈行为。经调查果然得知：2009年12月5日，张某某在平安寿险公司投保后12天，又在中国太平洋人寿保险股份有限公司济宁中心支公司（下称太平洋寿险公司）为被保险人投保了《太平盛世·长泰安康终身寿险（A款）保险》，约定身故保险金额为25万元。在投保书的"健康告知事项"书面询问中，张、苗夫妇作了同样的虚假陈述。苗某死亡后，张某某也向太平洋寿险公司报案、主张支付身故保险金，此时仍然欺骗太平洋寿险公司理赔人员说，苗某在投保之前健康无病，因在家憋喘、胸闷到医院抢救无效死亡。

邹城市人民法院受理该案本诉与反诉，开庭审理后依照《合同法》第54条第2款、第58条、《保险法》第16条第1款之规定，于2012年8月22日作出一审判决：（1）驳回原告的诉讼请求；（2）判被告返还原告保险费；（3）撤销反诉原告平安寿险公司与反诉被告张某某的保险合同。一审判决认为："投保人张某某隐瞒被保险人苗某患白血病事实的欺诈行为，对保险人是否同意承保或者提高保险费率足以产生重大影响，以致保险人在违背其真实意思情况下与投保人张某某订立了保险合同。""保险人以投保人张明玉未履行如实告知义务存在欺诈行为而拒绝赔付保险金的理由成立，对张某某要求保险人赔偿60 000元保险金的主张不予支持；对保险人请求撤销保险合同的反诉请求予以支持。依照法律规定，保险合同被撤销后，保险人应当返还张某某保险费5 040元。"一审判决的主要理由为："投保人违反《保险法》及保险合同约定的如实告知义务，其错误告知以及对被保险人患白血病事实的隐瞒，符合《合同法》第54条规定的当事人因受欺诈撤销合同的情形，本案属于保险人的法定解除权与因受欺诈而享有的撤销权的竞合。保险人可以选择适用解除权也可适用撤销权，虽然本案保险合同订立已超过2年，但是，合同法中撤销权的目的在于保护当事人意思表示真实的自由，而保险法解除权的目的在于督促投保人履行如实告知义务，故合同法中撤销权的规定和保险法中解除权的规定并不是普通法与特别法的关系，故本院对张某某辩称的'关于投保人张某某辩称本案应适用保险法的解除权不能适用合同的撤销权'的理由不予采信。"

一审判决后张某某提起上诉，认为虽然被保险人存在患有白血病的事实，但由于保险人未在保险法规定的两年内行使合同解除权，被上诉人已丧失了抗辩权，应当承担赔偿责任。被上诉人认为，由于上诉人未履行如实告知义务，构成欺诈，被上诉人有权依据合同法第54条之规定，要求撤销保险合同，应当适用合同法。济宁市中级人民法院庭审中归纳本案争议焦点为"1.投保人是否履行了如实告知义务；2.一审适用法律是否错误"。开庭审理后认定了"被保险人在投保前已因患白血病住院治疗，在投保时隐瞒了这一事实，并未履行如实告知义务"的事实，但认为："虽然被保险人隐瞒了曾经因患病住院治疗的事实，但根据保险法第16条第2、3款之规定，'投保人故意或者因重大过失未履行前款规定的如实告知义务，足以影响保险人决定是否同意承保或者提高保险费率的❶，保险人有权解除保险合同。前款规定的合同解除权，自保险人知道有解除事由起，超过三十日不行使而消灭。自合同成立起超过两年的❷，保险人不得解除合同；发生保险事故的，保险人应当承担赔偿或给付保险金的责任。'因此，保险法中对未如实告知的范围是合同法上对欺诈的特别规定。保险法作为特别法，其保险合同的解除权优先于合同法中可撤销合同的撤销权。新保险法在规定不可抗辩条款时并没有规定其适用例外。不论投保人是故意还是过失的不如实告知或隐瞒欺诈，只要经过两年时间，保险公司就不能对之进行抗辩，本案上诉人的保险合同已超过两年，因此，依据保险法的相关规定，被上诉人应当承担赔偿或者给付保险金的责任。"2012年12月14日作出终审判决：1.撤销一审判决；2.被上诉人平安寿险公司给付上诉人保险金6万元。

最高人民法院关于贯彻执行《中华人民共和国民法通则》若干问题的意见（试行）第68规定："一方当事人故意告知对方虚假情况，或者故意隐瞒真实情况，诱使对方当事人作出错误意思表示的，可以认定为欺诈行为。"两级法院对上述案件投保欺诈行为的认定毋庸置疑，但因适用的法律不同，导致其对同一案件作出两种截然不同的判决，此中凸显的问题实质是：对于在投保欺诈背景下订立的保险合同，保险人合同解除权与撤销权出现竞合时，是否还可以依据《合同法》第54条规定依法享有保险合同的撤销权？2012年1月，阳光寿险总公司在北京主办"全国人寿保险总公司核保核赔总经理'保险法不可抗辩条款实施2周年'研讨会"，笔者受邀作主题发言后，曾有一家寿险公司就一封来自投保人的信件提出过咨询。信中大意为："我两年前在贵公司为××投保了人寿保险，当时他已经患有癌症，但我没有讲真话，欺骗了你们。现在被保险人快不行了，请你们

---

❶ 根据法条原文规定，此处应为"自保险人知道有解除事由之日起"，二审判决引用法条时丢掉"之日"重要的两字。因此段文字为引用判决书原文，不便更正，只作说明。对二审判决中几处用词不准亦未更正。

❷ 根据法条原文规定，此处应为"自合同成立之日起超过二年的"，二审判决引用法条时此处仍然丢掉"之日"重要的两字。

做好理赔准备吧！如果不识时务，到时会有新保险法第16条的不可抗辩条款保驾我们。"笔者预计，此类案件将来可能会大量出现。其裁判结果的社会影响力，无论是正面的还是负面的，无疑都将十分巨大。

上述案件的终审判决结果促人思考：当投保人（或与被保险人一道）在投保时面对保险人询问的重要事项时，因其故意告知对方虚假情况，或者故意隐瞒真实情况，诱使保险人作出错误意思表示与之订立保险合同，构成保险欺诈之后，保险人可否依据《合同法》的现有规定请求裁判机构撤销保险合同？当保险人的合同解除权与合同撤销权竞合时，两项权利存在矛盾关系吗？"特别法优先于普通法适用"的规则在此类案件中具备适用基础和前提条件吗？如果排除了保险人的合同撤销权，是否就可以得出"骗人只要骗过两年即可万事大吉"的结论？这何以与法的"公平正义"、"公序良俗"、"诚实信用"等原则相容？在投保欺诈背景下排除保险人合同撤销权的结果，对人类社会文明进步事业提供的会是正能量还是负能量？

## 二、保险人合同撤销权："排除说"与"选择说"之博弈

基于《保险法》与《合同法》的规定，在保险合同订立过程中出现投保人对保险人的询问未予如实告知，构成欺诈时，保险人可以依法获得合同解除权和撤销权。《保险法》中确立的保险人合同解除权，是指当法律规定或保险合同约定的合同解除条件成就时，保险人所享有的单方解除合同的权利。保险人的合同解除权属于形成权范畴，保险人只需将其解除合同的意思表示于投保人，无需对方的认可即可发生解除合同的法律效力。在实践中，保险人单方解除合同多见于投保人违背最大诚信原则、不履行如实告知义务的情形。❶民商事法律制度中对"撤销"一词的运用较为广泛。《合同法》第54条可撤销合同规范的"撤销"，主要是指因合同当事人签约时意思表示瑕疵，通过撤销权人行使合同撤销权，使已经生效的合同的权利义务归于消灭。《合同法》确立的当事人合同撤销权实质上是一种撤销合同请求权。合同解除权与合同撤销权显然属于合同当事人的两种不同权利，在保险合同中可能同时存在。在投保人不履行如实告知义务构成欺诈情形下，即可产生保险人合同解除权与撤销权之竞合，随之而产生两项法定权利行使中的关系处理问题，其核心是保险人合同撤销权的实际享有与最终落实问题。

在我国保险法学界，围绕保险人合同撤销权的研究与争论由来已久，总体而

---

❶ 王冶英、任以顺："保险人合同解除权的立法反思"，载《理论探索》2012年第3期。

言,主要有"排除说"与"选择说"两种不同观点。虽然我国《合同法》第5条列举了"欺诈、胁迫、重大误解、显失公平、乘人之危"五种可能导致合同撤销的情形,但在保险合同当事人中,似乎最有可能引发撤销合同的情形只有"欺诈"。本文对保险人合同撤销权的讨论,完全是立足于投保人投保时不履行如实告知义务,构成对保险人欺诈背景的。

(一)"排除说"

"排除说"亦称"优先说",是主张以保险法上的合同解除权排除合同法上撤销权的观点。"排除说"虽然也承认合同法上的撤销权与保险法上的解除权在多个方面存在的较大差异,但仍认为《保险法》中的保险合同法部分与《合同法》相比,后者是一般法,前者是特别法,后者的规定属于一般规定,前者的规定属于特殊规定。当特殊规定与一般规定发生冲突时,依照特别法优于一般法的原则,应当适用特殊规定。在投保人违反告知义务导致保险法上的解除权与民法上的撤销权竞合时,保险法的规定应看作民法的特别规定,解除权应排除撤销权适用。据此,并依照2009年新《保险法》第16条第3款,在保险合同成立两年之后,保险人的解除权消灭,其亦不得再主张民法上的撤销权。❶"排除说"观点认为"选择说"存在的最大问题是将导致法律关系长期不稳定,置投保人完全被动而纵容保险人粗放承保。❷

有人认为,民法总则中撤销权与保险法上的解除权目的有着较大的差异。撤销权的规定一方面使不确定的法律关系趋于确定,另一方面赋予受欺诈人在一定的时间内补救自己因意思表示不真实而造成的损失。但是,保险法上解除权的尤其是除斥期间的规定重点在于对投保人利益的保护。这从《保险法》规定的除斥期间明显短于《合同法》规定的撤销权的除斥期间就可以看得出来。如果使保险人同时享有撤销权和解除权,与《保险法》规定解除权除斥期间以保护投保人利益的初衷相违背❸,因而《保险法》上的解除权应排除《合同法》上撤销权的适用。

(二)"选择说"

"选择说"也称"并存说"、"并存适用说"、"同时适用说",其观点的核心为:允许两种权利并存而且由保险人选择行使。即,当保险人的合同解除权与合同撤销权竞合时,保险人可以在"单方依法解除保险合同"和"请求裁判机

---

❶❷ 夏元军:"论保险法上解除权与民法上撤销权之竞合",载《法律科学(西北政法大学学报)》2010年第2期,第120~124页。

❸ 王林清:《保险法理论与司法适用》,法律出版社2013年版,第134~135页。

构撤销保险合同"二者中选择其一,以保护自己的合法权益。"如果投保人是以欺诈的形式违反告知义务的,保险人除了可以根据保险法解除合同外,也可以根据民法意思表示瑕疵制度的规定撤销合同。"❶两者并行适用时,《合同法》第54条第2款就成为《保险法》第16条的调节阀,由保险人自行判断是否进一步提出解除权之外的权利主张,从而缓和第16条对保险人的限制,制裁投保人的背信行为,体现保险合同"最大诚信"的基本特征,也是对当事人意思的尊重。更为重要的是,解除权与撤销权"并行不悖"可以避免两制度对投保人违反告知义务的事实作出不同的具体评价,从而保持法律体系内部的逻辑统一。❷《保险法》与《合同法》皆属私法范畴,均应遵循意思自治原则。当发生解除权与撤销权竞合时,法律应尽量为善意当事人提供多样的救济方式,并尊重当事人基于自由意志作出的选择,而这一切都须以事先明晰解除权与撤销权竞合的发生背景、行使要件以及法律效果为前提。保险人的撤销权与解除权的立法目的、行使要件,以及法律效果等均不相同,故二者之间并非普通法与特别法的关系。《保险法》并没有将第16条作为终局性解决方案的意图。而且,解除权与撤销权的重复适用并不会导致保险法的规定成为具文:在投保人重大过失的情形,《保险法》第16条仍然可以独立发挥作用;而在投保人故意的场合,给予保险人多一种权利并不违反保护保险人的主要目的。❸

"选择说"认为,保险人的合同撤销权与解除权可以同时适用。如实告知义务制度与意思表示瑕疵制度的立法目的、构成要件、法律效果均不相同,两者在逻辑结构上呈交集状态,无所谓何者为何者之特别法的关系。而且,恶意不受保障系上位指导原则,所以,不论从逻辑分析还是从各方主体利益权衡角度来看,保险法上的如实告知义务制度并不排除民法上意思表示瑕疵制度的适用,二者应当并行不悖。❹退一步讲,也起码应当区别对待意思表示瑕疵制度中的错误与欺诈,对投保人以恶意欺诈的形式违反如实告知义务的,保险人除了可以依据保险法之规定解除合同外,还可以根据民法意思表示瑕疵制度的规定撤销合同。如果

---

❶❷ 刘勇:"论保险人解除权与撤销权的竞合及适用",载《南京大学学报(哲学·人文科学·社会科学)》2013年第4期,第35页。

❸ 详见最高人民法院副院长奚晓明主编:《〈中华人民共和国保险法〉保险合同章条文理解与适用》,中国法制出版社2010年8月第1版,第98页。这种观点在本书虽然被划归为"折中说",但如果以投保欺诈为背景,实质上属于保险人可以对解除合同与撤销合同两种权利择一行使的"选择说"。

❹ 王静:"如实告知义务法律适用问题研究——以《最高人民法院关于适用〈中华人民共和国保险法〉若干问题的解释(二)》为核心",载《法律适用》2014年第4期,第87页。

投保人主观上没有恶意，则保险人只能根据保险法的规定寻求救济。❶

### 三、本文观点：被投保欺诈的保险人应享有合同撤销权

事物都是一分为二的。对投保欺诈背景下保险人是否应享有合同撤销权的认定，最终取决于人们的价值取向。扬长避短、趋利避害、择优而用应当成为价值取向恰当与否的衡量标准。

（一）公正的司法不应当以任何理由和方式支持欺诈行为

公平正义是具有普世性的司法价值取向。一切裁判都理应秉承公平正义，而不应当违背社会良知。英国哲学家培根有句名言："一次不公正判决的恶果甚至超过十次犯罪。因为犯罪是无视法律，好比污染了水流；而不公正的判决则是毁坏法律，好比污染了水源"。这是一种十分形象、恰当的比喻：因为水流脏了，污秽早晚会被冲走；水源脏了，流淌的只能一直是污秽。司法裁判的作用不仅仅在于解决纠纷，更在于创设规则。一个司法裁判所产生的法律效果不仅及于本案当事人，更会对未来一系列类似案件产生直接或间接的影响。立法、司法解释乃至具体的司法活动均具有社会导向和指引功能，无论如何都没有理由直接或间接地支持、助长欺诈行为。司法裁判无论如何都不应当为欺诈者的机会主义行为提供反向激励。本文列举的三起案件均为典型的投保欺诈案例，投保人的欺诈行为不属于一般过失或重大过失，而是恶意的主观故意，甚至属于有计划、有预谋的骗取保险金活动。这种行为如果得不到制止，保险人在经营活动中对道德风险将防不胜防，难以管控，保险成本必然异常加大，最终必将伤害其他保险相对人❷的利益，以至破坏整个保险业的健康发展。

---

❶ 详见上文引自［日］山下友信：《保险法》，有斐阁2005年版，第320页。作者将此情形称作"错误排除说"。

❷ "保险相对人"的概念，是笔者在《保险研究》2008年第5期发表的《保险近因原则之"近因"概念内涵探析》一文中提出来的。由于在保险法律关系中，保险人一方是恒定不变的，与保险人相对的另一方则在不同的场景下变化不定，不一定同时都出现，如在财产保险合同中，投保时与保险人相对的一方是投保人，在索赔理赔时与保险人相对的一方是被保险人，在人身保险合同中保险人给付保险金时可能相对的是受益人。为防止名词使用中的逻辑混乱，作者在此意欲用保险相对人的概念取代投保人、被保险人、受益人一组概念。如此看来，保险相对人是指囊括投保人、被保险人、受益人这三种人形成的利益共同体，以与保险人的概念形成相对应关系。在不同的场合下，保险相对人具体为哪种人，只需对号入座即可。

诚实信用，是《保险法》和《合同法》共同坚守的基本原则。鉴于保险合同的特殊性，为杜绝道德风险，《保险法》更加强调诚实信用❶，对保险合同当事人及关系人的诚信义务作了更为严格的规定。《保险法》第16条第1款规定："订立保险合同，保险人就保险标的或者被保险人的有关情况提出询问的，投保人应当如实告知。"为了使用刑事手段惩罚较严重的保险欺诈行为，我国《刑法》第198条还专门规定了"保险诈骗罪"。

此类案件中的投保人和被保险人违背最大诚信原则，故意隐瞒真实病情及多次住院治疗等一系列事实，使用有预谋、有计划的恶意欺骗手段，诱使保险人与其签订人寿保险合同，通过保险活动攫取非法利益的动机十分明确。投保人欺诈得逞，向保险人主张支付保险金的要求遭到拒绝后，如果司法将保险人合同撤销权与解除权对立起来，片面适用"不可抗辩条款"而驳回保险人"撤销合同"的诉求，将不仅背离保险立法与合同立法精神，损害社会诚信，而且客观上也会为投保人通过恶意欺诈手段谋取不义之财提供司法确认，这与保险立法及合同立法的精神背道而驰。

（二）保险人合同解除权制度对保险人的救济已经形同虚设

2009年我国修订《保险法》完善保险人合同解除权制度时，为防止保险人滥用合同解除权，损害保险相对人的权益，在第16条、第17条等规定中对保险人的合同解除权已经作了十分严格的限制。当投保人未履行如实告知义务，保险人想要解除合同，必须同时符合七个条件，逐一通过七道关卡的检验：一是在订立保险合同时保险人对保险标的或被保险人的有关情况"曾经询问"；二是投保人对保险人的询问"没有告知"；三是投保人的未如实告知存在"主观过错"；四是投保人的过错"足以影响"保险人决定是否同意承保或者提高保险费率；五是合同解除权的行使"不超期限"（自合同成立时起2年内）；六是保险人对于投保人未如实告知"原不知情"；七是保险人对各个事项的事实均"有据可证"。

毋庸置疑，保险人欲解除合同面临的以上七道关卡，每过一关都意味着其注意义务、举证负担、经营成本的大量增加，加之解除合同的极低成功率，必将使保险人对解除合同望而却步。在保险活动及司法实践中，基本看不到保险人向投保人解除保险合同的事件发生，更见不到保险合同当事人因解除合同效力之争的诉讼案件发生，何况即使有此类诉讼案件的发生，保险人最终胜诉的可能性也微乎其微。《保险法》第16条等规定，诚然可以进一步限制保险人滥用其优势地位

---

❶ 我国保险法学界为强调保险合同中"诚实信用"的重要性，参照英国1906年海上保险法的规定，将该基本原则冠名为"最大诚实信用原则"。详见任以顺：《保险利益研究》，中国法制出版社2013年版。

随意解除保险合同行为的发生，这对于杜绝保险人解除保险合同的任意性，保护保险相对人的合法利益显然是有意义的。"不可抗辩条款"的立法精神和立法目的，是为了限制保险人滥用保险合同解除权进而伤害被保险人的正当保险利益，不是为投保人和被保险人欺诈保险人提供法律供给。从实践的角度实事求是地分析，由于这条规定过分加大了保险人合同解除权的行使难度，层层设卡，矫枉过正，可能使保险人欲依照法定条款解除合同时感觉困难重重、举步维艰，甚至根本不可能实现，最终使得保险人的合同解除权形同虚设。❶

在人身保险中，合同双方当事人信息的不对称，不仅仅表现为投保人对保险产品的了解不足，也表现为保险人对被保险人的身体健康状态了解甚少。由于2009年我国修订《保险法》引进不可抗辩条款之时，并没有同时对投保人恶意欺诈、欠交保费等情形中不可抗辩条款的适用作出除外性规定，保险人解除合同的二年期限太短，使得保险人受到投保欺诈时难以得到应有的司法救济。在如此背景下排除了保险人的合同撤销权，无异于为投保人创设了一种"骗保两年即成功"的法律环境。

（三）"特别法优于一般法适用"规则在投保欺诈案件中缺乏适用前提

保险合同属于合同的一种类型。《合同法》与《保险法》第二章（"保险合同"部分）是属于一般法与特别法的关系。"排除说"主张以保险法上的合同解除权排除合同法上的撤销权，其最主要的依据是"特别法优于一般法适用"规则。然而，"特别法优于一般法适用"的前提是特别法与一般法在某一方面的规范出现不一致或者矛盾。在现代汉语中，"矛盾"一词通常泛指事物相互抵触或排斥。❷我国相关立法的现状是：《保险法》对保险合同的撤销问题未作规定，《合同法》则对合同撤销的请求权人、撤销机关、撤销条件、撤销程序、法律后果等内容都作出了详尽的规定。在一有一无的情形之下，岂可曰"特别法与一般法的规定不一致或者存在相互抵触、排斥的矛盾"？可见，保险人合同解除权与撤销权竞合适用法律时并不存在矛盾，"特别法优于一般法"规则在投保欺诈案件中的适用，缺乏前提和基础条件。

从另一角度分析，其实《合同法》与《保险法》第二章（"保险合同"部分）不仅是一般法与特别法的关系，也是上位法与下位法关系。处理保险合同纠纷案件适用法律时，当上位法有明确规定，下位法没有规定，上位法与下位法之

---

❶ 详见王冶英、任以顺："保险人合同解除权的立法反思"，载《理论探索》2012年第3期。

❷ 中国社会科学院语言研究所词典编辑室：《现代汉语词典》，商务印书馆2005年第5版，第923页。

间并不存在矛盾时，理所当然地应当适用上位法做出判决。由于《保险法》只是规定了保险人的合同解除权，对于保险人的合同撤销权没有规定，对于当事人请求撤销保险合同之诉讼，自然应当适用《合同法》的规定给予支持。

笔者支持"被投保欺诈的保险人应享有合同撤销权"的理由还在于，《合同法》第54条第2款关于合同撤销权的规定，旨在为保护合同各方当事人意思表示的自由提供法律救济，而《保险法》第16条关于解除合同的规定，则是旨在维护诚实信用原则、反对投保人不履行如实告知义务的前提之下，限制保险人对合同解除权的滥用。通观整套合同法律体系，可撤销合同归属于合同效力制度的框架之下，是法律对于合同效力评价的结果之一，而当事人缔约时意思表示的性质则是法律对合同效力进行价值判断的重要依据。因此，究其实质，《合同法》第54条第2款将欺诈认定为合同可撤销的事由之一，并赋予受损害方以合同撤销权，其规范目的在于保护当事人意思表示的自由。保险人的合同撤销权与合同解除权的立法目的完全不同，两种权利并行不悖。该两项权利的运行再辅之以对同一投保欺诈行为情节严重时的"保险诈骗罪"刑事责任追究，才构成完整的保险欺诈法律责任体系，才能全面、完整地实现国家立法目的。可见《保险法》第16条第3款关于"不可抗辩条款"的规定以及第4款规定，并非保险人遭受投保欺诈后的终局性解决方案。

（四）带病投保欺诈背离保险的本质属性，破坏保险的社会功能

我国《保险法》第2条规定："本法所称保险，是指投保人根据合同约定，向保险人支付保险费，保险人对于合同约定的可能发生的事故因其发生所造成的财产损失承担赔偿保险金责任，或者当被保险人死亡、伤残、疾病或者达到合同约定的年龄、期限等条件时承担给付保险金责任的商业保险行为。"保险合同的射幸性意味着，缔约双方在合同中约定的保险事故必须是可能发生的，而非必然或者已然发生的。正是由于保险事故发生的或然性，才使得与之相关的风险信息成为保险人据以决定是否承保或者确定保险费率的稀缺资源；正是由于这种风险信息的稀缺性和分布的不对称性，法律基于节约交易成本、促进商事交易效率的考量，才将如实告知义务分配给投保人，并将"最大诚信"确立为保险法的基本原则。在最大诚信原则的指导下，投保人针对保险人的询问履行如实告知义务，将使保险人最大限度地降低其评估承保风险的费用，进而通过保险精算实现承保风险与经营管理成本之间的最优搭配。从长远来看，会促使保险人公平、合理地拟定保险条款和保险费率，最终实现保险合同关系人和保险人之间的双赢。无疑，这是一个健康、可持续发展的保险市场所遵循的基本规律，也是保险立法和

保险司法孜孜以求的理想目标。❶

　　保险，是一种建立在大数法则及概率论基础上的分摊风险和消化损失的经济制度。一般而言，任何保险人对其任何保险产品的设计与精算，都不应当把因投保欺诈所至理赔而无限加大的损失列入其范围。由于保险费率的精算无法把欺诈理赔测量为成本，投保欺诈行为一旦得不到有效限制，甚至泛滥开来，保险业进行保险费率精算的基础必然严重受损，这不仅破坏大数法则基础上的保险规则与规律，而且作为商事主体的保险人，为防止因投保欺诈可能遭受的无法估量的损失，也不得不通过提高保费将欺诈性损失嫁祸于其他无辜的投保人，迫使保险的社会功能黯然失色。详言之，巨大的欺诈性损失最终还得其他无辜的投保人买单，这无疑会不合理地增加社会大众购买保险服务的负担，而出现"欺诈者受益，诚实者成为冤大头"的反常现象，这种对投保人欺诈行为的反向激励最终会淘汰掉投保人中所有的诚实者，出现"人人都是原告、人人又都是被告"的糟糕局面。与此同时，保险公司必然会持续地提高保费，长此以往，这必将造成社会财富的极大浪费，这又会使"保险让生活更美好"的理想目标的实现遥不可及。

　　毋庸置疑，与承保风险有关的信息是最稀缺的资源，它实质性地影响了保险公司是否决定承保或者如何确定保险费率。同时，由于保险合同的订立并不转移保险标的的占有，因此，投保人和被保险人相较于保险人而言是最有条件和能力知悉并掌控各种风险信息的合同当事人与关系人。基于降低或避免保险人评估承保风险所需交易成本的考量，《保险法》将如实告知义务合理地分配给投保人，由此使得保险人得以降低保费，最终促进商事交易，更好地发挥保险功能以增益社会福利。

　　而在投保人故意不履行如实告知义务，保险人遭受投保欺诈的情况下，与保险合同有关的风险信息便无法得到保险人经营管理流程的正确评估，致使保险人负担了与其承保风险不相称的成本，严重损害其合法权益，更遑论保险人在商事交易中实现其盈利目标了。一言以蔽之，投保人的欺诈行为致使保险人订立合同的目的落空。因此，《保险法》第16条第4款在合同法基本原理的指导下赋予了保险人合同解除权，使保险人得以提前终止合同，处置善后事宜。

　　天下没有免费的午餐。风险转移需要付出合理的对价。保险合同是典型的双务合同。《保险法》第14条规定："保险合同成立后，投保人按照约定交付保险费，保险人按照约定的时间开始承担保险责任。"一言以蔽之，保险人收取的保

---

❶ 我国《保险法》第5条规定："保险活动当事人行使权利、履行义务应当遵循诚实信用原则。"从而将"诚实信用"作为基本原则规定于总则部分，发挥对保险法律制度和保险司法的指导作用。

费与其承担的风险应当遵循等价有偿原则，以维持对价平衡。保险合同双方当事人享有公平的合同撤销权。从保险的法定概念去解读，保险人只承保未发生的危险。上述案件被保险人投保时已患绝症，实乃必然发生的风险，使保险人无法实施风险控制与管理。

# 域外保险法

# 英国2015年保险法*

## 王瀚培* 任自力*译

**译者注：**

英国《2015年保险法》于2015年2月12日由英国女王签署发布。无论从立法内容与文本结构上来看，本法对于中国保险立法的进一步完善都具有重要借鉴价值。

本法包括主要术语、公平陈述义务、保证与其他条款、欺诈性索赔、诚信与合同排除条款、对2010年《第三人（对保险人权利）法》的修订、一般性规定等7章。正文后另有2个附录：附录1为"法定违约（违反公平陈述义务）情形下保险人的救济"，附录2为"第三人对抗保险人的权利：相关被保险人"。

从内容上看，本法延续了英国2012年《消费者保险（披露与陈述）法》对消费者保险合同所做的定义；详细描述了非消费者保险合同公平陈述义务的含义及具体规则；针对非消费者保险合同中保证的违反制定了详细规范；并对消费者保险合同与非消费者保险合同中的欺诈性索赔、诚信与合同排除规则的适用等进行了相对周延的规制。

从文本结构上看，本法用于明确与其他法律法规间衔接的内容占有相当的篇幅，几乎考虑到所有可能受本法影响的其他法律的修改问题，并对本法适用的后续影响进行了详细规定。

本法在立法程序上已获英国女王批准，并已通过了英国立法机构（议会上、下院）的审议。本法全文如下：

---

\* 本文为国家社会科学基金2011年一般项目"保险法的理念与制度实施研究"（11BFX032）与教育部2010年度人文社会科学青年基金项目"新保险法实施中若干重大疑难问题研究"（10YJC820089）的阶段性成果。

\* 北京航空航天大学法学院民商法专业博士生。

\*\* 北京航空航天大学法学院教授。

## 第一章　保险合同：主要术语

1. 保险合同：主要术语

本法（除第6部分外）所称：

"消费者保险合同"的定义与2012年《消费者保险（披露与陈述）法》中规定的定义相同；

"非消费者保险合同"是指除消费者保险合同以外的保险合同；

"被保险人"是指订立或拟订立一份消费者保险合同的被保险的一方；

"保险人"是指作为或将作为消费者保险合同中提供保险的一方；

"公平陈述义务"是指本法第3条第1款规定的义务。

## 第二章　公平陈述义务

2. 适用与解释

（1）本章只适用于非消费者保险合同

（2）本章适用于非消费者保险合同及其相关变更，并且

（a）提及的风险应视为包含与所建议变更有关的风险变化；

（b）提及的保险合同及于其变更。

3. 公平陈述义务

（1）在订立保险合同之前，被保险人必须对保险人公平的陈述风险。

（2）本法上述第1款所规定的义务即为"公平陈述义务"。

（3）对风险的公平陈述是指该陈述：

（a）对本条第4款所列事项进行了披露；

（b）以能够使一名理性保险人能够合理获取并理解的方式进行；

（c）其中的每一个关于事实的实质性陈述总体上是正确的，且每一个关于预期或信赖的实质性陈述是基于诚实信用做出的。

（4）除本条第5款规定以外，披露应遵循如下规则：

（a）应披露被保险人知道或应当知道的每一重要情况，或；

（b）在未能满足a项要求时，应为揭示该等实质性情况而向保险人进行充分的信息披露、以使得一个谨慎保险人可进行进一步的询问。

（5）对下列下列事项，如果保险人未问及，被保险人无需披露：

（a）降低风险的事项；

（b）保险人已知的事项；

（c）保险人应当知道的事项；

（d）推定保险人知道的事项；

（e）保险人放弃了解的事项。

（6）第4条至第6条对被保险人和保险人知道的事项作了进一步规定，第7条包括一些补充规定。

4. 被保险人知道的事项

（1）为本法第3条第4款（a）项之目的，本条规定了被保险人知道或应当知道的事项。

（2）自然人被保险人仅需知道：

（a）其已知的事项；

（b）负责被保险人保险事务的一个或多个人已知的事项。

（3）非自然人被保险人仅需知道或应当知道一个或多个下列人员已知的事项：

（a）部分被保险人的高级管理人员；

（b）负责被保险人保险事务的人。

（4）下列情况下，自然人不能凭借本条第2款第b项或第3款第b项的规定而知晓被保险人的保密信息，如果：

（a）该自然人是被保险人的代理人或者是被保险人的代理人的雇员；

（b）信息是由被保险人的代理人（或代理人的某一雇员）通过与他人（该人与保险合同无关）的业务关系所知悉的。

（5）本法第4条第4款提到的"与保险合同有关的人"是指：

（a）被保险人或其他被保险合同覆盖的任何人；

（b）如果合同的再保险风险由另一个合同承担，则包括根据本款规定与另一合同相关的人。

（6）不管是否自然人，被保险人都应当知道其通过通常查询可以正常获悉的事项（该查询可以询问或以其他方式进行）。

（7）本法第4条第6款中的"信息"包括被保险人的组织及其他任何人（例如，被保险人的代理人或者或其他为保险合同覆盖的人）掌握的信息。

（8）本条所称：

（a）"雇员"是指与被保险人的代理人有关的人，包括为代理人工作的任何自然人，而无论该自然人扮演的身份；

（b）如果一个自然人代表被保险人参与购买保险的流程，则无论该自然人在购买过程中是作为被保险人的雇员、被保险人的代理人、被保险人代理人的雇员或以任何其他身份出现，该自然人都要为被保险人的保险事务负责；

（c）"高级管理人员"是指在管理或组织被保险人的活动的决策方面起重大作用的自然人。

5. 保险人知道的事项

（1）为本法第3条第5款b项之目的，保险人知道或应当知道的事项仅为代表保险人参与决定是否承担以及以何种条款承担该风险的一个或多个自然人已知的事项（无论该自然人在决策过程中是作为保险人的雇员、保险人的代理人、保险人代理人的雇员或以其他任何身份出现）。

（2）为本法第3条第5款c项之目的，保险人应当知道的事项限于：

（a）保险人的雇员或代理人知道该事项，且该相关消息应当被合理地转达给本条第（1）款所述的自然人；

（b）保险人已掌握的、且能被本条第（1）款所述的自然人轻易获得的相关信息。

（3）为本法第3条第5款d项之目的，推定保险人知道的事项限于：

（a）常识

（b）保险人在通常经营中、就某类存疑行为向被保险人提供保险时理应知道的事项。

6. 知道或应当知道的一般规定

（1）为本法第3条至第5条之目的，自然人知道或应当知道的事项不仅包括自然人确实了解的事项，而且包括自然人怀疑存在的事项和自然人本应知晓但故意拒绝对此进行确认和调查的事项。

（2）本章的任何内容均不影响任有下列法律规则的适用：由一名自然人（F）对被保险人或保险人实施的欺诈，不应被归因于该被保险人或保险人，其中：

（a）如果欺诈是被保险人一方做出的，F是指任何在第4条第2款b项中提到的自然人，或；

（b）如果欺诈是保险人一方做出的，F是指任何在第5条第1款中提到的自然人。

7. 补充规定

（1）仅一个文件或口头陈述不能满足公平陈述义务的要求。

（2）"事项"包括被保险人作出的任何交流或其收到的任何信息。

（3）影响一名谨慎的保险人决定是否承保以及决定承保时以什么条件承保的事项或陈述，即属重要事项或陈述。

（4）可能成为重要事项的例子：

（a）与风险有关的特殊的、不寻常的事实；

（b）促使被保险人对该风险寻求保险的特别情况；

（c）任何与某一特定类型保险或某一类行为所涉及问题相关的，并被一般性的认为应在公平陈述风险时提及的情况。

（5）如果一名谨慎的保险人认为已陈述事项与实际情况间的差异不重要，则该重要陈述在实质上是准确的。

（6）在合同订立之前，可以撤回或更正陈述。

8. 违约救济

针对被保险人违反公平陈述义务的行为，保险人仅在下列情形享有救济：

（a）其可证明若无该违约行为，其本来根本不会订立保险合同；或者

（b）其可证明若无该违约行为，其只会基于不同的条款订立保险合同。

（2）救济措施列于附表1。

（3）保险人享有救济权的被保险人的违约在本法中称为"法定违约"❶。

（4）"法定违约"是指：

（a）（被保险人）在主观上为故意或粗心大意，或

（b）（被保险人）在主观上既非故意又非粗心大意。

（5）在下列情形，法定违约属于故意或粗心大意：

（a）被保险人已知其行为违反了公平陈述义务；或者

（b）被保险人对其行为是否违反该义务漠不关心。

（6）一项法定违约是故意或粗心大意的举证责任由保险人负担。

## 第三章 保证和其他条款

9. 保证和陈述

（1）本条适用于被保险人在以下情形中作出的陈述：

（a）拟订立的非消费者保险合同；

（b）拟订立的对非消费者保险合同的变更。

（2）此类陈述不得以任何形式转化为对非消费者保险合同中的任何条款（或者合同修改件中的任何条款）的保证，也不得视为是对其他任何合同的保证（不论该陈述是否被表述为构成合同的基础）。

10. 对保证的违反

（1）废除任何规定下列内容的法规：违反保险合同中的（明示或默示）保证会导致合同中保险人的责任免除。

（2）如果被保险人违反合同中的保证（明示或默示），保险人对保险合同中规定的任何损失或事故的发生不负赔偿责任，直到该违约得到纠正。

---

❶ 英文原文为qualifying breach，本文根据上下文背景将之意译为"法定违约"。

（3）但是第10条第2款不适用于：

（a）由于情况发生变化，保证不再适用于合同的情况；

（b）遵循该保证被任何新颁布的法律视为非法；或者，

（c）保险人放弃违反保证所获得的权利。

（4）第10条第2款的规定不影响保险人在下列情况下对发生损失或事故应负的赔偿责任：

（a）在保证被违反之前；

（b）可以纠正的违约得到纠正之后。

（5）为本条之目的，对保证的违反在下列情况下视为已得到纠正：

（a）属于本法第10条第6款规定情形的，如果当事人做出的保证所涉及的风险在（纠正）之后与原本预期的风险在本质上一致；

（b）其他情形下，如果被保险人停止对保证的违反。

（6）符合下列条件的争议适用本款：

（a）争议所涉及的保证要求在一个确定的时间内完成（或者不完成）某件事，或者达成某个条件，或者属于（或不属于）某种情况，且；

（b）上述要求未能得到满足。

（7）1906年《海上保险法》中的：

（a）第33条（保证的性质）第3款中的第二句话被删除；

（b）第34条（对保证的违反可以在何时被免除责任）被删除。

11. 与实际损失无关的条款

（1）本条适用于保险合同中的某一（明示或默示）条款，而不适用于将风险作为一个整体来进行定义的条款，若遵循该条款可能减少如下一个或多个风险：

（a）特定种类的损失；

（b）特定地点的损失；

（c）特定时间的损失。

（2）若发生损失，且该条款未能被（被保险人）遵守，只要被保险人满足第3款规定，保险人即不得以被保险人未遵守该条款为由拒绝履行、限制或免除自己的保险赔付责任。

（3）如果被保险人能证明其违反该条款不可能导致该特定损失风险的增加，被保险人即满足本款规定。

（4）本条不得适用于第10条。

## 第四章 欺诈性索赔

12. 对欺诈性索赔的救济

（1）若被保险人根据保险合同提出欺诈性索赔：

（a）保险人对该索赔不承担责任；

（b）保险人可以要求被保险人退还保险人就该索赔已支付的全部保险金；并且

（c）除此之外，保险人可以通知被保险人，保险合同自发生欺诈行为之日起视为业已终止。

（2）若保险人选择终止保险合同：

（a）则其可以拒绝被保险人依据保险合同就欺诈行为发生之后的任何相关事件承担保险责任，并且

（b）其无需返还根据保险合同已收取的保费。

（3）根据本条规定终止保险合同不影响欺诈行为之前所发生的相关事件中，合同当事人的权利和义务。

（4）第2款（a）项和第（3）款中的"相关事件"是指能够引发保险合同中保险人责任的任何事件（包括产生损失、提出索赔、或者通知潜在的索赔等，具体情况视合同约定）。

13. 对欺诈性索赔的救济：团体保险

（1）本条内容适用于：

（a）保险人通过一个人（"A"）签订了保险合同；

（b）该合同为非合同主体的一个或多个人（"Cs"）提供保障，不论合同是否也对A（不论其身份）或者另一被保险人提供任何类型的保障；并且，

（c）欺诈性索赔是由Cs或其代理人（欺诈性索赔人）根据合同提起的。

（2）第12条同样适用于此种索赔。此时为欺诈索赔人提供的保障，将视同为欺诈性索赔人作为被保险人与保险人订立的自然人保险合同所提供的保障；并且，相应地：

（a）第12条中规定的保险人的权利，只有在针对提供给欺诈性索赔人的保障时才可以行使，而且；

（b）对上述权利的行使不影响保险合同向其他任何人提供的保障。

（3）在适用第（2）款时，第12条要遵循以下特殊要求：

（a）关于保险人所赔付的任何具体的保险金，该条第（1）（b）款中首次提到的"被保险人"是指领受保险人所支付保险金的A或欺诈性索赔人；但是，若保险金是支付给A并由A转交给欺诈索赔人的，"被保险人"是指欺诈性索

赔人；

（b）该条第（1）（b）中第二次提到的"被保险人"是指A或欺诈性索赔人；

（c）该条第（1）（c）中提到的"被保险人"是指A和欺诈性索赔人；

（d）第（2）（b）款中提到的按照合同支付的保费是指欺诈性索赔人投保所支付的保费。

## 第五章　诚信与合同排除条款

诚信

14.诚信

（1）任何允许保险合同一方以另一方未遵守最大诚信为由认定合同无效的法律均被废止。

（2）任何规定保险合同是基于最大诚信的合同的法律被修改至符合本法和《2012消费者保险（披露与陈述）法》的程度。

（3）相应地：

（a）《1906年海上保险法》第17条（海上保险合同是最大诚信合同），删除从"，和"至结尾；且

（b）适用（修改后的）该条时，仍要要符合本法和《2012消费者保险（披露与陈述）法》的规定。

（4）删除《2012消费者保险（披露与陈述）法》的第2条（在合同订立或修改之前的披露与陈述）第（5）款。

合同排除

15.合同排除：消费者保险合同

（1）如果消费者保险合同或任何其他合同中的条款，使消费者在本法第3章或第4章规定事项中与（有关消费者保险合同）相关规定相比、处于更不利的地位，则该该更不利的部分无效。

（2）第（1）款中提到的合同包括合同的变更。

（3）本条不适用于由消费者保险合同引起的理赔协议。

16.合同排除：非消费者保险合同

（1）如果非消费者保险合同或其他任何合同中的条款，使得被保险人在有关第9条所称陈述问题上处于比适用第9条更加不利的地位，则该该更不利的部分无效。

（2）如果非消费者保险合同或其他任何合同的中的条款，使得被保险人在有关本法第2章、第3章或第4章规定的其他事项中处于比上述三章（有关非消费

者保险合同)的规定更加不利的地位,则该该更不利的部分无效,除非其能满足第17条的要求。

(3)本条中提到的合同包括合同的修改。

(4)本条不适用于由非消费者保险合同引起的理赔协议。

17. 透明度要求

(1)本条所称的"不利条款"是指第16条第(2)款提到的条款。

(2)在合同签订之前或变更合意达成之前,保险人必须采取足够的措施来提醒被保险人注意不利条款。

(3)关于不利条款后果的表述必须清楚明确、无含糊。

(4)在认定是否满足第(2)和第(3)款的要求时,应当考虑当事的被保险人的特点以及交易情况。

(5)若被保险人(或其代理人)在签订合同时或变更合同达成合意时已经实际知道该不利条款的,则被保险人不得依赖保险人未满足第(2)款的要求进行抗辩。

18. 合同排除:团体保险合同

(1)本条适用于第13条第1款(a)款所提及的保险合同;且本条规定中:

"A"和"C"的含义与第13条相同;

"消费者C"是指Cs中的一个自然人,并满足下述条件:若保险合同是与该自然人而非与A签订的,为该自然人提供保障的合同是一份消费者保险合同;且

"非消费者C"是指Cs中不属于消费者的任何人。

(2)如果保险合同或者任何其他合同的中的条款,使得消费者C在本法第13条规定的事项上处于比适用该条规定更不利的地位,则该更不利的部分无效。

(3)如果保险合同或者其他合同的中的条款,使得消费者C在本法案第13条规定的事项上处于比适用该条规定更不利的地位,则更不利的部分无效,除非该条款满足了第17条中的要求。

(4)第17条可以适用于被保险人被视为A而不是非消费者C的条款,适用方式如同17条适用于第16条第(2)款所规定的条款那样。

(5)本条中提到的合同包括合同的变更。

(6)本条不适用于由保险合同引起的理赔协议。

## 第六章 对2010年《第三人(对保险人权利)法》的修订

19. 有关修改2010法中"相关人"含义的权力

将《2010第三人(对保险人权利)法》的第19条(修订该法第4至6条的权力)替换为:

"19 有关修改'相关人'含义的权力"

（1）为实现本法目的，国务大臣可以通过法规、增加或者减少认定一个人属于"相关人"的情形，但要遵循本条第2款规定。

（2）根据本条制定的法规可以增加情形，只要国务大臣认为该额外的情形：

（a）涉及法人团体或非法人团体实际或预期的解散；

（b）涉及个人、法人团体或者非法人团体实际或预期的破产或其他财务困难；或

（c）类似于现行《2010第三人（对保险人权利）法》中第4-7条中规定的情形。

（3）根据本条制定的法规可以涉及下列问题：

（a）在适用情形因制定的法规而增加或减少时，根据第1条产生的权利转让的对象以及权利转让的程度；

（b）在受影响情形变化时，根据第1条所转让权利的再转让；以及

（c）在受影响情形中，第1条规定的权利转让对被保险人责任的影响。

（4）根据本条制定的法规，如果其增加或减少的情形涉及法人团体或非法人团体实际或预期解散，则其可以更改适用下列情形，以便这些规定包括或排除涉及一个团体该种或其他种类解散的情况：

（a）第9（3）条（转让权利不需要满足被保险人向保险人提供信息或帮助之要求的情形）

（b）附件1的第（3）节（要求披露的通知）

（5）依据本条增加适用情形的法规可规定，本法第1条适用于该法规生效日前发生的情形，相关情形涉及与某人有关的如下一种或两种情况：

（a）发生的情况与某人有关；

（b）发生了某人作为保险合同下被保险人的责任。

（6）根据本条制定的条款，如果其

（a）增加了适用情形；且

（b）规定本法第1条适用于法规生效日前同时涉及第5款（a）项和（b）项情形，则其必须规定，在该情形下，根据本法目的，在该法规规定的生效日或一个较晚的日期之前，此人不应被视为相关人。

（7）根据本条减少适用情形的法规可规定，本法第1条不适用于本法生效日前只满足第5款（a）或（b）项之一的情形。

（8）根据本条制定的法规可以：

（a）包含后续性、附带性、补充性、过渡性、临时性条款，或者但书

条款;

（b）针对不同目的制定不同条款；且

（c）随时依据新修订、扩充或实施的法令对本法进行修改（第3-7款内容不得损害本款的一般性规定）。

（9）根据本条制定的法规可以修改包括本法在内的其他法令，不论是何时通过或制定的。

（10）根据本条制定的法规应体现为法定文件。

（11）必须将包含该法规的法定文件的草案提交议会两院，并经由决议通过后才能颁布。

20. 其他修订

附录2修改了《2010第三人（对保险人）权利法》适用的被保险人的相关规定。

## 第七章 一般性规定

21. 第二章的后续性影响

（1）本条规定的内容是本法第2章的后续性规定。

（2）《1906年海上保险法》第18条（被保险人的披露）、19条（投保人代理人的披露）和第20条（合同协商期间的陈述）被删除。

（3）与上述规定具有同样效果的法律也均被废止。

（4）在1988年《道路交通法案》的第152条（保险人替投保第三者险的自然人支付判决赔偿的例外）：

（a）第（2）款：

（i）（a）项中，将"依据相关保险立法或担保保单，"替换成"要么依据2012年《消费者保险（披露与陈述）法》，要么在该法不适用情形下依据相关保险立法或担保保单"，

（ii）（b）项中，将"依据相关保险立法或担保保单，"替换成"或者根据该法或者依据相关保险立法或担保保单"；

（b）在第（3）款"明确规定"后插入"相关保险立法，或在有担保保单情形下"；

（c）在第（4）款后增加："（5）在本条中，'相关保险立法'是指2012年《消费者保险（披露与陈述）法》或2015年《保险法》的第2部分"。

（5）在1981年《道路交通指令（北爱尔兰）》（S.I.1981/154（N.I.））第98A章（保险人替投保第三者险的自然人支付判决赔偿的例外）

(a) 第 (2) 项中：

(i) 将 (a) 项中的 "依据相关保险立法或担保保单，" 替换成 "要么依据2012年《消费者保险 (告知和陈述) 法》，要么在该法不适用的情况下依据相关保险立法或担保保单"，

(ii) 将第 (b) 项中的 "依据相关保险立法或担保担保，" 替换成 "或者根据该法或者依据相关保险立法或担保担保"；

(b) 在第 (3) 款 "明确规定" 后面插入 "相关保险立法，或在有担保保单情况下"；

(c) 在第 (4) 款后增加："(5) 在本条中，'相关保险立法'是指2012年《消费者保险 (披露与陈述) 法》或2015年《保险法》的第2部分"。

(6) 删除2012年《消费者保险 (披露与陈述) 法》第11条 (对其他法规的后续影响) 中的第 (1) 和 (2) 款。

22. 第2章至第5章的实施等

(1) 第2部分 (和第21条) 和第14条仅适用于下列情况：

(a) 在相关期间结束后订立的保险合同；以及

(b) 任意时间订立的合同在相关期间结束后的变更。

(2) 本法第3部分和第4部分只适用于有关在相关期间结束后订立的保险合同及该等合同的变更。

(3) 第 (1) 款和第 (2) 款中的 "相关期间" 是指本法通过之日起算的18个月。

(4) 除非有相反的意图显现，第2部分到第5部分中提到的保险人或者被保险人正在做的或与保险人或被保险人有关的事情，包括保险人或被保险人的代理人正在做或与之有关的事情。

23. 效力范围，生效日期和本法简称

(1) 本法的效力范围包括英格兰、威尔士、苏格拉和北爱尔兰，但：

(a) 第21条第 (4) 款不适用于北爱尔兰；且

(b) 第21条第 (5) 款只适用于北爱尔兰。

(2) 本法 (除第6部分和本条外) 自通过之日后满18个月生效

(3) 第6部分中：

(a) 第19条在本法通过之后满两个月生效；且

(b) 第20条和附件2在2010年《第三人 (对保险人) 权利法》第21条第 (2) 款对该法规定的生效日生效。

(4) 本条在本法通过之日生效。

(5) 本法可以被援引为2015保险法。

# 附　录

## 附录1　针对本法第8条第（2）款

法定违约情形下保险人的救济

## 第一部分　合同

基本原则

1. 本部分的附录适用于违反非消费者保险合同相关公平陈述义务的违约行为。

故意或粗心大意的违约

2. 如果违反公平陈述义务的行为是故意或粗心大意的，则保险人——

（a）可以解除合同并可拒绝全部索赔；且

（b）无需退还任何已经收取的保费。

其他违约行为

3. 如果违反公平陈述义务的行为不是故意或粗心大意的，则适用以下第4-6款。

4. 如果保险人在未出现就保险资格问题的违法时，不会就任何条款签订合同，那么保险人可以解除合同，并拒绝一切索赔要求，但是保险人在上述情况下应当退还已经支付的保险费。

5. 如果保险人在未出现就保险资格问题的违法时仍会签订合同，但会选择不同的合同条款（与保险费相关的条款除外），则应保险人要求，上述合同应当被视为已经按照该不同条款签署。

6.（1）此外，如果保险人在未出现就保险资格问题的违法时仍会签订合同（无论除保险费条款外的其他条款是否相同），但是会要求更高的保险费金额，则保险人可以按照比例降低一项索赔的赔偿额。

（2）第（1）项中的"按比例降低"系指，保险人需要向索赔人支付的实际金额为其根据合同条款本来应当支付的赔偿额的X%（或者，如果适用，根据在第5款中所述的不同的合同条款），此处所称的

X=实际支付的保险费/更高的保险费 × 100

## 第二部分 合同变更

**基本原则**

7. 附录本部分适用于与非消费者保险合同的变更有关的公平陈述义务的法定违约。

**故意或粗心大意的违约**

8. 若法定违约是故意或粗心大意的,则保险人:

(a) 可以在通知被保险人后,视为合同自变更之时终止;且

(b) 无需退还任何已收取的保费。

**其他违约**

9.(1)本条适用于以下情形,若:

(a) 法定违约既非故意也非粗心大意;且

(b) 保费总额因变更而增加或未改变。

(2) 若不存在法定违约,保险人本不会同意任何条款的变更,则保险人可视为上述合同变更从未发生,但此时保险人必须退还收取的任何额外保费。

(3) 若第(2)项不适用,则:

(a) 若保险人本会同意基于不同条件(与保费相关的条款除外)的变更,则若保险人要求,合同应被视为已经按照上述不同的条款订立,且

(b) 若(在保费增加情形下)保险人本可收取更高的保费,或(在保费未变更情形下),保险人本会增加保费,则附录第11条可适用。

10.(1)本条适用的条件为:

(a) 法定违约既非故意也非粗心大意;且

(b) 保费总额因变更而减少;

(2) 若不存在法定违约,保险人本不会同意任何条款的变更,则保险人可视为上述变更从未发生,并适用附录第11条;

(3) 若第(2)项不适用,则:

(a) 若保险人本会同意基于不同条款(与保费相关的条款除外)的变更,则若保险人要求,合同应视为已按照该不同条款订立,且

(b) 若保险人本会增加保费,或本不会降低保费,或本会将保费降低的更多,则附录第11条可以适用。

**按比例降低**

11.(1)若适用本条,保险人可以按比例降低合同变更后发生事故的赔付额。

(2) 在上述第(1)项中,"按比例降低"系指,保险人需要向索赔人支付的实际金额为保险人依据合同本应支付金额的Y%(无论按照原条款,变更后条款,或第9条(3)(a)、第10条(3)(a)所规定的不同条款,视具体情况而

定），此处所称的

Y=实际收取的保费总额/P × 100

（3）在上述第（2）项的公式中，"P"

（a）在第9条（3）（b）情形下，是保险人本会收取的保费总额；

（b）在第10条（2）情形下，是初始保费；

（c）在第10条（3）（b）情形下，若保险人本不会变更保费，则为初始保费；在其他情况下则为保险人本应在增加或减少保费后（视具体情况而定）收取的保费总额。

## 第三部分　补充说明

与1906年海上保险法第84条的关系

12.1906年《海上保险法》第84条（无对价时保费的返还）有关非消费者保险合同的海上保险合同的规定与本附录有冲突的，应以本附录为准。

### 附录2（针对本法第20条）

第三人对抗保险人的权利：相关被保险人

1.2010年《第三人（对保险人权利）法》修订如下：

受北爱尔兰债务减免令规范的个人

2.（1）第4条（相关人员：个人）修订如下：

（2）在第3款（b）项（依据1989年《北爱尔兰破产法令》登记的和解协议）之后插入：

"（ba）以第（4）款为准，一项依据该法7A部分做出的债务减免令，"

（3）在第（4）款（仅符合第1条（1）（b）之目的的相关个人），在"（1）（d）"后插入"或（3）（ba）"。

接管中的公司实体等

3.（1）第6条（公司实体等）修订如下：

（2）第（2）款（1986年《破产法》下的事件）b项变更为：

"（b）该实体按照该法附件B1的规定管理。"

（3）将第（4）款（1989年《北爱尔兰破产法令》下的事件）（b）项变更为：

"（b）该实体按照该法令附件B1的规定管理"

过渡期情形

4.第1条（5）（b）（"相关人"的定义），在原条款后面插入"（也见附录3第1A款）"。

5.（1）将附录3（临时性、过渡性及保留性条款）修订如下。

（2）在开头插入"本法的适用"。

（3）在第1款后插入"相关人员

1A（1）为实现本法目的，不在第4-7条规定范围内的个人、公司或有限合伙在以下情况下，应视为相关人员。

（2）第一种情况为：当一个人

（a）在本法生效日之前破产，且

（b）并未被免除破产下的义务。

（3）第二种情况为：

（a）在本法生效日之前，个人与其债权人和解或重整，且

（b）上述和解或重整仍然有效。

（4）第三种情况为

（a）在本法生效日之前，公司或有限合伙接到清算令，或已经通过了自愿清算决议，且

（b）该公司或合伙仍在清算中。

（5）第4种情况为，公司或有限合伙

（a）在本法生效日之前被接管，且

（b）仍在接管中。

（6）第五种情况为

（a）在本法生效日之前，公司或有限责任合伙的业务及事业接管人或管理人已经被任命，且

（b）该任命仍然有效。

（7）在上述情况下，该主体被视为相关人员的前提是，其与一份保险合同的保险责任有关，且在上述（2）（a），（3）（a），（4）（a），（5）（a）或（6）（a）（具体视情况而定）规定的事件发生时，其是保险合同下的被保险人。

（4）在第2款前插入"2007年苏格兰破产及注意义务法"。

（5）在第3款前插入"1930年法的适用"。

（6）在第5款前插入"解释"。

解释

6. 在第19条后插入

"19A解释

（1）除非有相反的规定，第4 -7条、第9条第（7）款、第14条第（4）款以

及附录1的第3条（2）（b）、（4）及（5）所提及的法令，应视为包括另一法令对该等法令的修正、扩展或适用，不论是何时通过或制定的。

（2）本法中，"法令"系指包含在一个法律文件中的法令，或根据如下文件下形成的制定法：

（a）法律；

（b）威尔士国民议会通过的法律；

（c）苏格兰议会通过的法律；

（d）北爱尔兰的法律。

| 本次修法带来的影响 | | | | |
|---|---|---|---|---|
| 修订后的法律 | 年份和编号 | 修订条款 | 影响类型❶ | 引发变化的条款 |
| 2012消费者保险（披露与陈述）法 | 2012年第6号 | 第2条第5款 | 删除 | 第14条第5款 |
| 2012消费者保险（披露与陈述）法 | 2012年第6号 | 第22条第1、2款 | 删除 | 第20条第6款 |
| 1906年海上保险法 | 1906年第41号 | 第17条 | 文字删除 | 第14条第3款a项 |
| 1906年海上保险法 | 1906年第41号 | 第18条 | 删除 | 第21条第2款 |
| 1906年海上保险法 | 1906年第41号 | 第19条 | 删除 | 第21条第2款 |
| 1906年海上保险法 | 1906年第41号 | 第20条 | 删除 | 第21条第2款 |
| 1906年海上保险法 | 1906年第41号 | 第33条第3款 | 文字删除 | 第10条第7款a项 |
| 1906年海上保险法 | 1906年第41号 | 第34条 | 删除 | 第10条第7款b项 |
| 1906年海上保险法 | 1906年第41号 | 第84条 | 修改 | 附件1第12条 |
| 1981年道路交通（北爱尔兰）法 | 1981年第154号 | 第98A条第2款a目 | 文字替代 | 第21条第5款a款i项 |

---

❶ There are many different types of effects. An "effect" can denote any way in which legislation impacts on or changes other legislation. There are three main types of effect which result in the text of the legislation changing: insertions (text is added), substitutions (text is replaced) and repeals (where existing text ceases to have effect and may also be removed from the legislation). In addition there are some effects that we record that do not result in a change to the text of the legislation e.g. "Applied" which is used where provisions of existing legislation are applied to new legislation or to some set of circumstances specified in the applying legislation.

影响有许多种类型。一种"影响"可以指法律对其他法律任何方面的影响或改变。有三种主要的影响类型会带来法律文本变更：插入式（加入字句）、替代式（替换文本）和删除式（原案失去效力并可能加以删除）。此外，有些影响我们将其记录为并未引起法律文本的变化，如"实施"是指现有法律条款可以适用在新法或适用在实施法中规定的一些情况。

续表

| 修订后的法律 | 年份和编号 | 修订条款 | 影响类型 | 引发变化的条款 |
|---|---|---|---|---|
| 本次修法带来的影响 | | | | |
| 1981年道路交通（北爱尔兰）法 | 1981年第154号 | 第98A条第2款a目 | 文字替代 | 第21条第5款a款ii项 |
| 1981年道路交通（北爱尔兰）法 | 1981年第154号 | 第98A条第3款 | 文字插入 | 第21条第5款b项 |
| 1981年道路交通（北爱尔兰）法 | 1981年第154号 | 第98A条5款 | 新增 | 第21条第5款c项 |
| 1988年道路交通法 | 1988年第52号 | 第152条第2款a项 | 文字替代 | 第21条第4款a项i目 |
| 1988年道路交通法 | 1988年第52号 | 第152条第2款a项 | 文字替代 | 第21条第4款a项ii目 |
| 1988年道路交通法 | 1988年第52号 | 第152条第3款 | 文字插入 | 第21条第4款b目 |
| 1988年道路交通法 | 1988年第52号 | 第152条第5款 | 新增 | 第21第4款c项 |
| 2010年第三人（对保险人权利）法 | 2010年第10号 | 第1条第5款b项 | 文字插入 | 附件2第4条 |
| 2010年第三人（对保险人权利）法 | 2010年第10号 | 第4条第3款ba项 | 插入 | 附件2第2款2项 |
| 2010年第三人（对保险人权利）法 | 2010年第10号 | 第4条第4款 | 文字插入 | 附件2第2条第3款 |
| 2010年第三人（对保险人权利）法 | 2010年第10号 | 第6条第2款b项 | 替代 | 附件2第3条第2款 |
| 2010年第三人（对保险人权利）法 | 2010年第10号 | 第6条第4款b项 | 替代 | 附件2第3条第3款 |
| 2010年第三人（对保险人权利）法 | 2010年第10号 | 第10条 | 替代 | 第19条 |
| 2010年第三人（对保险人权利）法 | 2010年第10号 | 第19条A | 插入 | 附件2第6条 |
| 2010年第三人（对保险人权利）法 | 2010年第10号 | 附件3第1条小标题 | 插入 | 附件2第5条第2款 |
| 2010年第三人（对保险人权利）法 | 2010年第10号 | 附件3第1A条及小标题 | 插入 | 附件2第5条第3款 |
| 2010年第三人（对保险人权利）法 | 2010年第10号 | 附件3第2条小标题 | 插入 | 附件2第5条第4款 |
| 2010年第三人（对保险人权利）法 | 2010年第10号 | 附件3第3条小标题 | 插入 | 附件2第5条第5款 |
| 2010年第三人（对保险人权利）法 | 2010年第10号 | 附件三第5条小标题 | 插入 | 附件二第5条第6款 |

研究综述

# 中国保险法学研究会2014年年会综述

任自力[*]

2014年11月8~9日,由中国保险法学研究会主办、对外经贸大学法学院承办的中国保险法学研究会2014年年会于北京举行,来自境内外保险法学界与实务界的近200名专家学者出席了会议。本次会议的主题为"中国保险法律制度完善与保险市场规范发展",与会代表围绕既定议题进行了深入研讨。

## 一、保险法司法解释三的制定

2014年10月,最高人民法院向社会发布了《关于适用〈中华人民共和国保险法〉若干问题的解释(三)》征求意见稿。最高人民法院民二庭刘竹梅副庭长就该司法解释的制定发表了自己的见解。刘竹梅指出,保险法司法解释单制定中面临若干疑难问题,主要包括:第一,对保险立法的尊重与修正。《保险法》司法解释当然应当尊重保险立法的原意,保险法规定不合理时,应否允许司法解释进行修正。第二,对保险原理的尊重和司法的必要介入。保险是以大法则为基础的制度,具有很强的技术性,保险经营行为中,保险费率的拟定,保险风险的选择,保险赔偿的计算,保险金的运用,以及各种准备金的提取,都需以精算为基础。司法介入应体现保险人与投保人之间的对价平衡。第三,保险创新的保障与规范。司法解释制定时,应尽可能保障保险创新,但同时又必须对保险创新可能带来一些问题进行适度规范。第四,投保人利益的保护与边界。第五,被保险人的法律地位及其保护。第六,保险法与其他法律的衔接。第七,国际上最新的保险法的研究成果如何在我们国家保险实务当中合理的适用。最高人民法院民二庭高燕竹法官补充指出,司法解释三拟定中争议比较大的问题,还包括人身保险的审查义务和责任的承担主体,投保人和被保险人不一致时合同解除权的归属,补

---

本文为国家社会科学基金2011年一般项目"保险法的理念与制度实施研究"(11BFX032)与教育部2010年度人文社科青年基金项目"新保险法实施中若干重大疑难问题研究"(10YJC820089)的阶段性成果。

[*] 中国保险法学研究会副会长兼秘书长,北航法学院教授,副院长。
本文内容主要参考《中国保险法学研究会2014年年会简报》,北京,2014.11.8~9。

偿型费用保险的效力，商业保险与社会保险的关系，伤残标准条款的效力，以及免责事由和保险事故不存在因果关系时保险公司能否免责等。

针对保险法司法解释三内容与具体条款的完善，华东政法大学方乐华教授建议确立寿险合同中的保单所有人制度；上海大学法学院张秀全教授认为，在互为受益人的被保险人在共同灾难中死亡，应推定同时死亡，彼此不受益，由各自指定受益人或者法定受益人按照顺序来受益；上海交通大学法学院韩长印教授则提出，借鉴我国台湾地区的被保险人累积重复投保信息共享通报机制，赋予保险公司选择权，并允许保险人在被保险人有关情况之外，明确加上询问累积投保的保险金额，可望化解定额给付保险中的重复投保风险。对外经贸大学保险法研究中心的李青武副教授则对《保险法》司法解释三制定中的问题表达了自己的异议，包括民法理念的过度植入，破坏了保险法自身逻辑体系，产生了很多制度风险等。

**二、人身保险法律制度研究**

第一，关于人身保险法律制度中的基本概念。中银保险有限公司法律部总经理刘清元对人身险中被保险人、受益人的法律地位及权利保障进行了理论反思，他指出，当事人应为缔约之人与决定自己权利义务的人；利益第三人有两个要素，非合同缔约之人，但享有独立请求权。保险法中关系人有三个要素：非缔约之人，合同的必备要素，享有独立请求权等。

第二，关于医疗保险。南京大学法学院李华副教授则对医疗费用保险适用补偿原则进行了检讨，并提出了若干完善建议。烟台大学法学院史卫进副教授认为，在目前医疗保险基金的这种社会资源是有限的前提下，实行补偿型医疗保险的规则有利于保险基金的利用最大化，并应确立人身保险领域中的约定代位权，承认保险人在保险条款中约定的代位权规则。中国保监会人身险监管处孙东雅处长从德国医疗保险法律制度入手，分析了健康保险的独特法律特点，并对医疗保险的定价基础是否支持医疗保险适用补偿原则提出了质疑。其进而指出城乡居民大病保险是基本医保的拓展和延伸，其兼具社会保险和商业保险的双重特点。中国人保集团股份公司法律部李祝用总经理认同孙东雅的意见。台湾政治大学风险管理与保险学系暨法学院叶启洲副教授则分析了台湾地区的全民健康保险制度，指出医疗保险是否适用损失填补原则问题在我国台湾地区也没有完全解决。中国人民保险集团股份有限公司合规部乔石就我国大病保险的发展现状及法律制度构建发表了意见，其认为，现行大病保险制度缺乏法律权威性和约束力，一些重要问题没有规定，或者规定缺乏可操作性。英大泰和财险股份有限公司律师、高级经济师聂勇认为，现行医疗保险制度建构的重点应在顶层设计、监管规章、与产品规则。要规范承保责任等设计。

第三，关于养老保险。天津师范大学法学院郝磊教授指出，我国的养老机构责任保险制度的构建需要解决模式选择、保费负担等问题，在保费负担机制上应兼具公益性与商业性的原则。复旦大学经济学院保险学系陈冬梅教授则分析了商业保险介入养老产业的监管挑战，包括何谓养老地产，怎么界定、识别，不清楚，没有准入条件、服务标准、配套标准、运营模式等问题，并提出可借鉴我国台湾地区在此方面的较为成熟的经验。

第四，关于人身保险的其他问题。北京航空航天大学法学院任自力教授就受益权的行使和限制发表了自己的意见，包括应明确知情权为受益权的当然内容，作为保单受让人的债权人的债权能不能优于受益权，保单新设置情况下受益权的让渡，以及离婚导致保单转让和受益人变更时受益权的实现规则。中国青年政治学院法律系梁鹏副教授首先以受益人故意制造保险事故为例，提出保险法第43条存在逻辑问题，需要完善。中南财经政法大学法学院2013级民商法博士蔡大顺提出，论我国团体保险的现代构建应坚持要保单位团体说。

第五，在评议环节，西南政法学曹兴权教授认为，人身保险相关法律争议的核心从本质上言，均为法律技术与政策判断问题，相关争议的解决一要尊重保险产品的技术性，二要尊重合同法的基本规则及原理。上海高级法院金融庭董庶法官与中国人民大学法学院杨东教授则分别从司法与学理研究角度对保险创新发表了截然相反的意见。

### 三、责任保险、保险金融制度研究

关于责任保险制度。中南财经政法大学樊启荣教授提出，责任保险应包括承担侵权责任的风险与参与诉讼过程中的风险两个方面，责任保险的请求权应该定性为法律保护请求权，并应以此为基础来完善现行保险法第65条、第66条的规定。平安保险集团股份有限公司首席律师姚军对强制责任保险中的几个核心法律问题进行了思考，认为，责任保险的标的是被保险人对第三人应付的赔偿责任，是一种特定的侵权行为，并应关注行为人的主观状态，赔偿范围应限于对人的生命的保障。中国人民大学财政金融学院副教授张俊岩副教授则从实证研究角度，对医疗责任保险合同纠纷与条款完善提出了自己的若干思考，包括医疗责任险的定价要考虑到出险概率，国内现有的出险概率不准确等。江苏保险学会秘书长助理偶见认为，食品安全责任保险应定性为非商业保险，在食品安全责任强制保险落地前，应在实验后再逐步推开，食品安全问题的根本解决不能单纯依赖食品安全责任保险制度的建立。郭宏彬教授指出，强制性保险必须要有法律上的正当性，因为强制保险的目的是保护受害人，非强制保险的目的首先是保护被保险人。

关于保险金融制度。中国人民大学法学院教授贾林青教授指出，互联网保险的出现，使得保险合同的特征发生了很多的变化，如签约便捷化、虚拟性等，对保险合同制度的适用提出了新的挑战。辽宁大学法学院教授闫海教授从保单贴现的法律构造入手，指出，保单贴现实际上是保险单转让的一种市场化机制，保单贴现业务在中国还存在着诸多法律障碍与困境，包括保险法第34条规定的保险单转让和受益权的转让到底是什么样的关系，保单贴现业务的交易模式、交易主体、交易监管等。湖北工业大学副教授李娟副教授分析了论人寿保单转让中的"四面"法律关系，并对我国《保险法》第34条第2款的完善提出了建议。天津医科大学医学人文学院石旭雯副教授则对保单质押的基本法律问题和规则进行了审视与梳理，提出应尊重商业规则并对合同自由进行适度限制。台湾政治大学风险管理与保险学系暨法学院教授叶启洲则以我国台湾地区"高等法院高雄分院101年度上易字第255号民事判决"为切入点，论证了投资型保险契约无效时的保险费返还与缔约上过失责任。北京盛德国际律师事务所梁涛律师则分析了我国巨灾债券发行中的法律障碍，并提出了相关完善建议，包括应解释或者修订相关规，明确监管路径、积极试点等。中国政法大学民商经济法学院刘少军教授对于保险到底是一种合同还是金融，从哪个角度去考虑等问题提出了思考建议，并指出现代社会对金融业的两种表述，一种是财产的管理，一种是风险的分配，这两者与保险都是紧密相关的。

**四、保险合同解除权与免责条款研究**

关于保险合同的解除权与撤销权。中国海洋大学保险法研究中心任以顺教授认为，投保欺诈背景下，保险人应享有合同撤销权，因为诸如带病投保等欺诈行为背离了保险的本质属性，破坏了保险的社会功能。甘肃政法学院民商经济法学院副教授游明指出司法解释三规定投保人解除合同当事人不同意的解除无效，实质是将被保险人纳入了当事人范畴，易导致概念混乱。扬州大学法学院副教授尹中安认为，合同解除权是以合同债权为基础，合同债权是基础性权利，应归属与被保险人，故投保人的任意解除权应该受有限制，投保人在行使合同解除权时应通知被保险人和受益人。国家法官学院唐世银讲师则认为，投保人的合同解除权不应受限制，因它是法定的、任意的解除权，是一个财产性的债权，投保人只尽义务，没有权利。江西财经大学法学院张怡超教授继而针对人身保险合同投保人犹豫期内解除权的行使时限、方式及费用扣除等问题发表了自己的见解。中国人寿财险公司副总杨华柏博士最后对保险合同解除权与撤销权的立法背景与考量因素等进行了解释和说明。

关于保险合同的免责条款、说明义务与告知义务履行。南京中院法官王静首先围绕保险法第19条有关合同免责条款的规定进行了实证研究，并提出了完善该条款的若干思考。管晓峰教授则结合买卖合同中的货物损耗法理来分析了保险告知义务及两年期限规定的合理性。中国人民大学邢海宝教授认为，保险法第17条中关于保险人说明义务的范围规定的过于宽泛，应按照诚实信用原则进行判断。北航法学院周学峰副教授就不可争议条款的正当性与保险人的调查义务进行了分析，他认为，不可抗辩正当性在于是否认可保险人负有调查义务，建议强制保险公司推出两类条款，一类是禁止欺诈抗辩，另一类是可以欺诈抗辩，由投保人自由选择。厦门大学经济学院金融系副教授赵正堂认为，保险理论有两大核心，一是合同，二是保险的原则。保险法有关说明义务的规定存在缺陷，建议从说明的内容与方式的可操作性方面继续完善之。合肥工业大学经济学院讲师鲁忠江指出，保险法第17条有关说明义务的规定在司法实践中存在三种立场，分歧的实质是对合意理论的错误理解。湖北省委党校讲师王冠华从缔约说明义务的局限性出发指出，说明义务制度会削弱保单标准化的好处，提高交易成本，应当利用合理期待解释原则对保险合同的格式性进行补充规制。武汉大学法学院博士生范庆荣则从再保险人的提示说明义务入手分析了保险合同格式条款的规制，并指出提示说明义务不是格式合同规制的唯一手段，还有内容控制规则和不明确条款提示规则。台湾政治大学法学院张冠群副教授认为，现行保险法第17条第2项关于违反免责条款说明合同无效的规定值得反思，因为，契约无效无法实现契约条款正义，是保险和投保人的双输而非双赢。我国台湾地区的"金融消费者保护法"规定了金融商品提供者（包括保险人）的说明义务，违反的效果是损害赔偿而非契约无效。华中师范大学法学院文杰教授针对责任保险事故发生后的通知义务深入分析了事故发生后通知义务的法理基础、通知义务履行及违反通知义务的法律后果。

### 五、保险监管与其他保险制度研究

关于保险监管。对外经济贸易大学法学院冯辉副教授基于比较法视野下保险资金不动产投资法律监管的考察，认为，在理念上保险资管法律监管跟一般金融法律监管很多差别，传统以看守、管控为核心的监管理念，应代之以一种平衡、权衡和嵌入性的监管模式。中国再保险（集团）股份公司内控合规与法律事务部副经理关恒业则针对保险资金非标产品投资有关法律风险发表了自己的间接，包括非标产品非严格意义上的法律术语，主要包括集合基金投资计划、信托计划、专项资产管理计划、基础设施投资计划等结构融资产品，会涉及基础资产认定、征信安排与基础资产独立性判断等法律风险。在保险产品销售误导的监管规制方面，北京保监会的骆杰博士分析了银保产品销售中的销售误导现象，进而提出，现有的保险人说明义务规定对消费者保护作用有限，银行保险应引入销售适当性义务。

关于保险公司的退出机制。中国政法大学郭宏彬副教授指出，保险公司的风险处置包括处置目标、法律依据、处置主体（保监会）、处置对象（有问题的保险公司）、处置措施、风险处置的救济、投保人利益保护等法律问题，中国目前尚不具备保险公司市场化的退出机制，应逐步建立真正司法化的市场退出机制。台湾东海大学法律学系卓俊雄副教授则以我国台湾地区发生过的保险公司退出实例为引子，介绍了我国台湾地区保险公司的强制退出制度创设及完善过程。

关于保险业的反垄断问题。西安交通大学法学院张冰副教授认为，在保险业价格垄断方面，中国保监会对保险产品的定价应有审核权力，现在此权力由反垄断机构——发改委享有，是立法上的一个错位，保监会在保险费率市场化规制改革过程中应发挥更大的作用。对外经贸大学法学院黄勇教授则认为保险业的反垄断问题带有中国整体国情的共性，保险业协会虽系民间机构，但其非独立性等特征决定了其可以作为反垄断处罚的对象。

在保险争议的解决机制构建方面，多位与会代表就保险仲裁制度发表了意见。比如，澳门科技大学法学院的沈云樵教授指出，国内保险纠纷仲裁制度发展很快，未来应走专业化发展道路。台湾政治大学张冠群教授则介绍了我国台湾地区金融消费者替代性争端评审机制，建议在没有法律明文规定时应适用公平合理原则进行个案裁判。

另外，大连海事大学法学院教授初北平对我国海上保险立法中"最大诚信"的取与舍进行了剖析，他认为，合同法与保险法中诚信原则的法律含义没有区别，就违反诚信义务行为的规制，我国海上保险法需进一步完善。合肥师范大学马克思主义学院徐自力副教授则提出了工伤保险、雇主责任险与企业意外险的竞合问题及相关立法建议。

# 2014年中国保险法学研究综述

耿胜先[*]

2014年,国务院印发《关于加快发展现代保险服务业的若干意见》(国发〔2014〕29号),《保险法》的第3次修改提上日程,《保险法》司法解释三也在制定过程中,这些都在一定程度上促进了我国保险法学的研究。这一年,众多保险法学人扶犁深耕,在保险法各个方面的研究更进一步。[❶]

## 一、保险及风险

有学者认为,我国《保险法》对保险的定义采财产保险与人身保险之分类模式,看似完美,实则存在诸多问题,因这种做法未能反映保险之特性,没有揭示出保险之本质。若能依保险的损害填补性质之法理,将之分为损害保险与定额保险,始能完满。我国保险法上保险定义之修正,应依损害保险与定额保险之分类,对二者分别定义,并依此建构我国保险法之体系。

有学者认为,风险分类,是现代商业保险的重要特征之一。关于保险人进行风险分类以及是否构成保险歧视的问题,美国各州以及欧盟各国的法律规则不尽相同。围绕着风险分类,存在着两种截然不同的视角。其中,一派学者基于保险精算原理、以经济学上的效率为目标来论证保险人进行风险分类的正当性;另一派学者则从保护人权和在现代社会,评价一项风险分类是合理的区分对待还是不公平的歧视。效率的视角与反歧视的视角分别代表了两种极端的理论,事实上,没有哪一个当代国家的保险法完全是依照效率观点或反歧视观点构建的。作者认为,风险分类不能仅仅以统计数据或精算为依据,而应考虑保险的社会功能、盛行的社会伦理观念等。如何对风险分类进行规制,最终取决于利益权衡和公共选择。[❷]

---

[*] 中国保监会保险消费者权益保护局职员,北京航空航天大学法学院博士生。

[❶] 本文所涉研究成果主要为2014年出版的著作、在核心刊物上发表的法学及保险学方面的论文。

[❷] 周学峰:"论保险法上的风险分类:合理区分V.歧视",载《比较法研究》2014年第2期。

## 二、保险法的基本原则

最大诚实信用原则继续受到挑战。有学者认为，民法中的诚实信用原则作为民法制度中的帝王条款，是一个可包含一般诚实信用，也可包含最大诚实信用的揽括性原则。从历史渊源、法理依据、法律文本、人性道德标准以及法律工具论等角度来看，将最大诚信原则作为保险法的基本原则的理由并不充分。并且，从立法技术角度进行观察，除了海上保险活动要求当事人扼守最大诚实信用外，其他保险活动仅仅要求当事人人扼守一般诚实信用，但最大诚实信用原则不能包容"一般诚实信用"与"中度诚实信用"这两层意义，而诚实信用原则可以包容一般诚实信用意义，也可以包容最大诚实信用意义。因此，我国保险法未采最大诚实信用原则是极为正确的。❶也有学者认为，保证保险是非常特殊的保险形式，保证保险合同中通常存在特殊的三方当事人关系，且保证保险合同通常具有不可撤销性质，不能简单套用最大诚信原则，主张保险公司因投保的义务人违背最大诚信原则而免除对权利人的赔偿责任。❷

关于损失补偿原则。有学者认为，对人身保险是否适用损失补偿原则有否定说、肯定说以及折中说三种观点，其中否定说符合保险标的分类与民事法律关系客体分类应当一致的客观要求。肯定说的"生命价值论"和"不当得利论"、折中说的"中间型保险论"，都违背了人身保险不能适用损失补偿原则的基本法理。应当在《保险法》中明确规定人身保险不能适用损失补偿，解决当下"同案不同判"的司法尴尬。❸

关于减灾防损原则。有学者认为，《保险法》第51条第3款关于保险相对人维护保险标的安全义务的规定过于简化，在实践中很容易为保险人所滥用，转化为保险人加重对方责任、减轻己方义务的一件"利器"。可从以下三方面着手对该条款的适用予以规制：首先，只有在故意或因重大过失违反安全防范义务的情况下，保险人才可以采取相应的救济措施。其次，只有在保险相对人违反有关义务的行为与保险事故的发生具有直接因果关系时，保险人才能解除责任。最后，只有在保险相对人故意或因重大过失违反义务的行为对于保险标的安全的严重影

---

❶ 方印："我国新保险法诚实信用原则的合理性"，载《暨南学报》（哲学社会科学版）2014年第2期。

❷ 何绍慰："保证保险中不应简单套用最大诚信原则——兼论保证保险中特殊的道德风险防范机制"，载《金融理论与实践》2014年第9期。

❸ 于海纯："论人身保险不应适用损失补偿原则及其意义"，载《政治与法律》2014年第12期。

响达到保险人不会承保的程度时，才能采取解除合同的救济方法，除此之外，只能采取增加保险费或其他救济方法。❶

有学者认为，《保险法》第57条规定了被保险人的防止及减少损失义务，但这一规定存在很多问题，建议将其修改为：保险事故发生时，投保人和被保险人应当尽力采取必要的措施，防止或者减少损失。保险事故发生后，投保人和被保险人为防止或者减少保险标的的损失所支付的必要的、合理的费用，由保险人承担，保险人能够证明上述费用的支出不必要、不合理的除外。保险人所承担的费用数额在保险标的损失赔偿金额以外另行计算，超过保险金额的部分，保险人也应承担。投保人和被保险人向保险人请求预先支付防止及减少损失费用的，保险人应当预付。部分保险的，防止及减少损失的费用按保险金额与保险价值的比例偿付。投保人和被保险人因违反防止及减少损失义务而导致损失扩大的部分，保险人不负责赔偿，投保人和被保险人因过失未履行防止及减少损失义务的除外。❷

关于保险利益原则。有学者认为，在财产保险合同中，只要保险事故发生时具有保险利益，该保险合同就已生效；人身保险合同中，只要投保人在订立合同时具有保险利益，该保险合同在订立时就已生效；在责任保险合同中，投保人对保险标的应具有持续性的保险利益，只要投保人丧失保险利益，保险合同则失效。❸

有学者认为，从保险利益原则设定的价值与功能角度分析，我国应承认股东对公司财产具有保险利益。对此，实践中可通过公司章程自治规范以及保险行业针对此类保险合同的特别约定来具体操作。❹

关于近因原则。有学者认为，在保险法中有必要将事实因果关系与近因严格区分。近因的认定不是事实问题，而是一个规范性的法律问题。近因的认定与保险合同的解释密切相关，且受政策因素的支配，旨在实现保险人与被保险人的利益平衡，其本质是一种价值判断。因而，近因的认定总是与个案的具体语境密切

---

❶ 张虹："保险相对人安全防范义务研究——以《保险法》第51条第3款的解释和适用为中心"，载《法学家》2014年第4期。

❷ 潘红艳、夏晴："《保险法》第57条立法解析及其完善"，载《当代法学》2014年第2期。

❸ 夏庆锋："保险合同效力因素之保险利益原则"，载《安徽大学学报（哲学社会科学版）》2014年第4期。

❹ 魏可欣："论股东对公司财产的保险利益"，载《河南财经政法大学学报》2014年第4期。

相关，并依赖于司法政策，要为其寻求一个精确的定义是不切实际的。对法院判决的稳定预期的形成并不能依靠事先确定的解决方案，而只能通过长期的案例积累沉淀出适合我国实际情况的裁判规则。❶

有学者认为，实践中的多项近因，除"链状"因果关系外，还存在着"伞状"因果关系，即保险标的损失由一系列事件引发，且这些事件之间相互独立，无前后衔接和互为因果的联系，但各个事件的影响、力量却同时汇集在同一点上，呈"伞状"特征。对于"伞状"因果关系下的保险责任问题，借鉴"原因力"规则是一种新的路径。即具体适用时需根据原因力大小，将"伞状"因果关系细分为"复合原因"、"并存原因"和"混合原因"，再按照"绝对比例"规则，并与举证责任分配相结合，来解决是否赔付及赔付范围问题。❷

### 三、诚信原则的适用

关于如实告知义务。有学者认为，我国对于违反如实告知义务法律责任的设定，仍不加区分地坚持传统的风险不可分原则，这在重大过失违反告知义务的背景下带来了对被保险人极其严厉的结果，使保险人攫取了不当利益，也有违保险法理，因而应引入比例责任，法院可依据保险人实际承担的风险水平去确定责任，被保险人将仅能获得他应得的补偿。这样法院不必在允许保险人从保险消费者的不实告知行为中获益，与允许不实告知人将自己获取风险保障的成本移转给共同体内其他无辜成员之间进行两难的选择。❸

有学者认为，司法实践就如实告知义务的主体、履行期限、告知范围、违反告知义务的法律后果及法定解除权与撤销权的竞合等问题仍存在争议。作者认为，可以根据德国保险合同法的规定，告知义务的主体限于投保人，同时将投保人告知的内容范围扩展解释为包括被保险人知道或者应当知道的重要事项。告知时间上，保险合同订立时是指保险合同成立之前的整个阶段，投保人填写投保单后，在保险合同成立之前，如果风险状况发生变化的，投保人应当向保险人进行告知。从主观方面来说，告知义务的范围应当限于投保人知悉的情况。从客观方面来说，投保人告知的范围应当限于"足以影响保险人决定是否同意承保或者提高保险费率的"重要事实。只有投保人未告知的事实与发生的保险事故具有因果关系时，保险人才可以不承担保险责任。关于保险解除权与民事撤销权的竞合，

---

❶ 隋愿："保险纠纷裁判中的近因原则及其反思"，载《法律适用》2014年第1期。

❷ 吴勇奇、肖琳："论保险法中'伞状'因果关系下'原因力'规则的适用"，载《中国海商法研究》2014年第3期。

❸ 马宁："保险法如实告知义务的制度重构"，载《政治与法律》2014年第1期。

作者认为，应当区别意思表示瑕疵制度中的错误与欺诈分别对待：如果投保人以欺诈的形式违反如实告知义务的，保险人除了可以依据保险法之规定解除合同外，还可以根据民法意思表示瑕疵制度的规定撤销合同；如果投保人主观上没有恶意，则保险人只能根据保险法的规定寻求救济。❶

有我国台湾地区学者认为，关于投保人据实说明义务（如实告知义务）"重要性"（即大陆保险法中的"足以影响保险人决定是否同意承保或者提高保险费率的"）的认定，英美法、日本法司法实务中存在客观说与主观说，并未形成定论。作者认为采纳主观标准较为合理。客观标准将妨害个别保险人之保险产品设计与经营策略之执行，有妨害市场竞争之弊。另外，主要采取客观标准的国家如英美，关于告知义务的范围，采取自动申告主义，以合理保险人之客观标准来确定投保人告知义务的范围；而我国台湾地区"保险法"采书面询问主义，其中的询问事项，可推定为重要事项，采主观标准不会产生重要性不易认定的问题。❷

关于说明义务。有学者认为，追求意思自治与保障给付均衡是合同规制两大原理，两者具有动态互补关系。针对格式合同场合，发展出缔约信息义务与内容控制规则。实务中对说明义务的判定主要存在三种立场，可以分别以"法条主义立场"、"宽松立场"与"回避立场"称之。"法条主义立场"在司法实践中占主流地位。《保险法》司法解释（二）采取的是一种折中进路：一方面减小说明范围为保险人减负；同时要求其在"核心给付"问题上进行说明。作者认为，司法解释（二）极大地降低了《保险法》的立法要求，致使保险消费者缔约信息保护功能被弱化。还间接地为投保人设置了阅读义务，添加了"买者自慎"色彩。因此，须强化对保险格式条款之内容控制，注意发挥《保险法》第19条及相关条文的规范功能。❸

有学者却认为，《保险法》司法解释（二）将保险人明确说明义务对象扩张解释为免除保险人责任条款的概念、内容与法律后果，然而从逻辑上来看，内容与法律后果无法区分，且强行区分会造成加重保险人明确说明义务、违反立法宗旨、使明确说明义务对象模糊化以及破坏符合现行法律规范的司法裁判态度的弊

---

❶ 王静："如实告知义务法律适用问题研究——以《最高人民法院关于适用〈中华人民共和国保险法〉若干问题的解释（二）》为核心"，载《法律适用》2014年第4期。

❷ 张冠群："要保人未据实说明事项'重要性'之认定、保险人就告知事项之说明义务与解除权阻却事由——评台湾'高等法院'2012年度保险上字第11号民事判决"，载《保险法前沿（第二辑）》，知识产权出版社2014年版。

❸ 鲁忠江："《保险法》第17条司法解释规则评析——基于民法动态规制理论"，载《保险研究》2014年第1期。

端。故认为宜将明确说明义务的对象限定为免除保险人责任条款的内容。❶

有学者认为，各方对于保险人说明义务与免责条款最终效力的逻辑关系问题存在诸多争议。司法审判中，法院在认定保险合同格式免责条款的最终效力时，不仅需要审查保险公司在签订保险合同时是否对这些条款向投保人履行了明确说明义务，还要审查免责条款内容本身是否公平，这两项标准缺一不可。❷

关于合理期待原则。有著述全面系统地介绍了合理期待原则的相关立法、司法实践和具体案例。作者总结出合理期待原则所具备的理论价值，归纳了影响合理期待原则产生与发展的社会思想背景，指出了我国在相关法律方面的缺失，并明确了借鉴方向。作者对我国现行保险法实施中存在的合同规制的问题进行了初步分析，列举了一部分适用合理期待原则对投保人、被保险人利益可能更符合逻辑的案例，从诚实信用原则和合同法可得利益两方面分析了我国借鉴合理期待原则的制度基础，并提出借鉴的初步构想。❸

### 四、保险合同的效力、履行与解除

有学者研究了意外伤害保险中的"意外"究竟该采原因意外还是结果意外。认为意外伤害开创初期采原因意外一说，然而随着意外伤害保险的发展，以美国为代表，逐步改采结果意外一说。我国意外伤害仍采原因意外，其适当性确有商榷，应构建以意外结果为核心的意外伤害法制，实现意外伤害保险法制的现代转型。❹

如何准确界定保险事故的数量是一个问题，有学者分析了美国法上的多种方法，包括效果法、责任触发法、独立风险法、责任事故法、近因法等，认为近因方法能满足被保险人对承保范围的合理期待，亦有助于督促当事人控制危险的发生，是最佳方法。❺

---

❶ 何丽新、谢潇："保险人明确说明义务对象扩张解释之检讨——评《保险法司法解释（二）》第11条第2款"，载《保险研究》2014年第1期。

❷ 姜影："保险人说明义务与保险合同免责条款效力的逻辑关系分析"，载《现代管理科学》2014年第6期。

❸ 卢明威、李图仁著：《保险法合理期待原则研究》，中国政法大学出版社2014年版。

❹ 张晓萌："意外伤害保险法制之现代转型——从意外原因走向意外结果"，载《保险法前沿（第二辑）》，知识产权出版社2014年版。

❺ 马宁："何谓'每次事故'：保险事故数量的确定"，载《华东政法大学学报》2014年第2期。

有学者认为，第三者保险金请求权分为两类：基于"法律的规定"产生的第三者保险金请求权和基于"合同的约定"产生的第三者保险金请求权。作者认为，针对强制责任保险、利他责任保险和普通责任保险，分别规定不同的第三者保险金请求权，是与其第三人利益属性的强弱相匹配的。❶

有学者认为，对于如何安排保险代位权与被保险人损害赔偿请求权的受偿顺序，一般认为存在被保险人优先模式、保险人优先模式和比例分配模式三种处理规则。作者分析了大陆法系、英美法系国家处理这三种规则时不尽相同的表现形态，提出我国保险立法和实务应在权利划分和权利行使两个阶段处理受偿顺序的问题。受偿顺序的一般规则应是被保险人优先受偿规则，但是该一般规则在特别法另有规定或当事人另有约定的情形下可以例外。被保险人优先受偿规则还需与其他辅助性规则相互配合，方可能实现保险人和被保险人之间利益的恰当平衡。❷

有学者研究了互联网金融对保险合同制度适用的影响，认为互联网保险影响到保险人之条款说明义务的履行标准和认定保险合同成立与生效的法律标准；互联网保险对投保人身份的认定和保险责任开始时间的认定等环节产生影响。仅凭保险公司在投保流程中载有的有关条款的说明内容，不足以得出保险公司已经适当地履行了条款说明义务的结论。认定保险合同成立与生效的法律标准应当采所谓"承诺说"，确认保险公司将其事先拟订的格式化保险条款以销售为目的向不特定的社会公众公开和销售的行为为合同要约；投保人按照网上投保操作流程而进行操作行为，构成合同承诺，而保险公司在互联网终端上收取投保人提交的投保单之时便为该承诺的生效，引起保险合同的成立与生效。❸

有学者认为，在消费者保险中，当保险人故意违反其诚实理赔义务时，应参照《合同法》第113条的规定，要求保险人承担惩罚性赔偿责任。对于保险人违约行为给被保险人、受益人造成严重精神损害的，被保险人、受益人得请求精神损害赔偿，但此种规定同样仅限于消费者保险合同之中。❹ 有学者对此提供了进

---

❶ 李新天、印通："第三者保险金请求权类型化研究——以《保险法》第65条为中心"，载《保险研究》2014年第8期。

❷ 武亦文："保险代位权与被保险人损害赔偿请求权的受偿顺序"，载《比较法研究》2014年第6期。

❸ 贾林青："互联网金融对保险合同制度适用的影响"，载《保险研究》2014年第11期。

❹ 马宁："惩罚性赔偿、精神损害赔偿与保险人的诚实理赔义务"，载《保险研究》2014年第4期。

一步的支持，认为在美国，保险人没有合理的基础却恶意地拒赔或拖赔被保险人的索赔时，可以适用恶意侵权责任对其进行规制。在责任范围上，恶意侵权责任包括保险金、律师费、精神损害赔偿和惩罚性赔偿等。❶

有学者认为，在我国台湾地区，保险契约存在无效事由的，保险人原应依台湾地区"民法"不当得利的规定，返还全部保险费。但投资型保险契约兼有保险与投资的双重性质，部分保险费乃依要保人指定用于投资部分。若要保人投资失利，致保单账户价值低于所缴保费，此时其主张保险契约无效，要求保险人全部返还保费，显有不合理之处。作者认为，投资型保险的保险部分，保险人应依不当得利的规定，返还保险费；投资部分，法院可类推适用"保险法"相关条款，使保险人仅负返还保单账户价值之责。❷

### 五、保险合同条款

有学者认为，《保险法》第19条规定了保险格式条款的内容控制规则，该规则不应当适用于保险给付事由（包括危险描述条款与危险限制条款）、保险金计算方式或给付标准及保险费等保险核心给付条款，而主要应当适用于具有远期不确定性且易引发格式条款接受方忽略的约定义务条款，尤其是表现为危险限制条款外观的隐藏性义务条款。据此，作者认为，"高保低赔"条款是有关保险金赔偿标准及保险费率计算条款，应当属于保险合同的核心给付条款，不是《保险法》第19条规定的内容控制规则适用的对象；"索赔前置程序"条款，对此义务的履行构成了被保险人获得保险赔偿的前提条件，属于约定义务条款，在内容控制规则的适用范围之内；"指定定点医院或维修点"条款等属于隐藏性义务条款，是《保险法》第19条所规定的内容控制规则应当重点规制的对象。❸

有学者研究了时间限制条款。国内人身意外险保险合同中通常都有约定，即被保险人因遭受意外伤害事故，并自事故发生之日起一定时间内（一般为90天或180天）死亡的，保险人才给付死亡保险金，此类条款又被称为时间限制条款。时间限制条款在一定程度上免除了保险人的赔付责任，从而引发了人们对其效力

---

❶ 白江："从侵权角度看保险人的恶意拒赔——以美国保险法中的恶意侵权为例"，载《北方法学》2014年第3期。

❷ 叶启洲："投资型保险契约无效时之保险费返还与缔约上过失责任——台湾地区'高等法院高雄分院'2012年上易字第255号民事判决评释"，载《环球法律评论》2014年第6期。

❸ 王静："我国《保险法》第19条司法适用研究——基于保险格式条款裁判的实证分析"，载《政治与法律》2014年第11期。

的争议。在对保险合同条款进行审查时,中国法院所采用的"通常理解"解释方法与美国法院所采用的合理期待原则,具有共同之处,它们都是站在一个普通人的角度,以普通人对保险合同的理解来对保险人的赔付责任范围进行界定,从而限制时间限制条款的效力。❶

有学者认为,现行保险法中的同时罹难条款既可能导致保险法推定与继承法推定之间的矛盾,也可能导致保险法推定之间的相互矛盾。保险法宜删除关于同时罹难的事实推定规范,建立如下裁判性规范:受益人与被保险人均已死亡,且不能确定死亡先后顺序的,如保单尚有其他生存受益人,由其他生存受益人领取保险金;如保单没有其他生存受益人,由被保险人的法定继承人以受益人之身份领取保险金。❷

关于不可争议条款。有学者提出,不可争议条款制度是否豁免投保欺诈是其适用中最大的争议。作者重点围绕美国立法例,论述不可争议条款豁免投保欺诈的表现形式、制度缘起、正当性依据及其质疑,探究该制度全貌,以期为完善我国《保险法》中的不可争议条款制度提供理性思考依据。❸

有学者认为,保险合同解释体系中的各种方法存在相对位阶秩序,其逻辑上的层级递进可作如下概述:确定居于被保险人地位的理性第三人对诉争条款的理解是保险合同解释的基本方法,对之通常应先作文本解释,次之为语境解释。若仍然存疑,则适用不利解释规则。在适用不利解释规则时,保险人对存在条款歧义的主观过错无需关注,但被保险人对承保范围的信赖程度却是需要考量的要素。而结果的矫正主要是通过合理期待原则与给付均衡原则完成的。二者居于解释体系的末尾,仅在穷尽一切手段仍无法达致给付均衡和确保消费者可以获取必要保险产品这一公共政策目标时,方可适用。❹

## 六、机动车交通事故责任强制保险与商业第三者责任保险

有学者通过对交强险的分析,论证了在高危行为中用强制险补充商业险的条件和程序,认为凡是没有足够的商业险支撑的高危行为,都应当引入强制险机

---

❶ 周学峰:"论意外死亡保险合同中时间限制条款的效力",载《暨南学报(哲学社会科学版)》2014年第9期。

❷ 梁鹏:"同时罹难条款之推定矛盾及其解决——以《保险法》第42条第2款为中心",载《中国青年政治学院学报》2014年第4期。

❸ 李青武、于海纯:"论美国不可争议条款规制投保欺诈的制度构成及其正当性,"载《比较法研究》2014年第1期。

❹ 马宁:"保险合同解释的逻辑演进",载《法学》2014年第9期。

制。一旦商业险能够覆盖高危行为的风险，强制险自然应当退出市场。强制险是国家应付高危行为的一种临时措施，不过在目前有存在的必要。❶

关于我国交强险是否为无过错保险，有学者认为，所谓无过错保险，是一种第一方保险，是指汽车事故中，被保险人通过他自己的保险公司获得损失赔付，而不论致损事故中谁有过错。无过错保险承保的是被保险人本人的意外伤害损失，而非被保险人对他人的责任，它属于人身保险，而非责任保险。我国交强险尚不保本车司机，保险人的赔付仍以被保险人的责任为基础，法律并未真正赋予第三人对保险人的直接索赔权，交强险赔付项目不限于身体伤害和工资损失。因此，交强险不是无过错保险。❷但也有学者认为，在我国法律规定中，强制保险包含了无过错保险制与责任保险制的元素，具有混合保险制模式的某些特点。因此，在完善我国机动车强制责任保险制度时，应以侵权责任保险制为基础，合理吸收无过失保险制的某些优点，重建符合我国国情的交通事故受害人权利保护制度。❸

有学者认为，《交强险条例》将交强险定位为强制责任保险，最高人民法院关于审理道路交通事故损害赔偿案件的司法解释则认为其是与侵权责任"脱钩"的保障制度，由此也造成法律实践的混乱。归根结底，还是在于《道交法》第76条存在立法缺陷。总体看来，选择责任保险的路径，应当从立法目的、法律传统、侵权责任和保险机制的功能等方面综合考虑，特别是要适应我国当前的实际。现阶段不宜与汽车文明相对成熟的发达国家看齐，更宜采取责任保险路径，同时将交强险赔偿责任范围限于人身损害赔偿。❹

有学者认为，我国交强险采强制责任保险模式，保险责任的性质为契约责任。实践中存在的打通分项判决与为受害人便捷提供基本保障、低成本处理纠纷的交强险立法目的不相符合。❺

有学者认为，交强险亟待用先进的现代责任保险理论对其进行重构，明确规

---

❶ 管晓峰："关于强制保险问题的法律思考"，载《保险法前沿（第二辑）》，知识产权出版社2014年版。

❷ 邢海宝："我国交强险不是无过错保险"，载《保险研究》2014年第8期。

❸ 方勇男、高宇、陈雅婷："中国机动车责任强制保险的制度模式及规范方向"，载《延边大学学报（社会科学版）》2014年第6期。

❹ 李祝用、姚兆中："再论交强险的制度定位——立法的缺陷、行政法规与司法解释的矛盾及其解决"，载《保险研究》2014年第4期。

❺ 王德明："交强险打通分项限额判决评析——兼论交强险的立法目的和对价平衡原则"，载《保险研究》2014年第6期。

定交通事故中受害人的直接赔偿请求权便是一项重要内容。其立法价值，在于使我国交强险制度能够适应现代责任保险制度和侵权责任制度的发展变化，建立在科学合理的法理基础之上。❶

关于机动车商业第三者责任保险中家庭成员免责条款的效力，有学者指出，只要没有动摇保险合同的根本目的，没有限制被保险人的主要权利，该条款就不能被认为违反诚实信用原则或者公序良俗原则而无效，而是应当通过解释来对效力的射程予以限制。审判实践可通过将其射程予以限缩性解释的方法达到保护被保险人乃至受害人之目的。一是家庭成员免责条款的效力射程应当仅限于有证据证明家庭成员间事故乃其故意造成之情形；二是家庭成员的解释应当限定在一定亲等的家庭成员内；三是应排除精神损害赔偿。❷

有学者通过微观和宏观的角度对被保险人范围进行分析，得出的结论是，第三者商业险中被保险人范围应当与机动车第三者责任强制保险一致，即界定为投保人及其允许的合法驾驶人。❸

## 七、责任保险

有学者通过考察，认为责任保险共经历三阶段发展。第一阶段责任保险之目的在于保护被保险人，将责任保险的目的和功能定位于填补被保险人的实际所遭受的损失，按第一方纯粹损失补偿保险的规则来操作；第二阶段之目的在于保护受害第三人，发展为第三方责任保险，目的是保护受害第三人，积极功能在于优先赔偿受害第三人所遭受的损害，消极功能在于避免被保险人因侵权行为所带来的不利后果；第三阶段责任保险之目的又回归到第一阶段，重申其目的在于保护被保险人，只是此时责任保险是第一方保险与第三方保险的合并，责任保险的功能应从保险人的消极补偿义务转变为保险人的积极抗辩义务，即在第三人向被保险人提起索赔请求后，保险人不应当消极地等待法院作出被保险人承担赔偿责任的裁决才进行赔偿，相反，其应当积极地履行抗辩义务，让被保险人豁免于受第三人诉追求偿之不利地位，以达到保障被保险人心境安宁之目的。作者认为应按

---

❶ 贾林青："交强险需要确认交通事故受害人的直接赔偿请求权"，载《法律适用》2014年第10期。

❷ 岳卫、周馨："机动车商业第三者责任保险中家庭成员免责条款的效力问题研究"，载《法律适用》2014年10期。

❸ 蔡劼、胡宝珍："机动车商业保险中的被保险人探析——以机动车第三者责任险为视角"，载《福州大学学报（哲学社会科学版）》2014年第1期。

照第三阶段的理论发展来构建我国的责任保险。❶

有学者认为,在责任保险制度史上,"第三人"的法律地位经历了"合同第三人"、"准第三受益人"和"第三受益人"三个阶段,其中前两个阶段剥夺或限制了"第三人"的直接请求权,第三阶段的法律地位才真正体现了责任保险的宗旨。"第三人"在责任保险中的法律地位,直接决定了其权益保障和责任保险宗旨的实现程度。2009年《保险法》赋予第三人对保险人享有附条件的直接请求权,但该条规定的"第三人"法律地位,处于"第三人"法律地位嬗变史上的第二个阶段,即"准第三受益人"法律地位。我国责任保险制度关于"第三人"法律地位的规定存在缺陷,需通过关于第三人法律地位演变的过程、法理依据、缺陷及其趋势的研究,完善"第三人"法律地位规定。❷

有学者认为,责任保险是多元化损害救济体系的重要组成部分,但其自身有明显局限性。责任保险发展高度依赖法律环境。发展责任保险,首先应准确界定其在多元化救济体系中的位置,不过高,也不过低;其次应从立法和司法两个方面完善和健全法律环境;同时还应准确把握侵权责任与保险责任、责任保险与社会保险的区分等实践焦点问题。❸

关于医疗责任保险,有学者认为,损害责任的分配是医患之间矛盾的根本所在。医疗损害责任属于侵权责任法的调整范畴,但我国侵权法对医疗损害责任囿于过错责任的藩篱而无法实现对患者医疗损害的填补,由此带来的后果是医患关系紧张,医疗风险无法分散,医疗资源代际分享不公平。因此我国应当构建以无过错补偿责任为基础、政府和患者参与投保的强制医疗责任保险制度,实现医疗责任保险制度与侵权法的衔接。❹

有学者认为,医疗责任保险制度发展至今,其核心价值已经由解决医患关系演变为保护患者的治疗安全、为医务人员创造宽松的医疗环境、推动医学的发展。系统化预防机制和无过错补偿制度的缺乏影响了美国医疗责任保险制度健康发展。我国医疗责任保险制度从1989年产生到现在已历时20多年,但依然没有实现体系化、制度化、规模化运作,这其中深层次的原因是医疗责任保险法律制度

---

❶ 樊启荣、刘玉林"责任保险目的及功能之百年变迁——兼论我国责任保险法制之未来发展",载《湖南社会科学》2014年第6期。

❷ 李青武:"论责任保险中'第三人'的法律地位",载《学术界》2014年第8期。

❸ 王德明:"责任保险在多元化救济体系中的位置及其法律环境分析",载《保险研究》2014年第10期。

❹ 吕群蓉:"论我国强制医疗责任保险制度的构建——以无过错补偿责任为分析进路",载《法学评论》2014年第4期。

的核心配套制度即系统化预防机制和无过错补偿制度尚未构建。❶

有学者认为，我国的律师责任险在法律依据、实施背景、宏观格局、具体条款方面均存在问题。律师责任险的改革出路包括废除过时的规范性文件、构建自愿律师责任险制度、改进律师责任险合同条款等。❷

## 八、保险法修订

关于《保险法》的修改，有学者认为应关注以下几个方面：一是加强保险消费者合法权益的保护，在《保险法》中引入保险消费者概念，构建多层次的消费者权益保护（包括个人信息安全保护）法律体系，建立保险纠纷调处机制，针对销售误导和理赔难问题在法律层面予以规范。二是拓宽和完善保险资金运用监管渠道，健全保险资产管理公司监管和公司治理。三是完善偿付能力监管和保险公司治理监管，加强公司内控管理，加强和完善股东、实际控制人监管以及保险公司法人机构和高级管理人员的监管。四是加强保险集团（控股）公司、相互保险组织监管，进一步完善再保险监管制度。五是明确保险行业协会和保险资产管理协会的法律地位和职责，赋予行业协会更多的自律监管权。六是完善保险代理制度和保险经纪制度，加强保险公司对保险中介机构的管控责任，以及保险公估机构的法律规制。七是完善和规范保险监管机关的执法手段和措施，进一步明确保险监管机关的职责和权力边界。❸

有学者认为，我国《保险法》因无保险消费者的规定，很难超越现有规定而加大对处于消费者地位的投保人、被保险人的保护。《消费者权益保护法》关于消费者范围的界定与法律适用的规定，导致保险消费者无法受到《消费者权益保护法》的保护。为保护保险消费者的利益，应完善金融消费者权益保护的立法，在《保险法》中增加保险消费者的相关规定，从制度层面完善对保险消费者这一弱势群体的保护。❹

樊启荣教授的《保险法诸问题与新展望》一书以我国《保险法》2009年的修改为背景，在全面系统地梳理我国保险法理论与实务中的重大疑难争议问题基础之上，通过专题研究之形式，着重评价了2009年《保险法》的进步与局限，匡正

---

❶ 吕群蓉：“美国医疗责任保险制度困境的破解之道及其启示”，载《法商研究》2014年第3期。

❷ 韩长印、郑丹妮：“我国律师责任险的现状与出路”，载《法学》2014年第12期。

❸ 胡滨：“保险法修订的市场化取向”，载《中国金融》2014年12期。

❹ 李华、马辉：“论我国保险消费者权益保护制度之完善”，载《南京社会科学》2014年第2期。

了我国保险法学说上长期存在的诸多误识，并提出相关修改建议，涉及"临时保险制度"、合理期待解释规则、定值保险、"妨碍代位"的制度设计、"保险竞合"的处理规则、人寿保险道德危险的管控、团体人身保险和责任保险、不可抗辩条款适用限制、再保险合同立法等方面。❶

### 九、域外法

有学者研究了规范国际出口信用保险人的《伯尔尼联盟总协定》，认为该协定总结了出口信用保险的国际先进性经验，虽属于软法，但是其强制性规定仍具有约束力。文章阐述了中国出口信用保险制度存在公司治理结构违法、国家指令性承保任务背离了保险的基本原理、承保信息不透明、保单条款存在诸多霸王条款等问题，并结合《伯尔尼联盟总协定》的制度框架与发达国家经验，提出了完善中国出口信用保险法律制度的对策。❷

有学者研究了美国团体保险。美国团体保险目前主要分三种：团体人寿保险、团体健康保险和团体年金。团体保险合同主要包括以下条款：被保险人的资格、受益人的指定和转让、完整合同条款、无争议条款、宽限期、保险金支付选择权、保险金提前支取、保单终止等。由于团体保险的特殊性，保险法在适用时也应做出必要调整。❸

### 十、其他

关于农业保险。刘小红教授所著《农业保险法律制度研究》一书立足于经济法学的基本理论，采用多学科分析方法，对农业保险的基本理论、农业保险法律规制的理论与实践等问题进行了分析，提出制定《农业保险法》的必要性及其内容架构，论述了如何健全和完善我国农业保险财政补贴法律制度、农业再保险法律制度和农业保险监管法律制度等。❹

关于巨灾保险。有学者通过对国外巨灾保险的介绍，认为巨灾保险应立法先行，设立专门的巨灾保险公司，建立巨灾保险基金制度，同时巨灾保险法律制度要因地制宜。巨灾保险公司遵循市场化原则特许经营，既不适合采纳商业保险公

---

❶ 樊启荣：《保险法诸问题与新展望》，北京大学出版社2015年版。

❷ 李青武、于海纯："《伯尔尼联盟总协定》制度框架下的中国出口信用保险制度"，载《首都师范大学学报（社会科学版）》2014年第5期。

❸ 陈欣："美国团体保险的法律、合同与监管"，载《保险法前沿（第二辑）》，知识产权出版社2014年版。

❹ 刘小红：《农业保险法律制度研究》，中国法制出版社2014年版。

司的运作模式，政府也不直接参与管理。❶

关于垄断豁免。有学者从行业特性角度出发，分析了保险业在适用反垄断法时应有的特殊考虑，并详细探讨了发达国家和地区保险业豁免适用反垄断法的历史情况及其发展，在此基础上探讨了现行法律环境下，给予我国保险业《反垄断法》执行豁免的依据。❷

## 十一、结语

纵观2014年的保险法研究，老一辈学人继续发光发热，学术新锐也崭露头角，在诸多学人的共同努力下，保险法研究整体上取得了较大进展，不管在理论研究还是在实践研究上都有了创新性的成就。尤其是在保险法的基本原则、责任险（特别是交强险）及保险合同的效力、履行与解除等方面，学者们投入了较多的思考。

但2014年的研究也稍有不足。如对保险市场主体，包括自保公司、相互保险组织、保险集团公司等的关注不够；保险具体种类方面，对健康（包括大病）保险、养老保险、年金保险、信用保险、保证保险等的研究亦较为有限。另外，对保险执法、司法实践中的热点如销售误导、理赔不规范等法律规制的研究仍有空缺，对域外法的介绍与引介明显不足，保险法的研究仍任重道远。

保险法学是一个新兴学科，保险法学研究是一个充满魅力的学术富矿。相信未来的保险法研究，必然会吸引更多学者的目光。

（Footnotes）

1 关于我国台湾地区"保险法修正草案"第149条第3项第1款部分，或有认为其应属强制性措施一环，因若未完成增资、财务报告等，主管机关即须于90内为相关处分。

2 There are many different types of effects. An "effect" can denote any way in which legislation impacts on or changes other legislation. There are three main types of effect which result in the text of the legislation changing: insertions (text is added), substitutions (text is replaced) and repeals (where existing text ceases to have effect and may also be removed from the legislation). In addition there are some effects that we record that do not result in a change to the text of the legislation e.g.

---

❶ 李景义："我国巨灾保险法律制度的构建"，载《学术交流》2014年第4期。

❷ 李祝用、鲍为民："中国保险业豁免适用《反垄断法》的可能性分析"，载《保险法前沿（第2辑）》，知识产权出版社2014年版。

"Applied" which is used where provisions of existing legislation are applied to new legislation or to some set of circumstances specified in the applying legislation.

影响有许多种类型。一种"影响"可以指法律对其他法律任何方面的影响或改变。有三种主要的影响类型会带来法律文本变更：插入式（加入字句），替代式（替换文本）和删除式（原案失去效力并可能加以删除）。此外，有些影响我们将其记录为并未引起法律文本的变化，如"实施"是指现有法律条款可以适用在新法或适用在实施法中规定的一些情况。

# 保险法人物

# 覃有土

覃有土，男，1945年7月生，广西田东人。原中南财经政法大学副校长、教授、博士研究生导师，中国商法学研究会副会长。1969年7月毕业于湖北大学法律系，获法学学士学位；1982年7月毕业于湖北财经学院法律系，获民商法专业硕士学位。1993年起获享国务院政府津贴。

覃有土教授为当代民商法专家。自1982年以来从事民商法教学与研究，研究领域涉及债权法、保险法、票据法、商法总论、社会保障法等，在上述相关领域领先国内同行，具有开拓性和创建性。先后出版有《债权法》、《保险法》、《社会保障法》等专著10余部，并在《法学研究》、《中国法学》等法学核心期刊发表学术论文30余篇。主持并完成有国家社科基金九·五规划项目《中国社会保障法律制度研究》、司法部规划项目《商法基础理论研究》等课题多项，主编有国家级十五规划教材《商法学》等教材。

覃有土教授是中国大陆地区保险法教学与研究的开拓者和领路人。自1985年起，率先在原中南政法学院为本科生开设并主讲《保险法》课程，开国内高校之先。1989年出版的《保险法概论》，属国内第一部保险法教科书，对新中国第一代保险法学人产生了重要影响。1995年组织中青年保险法学者尹田、李玉泉、贾林青、徐卫东，编纂司法部法学统编教材《保险法教程》，为我国保险法教学研究的繁荣起了有力的推动作用。覃有土教授也是《中华人民共和国保险法》的见证者。1991年《保险法》起草工作启动之初，其作为当时国内为数不多的保险法专家之一，多次受邀参与保险法草案起草与论证工作，为中国保险立法做出了应有的贡献。

# 陈　欣

陈欣，男，1952年3月生，北京人。1978年恢复高考后考取首届北京对外贸易学院（现对外经济贸易大学）研究生，1981年毕业后留校任教至今。其间，曾在美国学习和做访问学者，并有在美国律师事务所和跨国公司工作经历。现为对外经济贸易大学教授、享受国务院政府特殊津贴专家。

陈欣教授为中国大陆著名保险法专家之一，尤其在英美保险法方面有深入研究。其研究方向主要包括：保险法、海上保险、保险合同和保险条款、侵权法和责任保险、国际建筑工程保险和保证等。讲授本科课程主要有保险法、海上保险、财产和责任保险；讲授硕士和博士课程包括保险法研究、海上保险法、1943年标准纽约火险保单、保证保险、当代保险法改革、侵权法和责任保险、人身保险条款等。

陈欣教授的代表性著作包括：《保险法》（北京大学出版社）、《保险法原理》（北京大学出版社）、《海上保险的法律与实务》（中国金融出版社）（合著）、《财产和责任保险》（中国人民大学出版社）（译著）等。

陈欣教授曾参与中国保监会十一五法律法规规划的拟定、最高人民法院保险法司法解释的撰写与咨询，以及2001～2002年国务院法制办和全国人大法工委《中华人民共和国保险法》修改和2007～2008年《中华人民共和国保险法》的修改及其他多部保险法规的立法论证等工作。

陈欣教授是中国保险法学研究会的主要发起人之一，现任中国保险法学研究会副会长。

# 稿　　约

　　《保险法前沿》丛书由中国保险法学研究会主办,知识产权出版社出版。由施文森、江朝国、王利明、张新宝等著名学者或专家担任顾问,由江平先生担任编委会主任,由尹田主编,任自力执行主编。

　　本丛书一年1~2辑,立足于保险法学,兼及侵权法、保险学等其他相关学科,旨在对保险法学领域的重大理论、实务前沿问题展开深入、及时、敏锐、多角度的分析,全面推进中国保险法制研究工作。其常设栏目有：年度法制报告、名家专论、专题研究、审判前沿聚焦、域外保险法、研究综述、保险法史话、保险法人物等。

　　为把《保险法前沿》这个学术平台办好,特向您约稿,稿件篇幅以8000~15000字为宜,注释体例请参照《法学研究》注释体例。用Word电子版发到本丛书编辑部邮箱（cninsurance@126.com）即可。稿件一经评审采用,即赠送样书2册,折抵稿酬。

　　谢谢您惠赐稿件！

　　祝身体健康,研究愉快！

《保险法前沿》编辑部
2014年4月15日